Service Engineering

サービス工学入門

内藤 耕 [編]

東京大学出版会

Service Engineering
Koh NAITO, editor
University of Tokyo Press, 2009
ISBN978-4-13-042130-0

はじめに

　わが国におけるサービス産業の生産性の伸び率は製造業に比べ低く，そして欧米諸国に比べても低い．今後の経済成長を考えたとき，経済規模の7割を占め，そして雇用の大きな受け皿であるサービス産業の生産性を向上することは非常に重要である．これまで，サービスは勘と経験に頼る部分が大きかったが，サービス生産性向上に科学的・工学的手法を導入することの重要性の議論が，2006年7月に政府によって発表された『経済成長戦略大綱』から本格的に行われるようになった．この大綱では，サービス産業を製造業と並ぶ「双発の成長エンジン」と位置づけ，サービス産業生産性協議会の創設とサービス研究センターの設置が提言された．さらに，経済産業省においても「サービス産業のイノベーションと生産性に関する研究会」が設置され，さまざまな事例の分析を行い，2007年4月にさまざまな政策課題が提言された．

　そもそもサービスを科学や工学の研究対象として位置づけることの重要性は，2002年に東京大学人工物工学研究センターにおけるサービス工学研究部門の設立，そしてIBM社が2005年にGTO（Global Technology Outlook）で学問領域としてのサービス・サイエンスの必要性を指摘したことにはじまる．このような議論と政府における政策的必要性が重なり，現在，急速にサービスは科学や工学分野で取り扱われるようになっている．

　本書では，このサービスの生産性向上の科学的・工学的手法について解説する．これらの手法に関しては，サービス工学，サービス科学（サイエンス），SSMEなどの用語が使われている．それぞれの意味が明確に定義されているわけではないが，本書では解析的にサービスを理解することを第一の目的としていないこと，むしろ現場でサービス生産性向上を実現する手法の設計と社会への適用をめざすことから，この用語を「サービス工学」に統一した．

　サービス生産性向上の科学的・工学的手法について，2007年に経済産業省はサービス工学分野のロードマップ策定ワーキンググループを設置し，今後必要

となる技術課題について検討を行い，その結果を2008年4月に経済産業省「技術戦略マップ2008」の中の一つとして公表した．これと並行して，独立行政法人産業技術総合研究所にサービス研究の拠点を整備するために，先進的サービスの事例調査を開始し，そもそも先進的事例におけるサービス生産性向上がどのように行われているのかを検討した．

　本書は，サービス工学分野のロードマップ策定ワーキンググループによって提言された「最適設計ループ」を中心に取りまとめられている．最適設計ループとは，サービスの現場を「観測」し，得られた客観的データを「分析」し，サービスのモデルを「設計」するとともに，そのモデルを現場に再び「適用」していくことである．この観測，分析，設計，適用をサービスの現場でくり返すことで，サービスの提供者と受容者の間で情報が共有され，結果としてサービスの内容や提供の方法が，受容者のニーズや行動に最適化されていく．サービス提供に無駄がなくなるだけでなく，受容者の満足も得られる．つまり，最適設計ループを現場に適用することで，効率化と付加価値向上の両方が同時に達成され，生産性が向上していく．このような取り組みは，多くの先進的事例においてみることができる．

　一方，サービスは多様で複雑である．これまでの先進的事例の検討は，小売りや観光，飲食といった対人サービスを中心に行われてきた．たとえば，医療や福祉，教育，行政といった公共サービスの検討は十分に行っていない．アウトソーシングやコンサルティングといった対事業所のサービスもある．また，リサイクルやメンテナンスは今後の持続型社会の実現に必要不可欠なサービス産業である．さらに，製造業の拠点化が進み，多くの課題を抱える地方部におけるサービスに大きな役割が期待されている．少子高齢化を本格的に迎えたわが国にとって，サービス産業のグローバル展開は非常に重要である．

　サービスの科学的・工学的研究はまだはじまったばかりで，やらなければならないことは非常に多い．多様なサービスの生産性向上を最適設計ループだけで説明できるかどうかもわからないだろう．しかし一方，サービス生産性向上が喫緊の課題であり，そして多くの現場の人によって取り組まれなければならないことも間違いない．したがって，現状における最新の考え方の整理を本書では行った．今後，多くの研究開発の成果が蓄積していけば，本書は逐次書き

換えていかなければならないだろう．

　執筆者は，サービスを科学や工学分野で研究対象としている第一線の研究者たちである．多くはサービス工学ロードマップの策定に関わっており，また，サービス産業生産性協議会の活動に深く関わっている執筆者もいる．

　本書が，サービスの研究に携わる研究者のみならず，実際のサービスの現場で生産性向上に取り組む人たちにとって有益な視点を与えることができれば大きな目的を達成できたと思っている．

2009 年 3 月　吉日

内藤　耕

目　次

はじめに …………………………………………………………………… iii

序章　サービス工学とは　　　　　　　　　　　　　　　　　　　1

0.1　サービス工学序論　　　　　　　　　　　　　　吉川弘之　1

わが国の後進性の不思議　3／サービス工学研究　5／わが国におけるサービス工学研究の体制　6／サービス業と製造業　7／一般的モデルの作成へ　8

0.2　科学的・工学的手法からサービスを考える　　　　内藤　耕　9

サービス生産性向上　9／事例から学ぶサービス生産性向上：サービス・イノベーション　10／サービス生産性を向上するための科学的・工学的手法：最適設計ループ　18／本書の内容　19

　　コラム1　くら寿司「サービス現場で行動計測」　12
　　コラム2　和倉温泉加賀屋「接客はお客様理解」　14
　　コラム3　えちぜん鉄道「徹底したサービス連携」　16

第1章　サービスの起源と社会における展開　　　　　　　　　25

1.1　サービスの起源と歴史的発展　　　　　　　　　赤松幹之　25

サービスという言葉　26／人の移動と医療サービス，宿泊サービス　27／食事サービス　31／移動サービス　34／小売りサービス　37／エンターテイメント　40／サービスの増幅と産業化　41

1.2　社会・政策動向　　　　　　　　　　　　　　　谷口正樹　43

生産性向上のためには　44／経済産業省の取り組み　45／サービス産業生産性協議会の取り組み　47／産総研の取り組み　48／文部科学省の取り組み　48／生産

性向上運動の課題 49／コミュニティの必要性 51

1.3 サービス研究はどのように展開してきたか

竹中　毅・内藤　耕・上田完次 52

サービス研究の歴史的展開 53／科学技術からみた最近のサービス研究動向 56／今後のサービス研究課題と研究方法論 60／科学技術の融合によるサービス研究課題の解決に向けて 67

第2章　現場における「観測」技術　　　　　　　　　　71

2.1 サービス受容者の認知・評価構造　　　　　　　北島宗雄 71

サービス受容者のサービス受容モデル構築：駅内誘導の研究事例 75／まとめ 84

2.2 ユビキタスセンサを用いた日常生活センシング　　西田佳史 90

日常生活センシング技術が切り開く科学技術領域 91／サービス統合型センシング技術に基づく新たなサービス構築のパラダイム 93／日常生活コンピューティングに基づくサービス工学の技術課題 93

　　コラム4　モデルヒューマンプロセッサ 73
　　コラム5　産総研式認知的加齢特性検査 84
　　コラム6　自動車運転手にとって気の利いた情報を抽出するための行動調査 87
　　コラム7　超音波タグを用いた老人ホーム内日常生活行動の記録と介護計画支援 95
　　コラム8　子どもの日常の遊び方の科学と遊具設計への応用 98
　　コラム9　住宅内の子どもの不慮の事故を予防するためのウェブアプリケーション 102

第3章　大規模データの「分析」技術　　　　　　　　　　107

本村陽一・石垣　司・松岡克典 107

3.1 大規模データからの計算モデルの構築　　　　　　　　107

大規模データの計算モデル構築 108／大規模データ統計処理技術 109／大規模データからの人間行動モデリング 113

3.2 計算モデルの活用技術　　　　　　　　　　　　　　　115

ベイジアンアプローチとベイジアンネットワーク　115／ベイジアンネットワークによるサービス受容者モデリングの事例　118／日常生活モデリング　119／基盤技術　126

　コラム10　普段度を用いた日常生活理解　110
　コラム11　カーナビによるユーザ・状況適応型情報推奨　120
　コラム12　携帯電話によるユーザ・状況適応型情報推奨　121
　コラム13　室内における子どもの行動推定　124

第4章　サービスプロセスの「設計」技術　　　　　129

4.1　サービスの機能設計　　　下村芳樹・新井民夫・原　辰徳　129
設計とは　129／サービスの表現　133／サービスの設計システム　140

4.2　サービス実現設計のための最適化技術　　　　宮下和雄　146
最適化とは　146／サービスにおける最適化　148／今後の課題と展開　155

4.3　本章のまとめ　　　　　下村芳樹・新井民夫・原　辰徳　159

　コラム14　サービス工学　134
　コラム15　大リーグ野球のスケジューリング　152
　コラム16　イールドマネージメントの起源　155
　コラム17　「融通」予約手法　158

第5章　実際の現場への「適用」技術　　　　　　　163

5.1　サービスプロセスのモジュール化とその統合的活用による革新
　　　　　　　　　　　　　　　　　　　　　　　　　碓井　誠　163
セブン-イレブンの成長過程と国内市場の変化　165／ディマンドチェーンとサプライチェーンの連動　169／IT活用による省力化，容易化と，情報化，サービス化の同時実現　179

5.2 人間生活データの蓄積と再活用　　　　　　　　　持丸正明　186

　ITの活用　186／顧客との合意形成　191／人間の日常生活データ観測を現場に適用するためのサービス設計法　193／大規模データの蓄積と再活用　196／人間生活のハブとなる3L　200

　　コラム18　アシックス直営店における足計測とシューズ推奨サービス　187
　　コラム19　シャルマンが産総研と共同開発したメガネ推奨システム　190
　　コラム20　フィールファインにおける健康データの品質管理の取り組み　198

　おわりに……………………………………………………………203

　索　引………………………………………………………………205

序　章
サービス工学とは

> なぜ，サービスを科学や工学の対象として扱うのか？　その重要性を理解するために，本章では，まずサービスがもつ本質的特徴について解説する．その上でサービス生産性を向上する科学的・工学的手法の可能性について，具体例を交えながら考えていく．

0.1　サービス工学序論

　現代社会ではサービス産業の重要性がますます大きくなっている．かつて先進工業国は製造業を脱してサービス産業に重点を移行するといわれたが，今は途上国においてもサービス産業が重要になったといわれ，その生産性に世界的な関心が強くもたれるようになっている．しかし，サービスは，その本質からいって複合的で複雑であるばかりでなく，自然科学，社会科学，人文科学で取り扱われる多様な対象をその内部にもつもので，生産性向上を合理的に行うことは容易ではない．そのようななかで，最近そのサービス生産性向上のためには科学的・工学的手法の導入が必要であることが主張されはじめ，活発な議論が行われるようになっている．

　サービスを科学や工学で扱う「サービス・サイエンス（service science；SS）」が広く関心をもたれるようになったきっかけをつくったのはIBM社であり，スポーラーらは積極的にその研究を広めるべく努力している[1]．そこで主

張されるサービス・サイエンスは，多くの領域が統合したものになるとされ，今はそれをSSME（Service Sciences, Management, Engineering：サービス科学・経営学・工学）という呼び方をして，工学や経営学を含む多くの研究者に呼びかけをしており，いくつかの米国の大学でサービス・サイエンスの専門家を育てる計画がすでに発足している．これらとは独立に，東京大学に設置された人工物工学研究センターでは，設計学から出発してサービス産業を対象とする基礎的な研究が冨山[2]，下村[3]らによってはじめられ，また新井によってこのセンターにサービス工学研究部門が2002年に置かれ，活発な研究が行われている．

このように，サービスの科学的・工学的研究が世界的に進行しているが，サービスという言葉のもとにそれが何を含むかもまだ確定しておらず，今後の方向もまだ定まっていない．IBM社の提唱は経済的視点から行われたものであるが，たとえばMITのラーソン[5]は経済問題としては論じることのできないインフルエンザの大流行や途上国の教育などをあげている．これらはまったく違った話題であるが，サービス・サイエンスの"Holistic Trinity"と呼んで，経営学，社会学そして工学の三者の融合で解決するべきものとしている．またワシントン大学のヘーゼルコーン[6]らは，サービス・サイエンスは戦争や災害における人道的救援にも適用できるものであるべきことを主張している．

このように，サービスが対象とする分野は定まっていないが，それが大きな範囲に広がっていくであろうと予想されるのである．確かに現在のところ，既存の学問領域の経営学，工学，社会学などを融合することで生まれる一つの領域が対象とするものとの想定があるが，それもまだ確かなものではない．そしてどんな知識体系が対応するべきものなのかも明確にされているわけではない．したがって，サービスを研究するということは，サービスの基本に立ち返ってはじめることが必要である．

上述のようなサービス研究とは異なるが，わが国でもサービスを科学的・工学的に論じることへの関心がけっして低かったわけではない．サービスがメッセージ型とマッサージ型に分かれることを筆者が指摘したのは20年も前のことで[7]，それ以来，この分類にしたがって述べられる製造業とサービス業との関係が製造工学研究の分野で議論されてきた．また製造業の生産する製品はサー

ビスの増幅装置であるという，わが国独自の見解も主張されたのである．それは，無人化工場[8]や工場の中の重要なサービスとしてのメンテナンスの自動化[9]，メンテナンスロボット（AMOOTY）[10]，サービスロボットなどを生み出した．しかし，これらの議論や研究が，経済の分類でいうサービス業の生産性向上をもたらす効果を与えるまでには至らなかった．

わが国の後進性の不思議

　ここでわが国が今，情報産業，そしてサービス生産性の途上国だといわれることの「不思議さ」について述べておかなければならない．わが国は，製造業における情報化，すなわちCAD/CAM (Computer Aided Design/Computer Aided Manufacturing, 計算機援用設計生産), FMS (Flexible Manufacturing System, 多種少量生産システム), IMS (Intelligent Production System, 知的生産システム) などのような，製造作業に情報処理を導入することや異分野の技術を統合することでその生産性を上げ，また国際的競争力の優位性を作り出すことに成功してきたのである．それは経済高度成長の原動力でもあった．この成功と，情報，サービスにおける後進性との間にはどのような関係があるのであろうか．

　まず気づくことは，その情報技術が工場の外に出ることがなかったことである．実は，自動生産やCAD/CAMなどに代表される工場内の情報化は，工場内のサービス行動の情報化による増幅だったのであり，それは抽象化を高めてみれば，工場の外でのサービス行動の増幅に使えたはずのものである．しかし，それは工場の外へ出ることはなかった．その理由を考えるのは，これから展開するサービス研究の一つのテーマであるが，今いえることは，工場の中のサービス作業が定型的に計画されたものであったのに対し，工場の外の一般社会でのサービス作業は，多様で非計画的なものを対象としていることが原因となって，工場の知識をただちに適用することを難しくしていたという点である．

　われわれの経験した困難，これをここで不思議といったのであったが，おそらくIBM社を中心として提起された問題も彼らにとって不思議なものだったのではないだろうか．欧米の歴史をみれば，産業革命以来，製造業の生産性を絶えることなく向上させてきたのが産業の歴史であり，近年のサービス産業の拡

大に対応してその生産性を高めなければならないことは当然のことである．しかし，それはけっして簡単ではなかった．情報技術のサービス分野への適用によってその生産性を高めてはいるが，それは必ずしも満足いくものではなく，個別技術の発明や工夫だけでは本質的な向上は望めない．そこで求められたのが「サービス工学」である．それは，既存の科学的・工学的手法をできるだけ取り入れて，サービス産業の質および生産性を高めるという戦略性をもつものである．

　われわれは今日本で，サービス工学の必要性を主張している．目標は欧米でもいわれている，サービスの質と生産性の向上であり，それが持続的産業の実現に貢献すると考えている点は変わりない．しかし，われわれが感じた日本固有の不思議から出発するとすれば，そこに至る道筋は違うものとなる．

　工場で生産される製品の品質向上と生産性向上に用いられた当時の情報化技術はまだ幼いものであったにせよ，わが国の造語であるメカトロニクスにみられるように，情報化技術は機械技術や電気技術，材料技術などと融合しながら新しい局面を開いたのであった．その展開をわが国の製造業が国際的に先導したと考えてよい．とすれば，今，主として情報技術に依拠して生産性を向上しているサービス産業をさらに進め，情報技術を超えてより広い分野の先端技術の導入によって飛躍的な質と生産性の向上を図るのはわが国の路線の歴史的な必然である．それを可能にする基礎としてのサービス工学が求められるが，それもまたわが国固有のものとなる可能性がある．

　さまざまな分野を統合し，さらに新しい知見を創出するサービス工学を展開する．その成果を社会に適用することで，単なる統合体でなく自立した領域を目標として，ここではそれを「サービス工学」と呼ぶ．そして，その視点でサービス産業や製造業を含む全産業の質，持続性そして生産性を向上すること，それは「地球生産性」（グローバル・プロダクティビティ）の向上を意味するが，それを高めることが，持続的な世界を作ることの必要条件であり，その意味でサービス工学の進展は緊急の課題なのである．

　わが国の不思議から出発するとすれば，それはサービスが経済として社会に成立する以前を出発点とすることとなる．IBM社などの研究において，サービス提供者がプロバイダー，受容者がカスタマーと呼ばれているように，それは

すでに存在している経済分類上のサービス産業を研究の対象としていると考えてよい．しかし，われわれがかつて対象とした製造工場内のサービスは，経済現象ではなかった．効率向上の観点から経済性を考慮することはあったにせよ，経済制度としては未成熟のものであった．それよりも，工場で作業をする人びとが，互いに力を合わせるとか助け合うことが工場生産性の関心事だったのであり，情報技術や他の自動化機器などの導入による生産性向上は，そのような状況に適用されたのであって，そこにはプロバイダー，カスタマーという経済的分類は存在しなかった．

したがって，複数の人がいて，互いに力を合わせながら生活や作業をしている状況がわれわれの出発点である．そこに経済的なシステムが存在するか否かに関係なく，人びとが集団あるいは社会を作るときに必然的に随伴するものとしてのサービスがある．そう考えると，わが国ではサービスが「無料」を意味して経済的対象にしない習慣があることを，あたかも経済的後進性のように評する傾向があったが，それはまったく間違いで，サービスの根源的なとらえ方をわが国がもっていると考えるべきであり，経済はその上に乗るものにすぎないのである．

筆者はこのような，一人の人がいて，それが他のもう一人の人にするサービスを「原始サービス」と呼んでいるが，それを明らかにすることがサービス工学，あるいはサービス工学の基礎を構成する出発点になると考える．このような立場で考えると，現代の製造業とサービス業との関係を明らかにすることも可能であり，また最近議論されるようになった自然のサービス「エコシステムサービス」[11]も矛盾なく位置づけることができるようになる．

サービス工学研究

多様な研究分野の統合はサービス工学研究にとって不可欠である．サービスに多くの学術分野が関係するであろうことの予見が強く主張されていることをすでに述べた．たとえばIBM社のサービス・サイエンスの提言では，次第にその表現がSSからSSMEへと変わっていったように，それは現実としてのサービスを考えるとき当然問題となることであった．MITのラーソン[5]は，これを社会学，経営学，工学の共通部分で進められるべきものと主張しているが，

思いは同じということである．しかし，それはまさに「思い」であり，どのように多領域の知識を同時に使用するのかは現代科学のきわめて大きな問題であり，ここでも明示されているわけではない．

　次にサービス工学の学際性であるが，これは前述した多領域知識の同時使用の問題である．基本的には二つの領域について考えることからはじめなければならない．それは，統合，総合，あるいは融合などと呼ばれるが，その学問的内容はわかっていない．現実には，異なる領域の研究者の研究協力によってそれは実行されるのであるが，その行為の内容を記述することは必ずしもできない．したがって領域の統合は，理論的研究だけでなく，現実の協力によってそれを実行するとともに，その過程をできるだけ客観的に記述することが必要である[12]．協力の実行をどのように実現するかは，現在の研究活動における重要な課題である．

　サービスは，これまで述べたように，現実社会に本来的に存在する自然的なもので，それが人類社会の中で次第に人工物として経済の対象にもなってきたのであるが，他の人工物と比べて成熟度が低い．したがって，サービスの現実的態様を正確に把握することが必要である．そのため，研究は現場としての社会との緊密な接触が不可欠な要因である．その点を考えると，大都会のみならず，地域の個性的な状況をも吸収しつつ研究を行う必要がある．

わが国におけるサービス工学研究の体制

　サービス工学研究には，他の組織との協力が必要である．サービス産業の重要性が増大している以上，産業との関係は当然重要であるが，従来の産学協同にとどまらず，新しい課題であるサービスについて産学が協力するさまざまな方法がこれから求められることになる．

　国内を考えても，サービス研究についての関心は数多くあり，しかも多様である．情報系，また人間工学，ロボティクスの分野などの研究者の多くが関心をもっているといってよいであろう．そしてよりミクロの問題として，分子生物学も関係がある．脳科学も重要な側面である．これらは，サービスに関心はあるが，その視点は別々であり，学問的関心，方法も異なっている．

　また経営学の分野では当然のことながらサービス産業分野についての検討が

行われ，講義，著書なども取りまとめられている[13, 14]．これらは IBM 社を中心として進められている，生産性向上を目標としたサービス論であり，その重要な一部を構成するものと考えられる．しかし，これらも相互に融合するものでなく，また工学の関心とは別物である．サービスを人にとってよいものとし，その上で産業としての生産性を高めようとするなら，これらの幅広い分野で基礎的関心をもつ者が共通の言葉で語り，現実社会のサービスに有効な変化を与えることを可能とする方法を発見しなければならない．そのためには協力が必要である．

サービス業と製造業

ここで改めてサービス産業と製造業との関係について述べておこう．前述したように，製造業の製造する製品がサービスの増幅装置であると位置づけることによって，両産業は構造的な関係をもつことを早くから主張していたのであった．それを産業の持続的進化という観点から考えておくことが必要である．

ここでは結論だけを記す（詳細は [15] を参照）．それは，製造業の生産する製品は使用されて寿命がくれば廃棄されるが，その使用とは製品に込められた機能がサービスとして発現することであり，廃棄される製品にはサービスの履歴が残されている．一方，生産とは，サービスを機能として製品に埋め込むことであるから，履歴から埋め込まれた機能のよさが判定される．その判定により，過去の製品の利点と欠点が理解され，再設計によって改善された新しい製品が生産され使用に供される．

これは図 0.1.1 に示すようにループを作っており，このループには物質と情報が回ることによって，生物の進化に類似の進化が可能となるというものである．これを産業の持続的進化といい，特に現在，持続型産業の実現が緊急の課題であるが，これはその一つの方法を提案しているといえる．このことから予想されるのは，サービス産業が正しく進化するためには，製造業との関係が正しく体制化されていることが必要となる，ということである．それがどのようなものか現在のところわからない．しかし，その関係を明らかにするためには，サービス工学と製造工学の研究が，互いに関連をもちつつ行われなければならないことは明らかである．

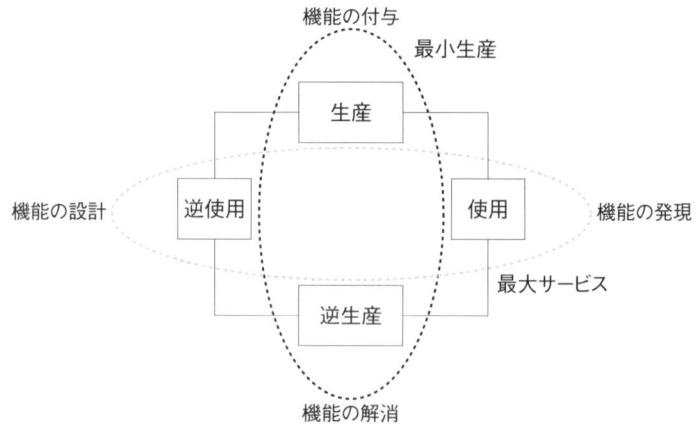

図 O.1.1　持続的に進化する産業のための製造業とサービス産業との関係

一般的モデルの作成へ

　サービス工学研究とは，多様な学問領域を含む学際的・構成的研究を，さまざまな領域の研究者の協力のもとに研究しようというものである．しかし，すでに述べたように，経済的生産性を論じるためには，サービスの経済モデルを作っただけではだめで，人のサービス行為の一般的モデルを作ることからはじめるべきだというものである．そのモデルには，人の期待や特性，人と人との関係の本質とその現在社会での現れ，機能とサービスの関係，媒体としての道具，環境，社会システムなどの機能的特性，などを含む．

　そのモデルの各部を担うのが，さまざまな学問領域で，記号学，心理学，言語学などの人文科学，計量学，人間工学，情報学，材料学，製造設計学，エネルギー学などの工学，そして経済学，社会学，経営学などである．要するにあらゆる分野が入ってしまうのであるが，重要な点は，モデルがそれらの意義と領域間の関係を要請する点である．そしてサービス・イノベーションが各領域で起こる可能性を拡大する効果を，その一般的モデルが提供する[16]．

0.2 科学的・工学的手法からサービスを考える

このように，さまざまな学問領域で扱われてきたサービスについて，その生産性向上とはいったいどのようなものなのかを本節で述べる．そのために，生産性という視点から，これまで十分に調査分析されてこなかった先進的サービスの現地調査を行い，その分析を通じてサービス生産性向上の科学的・工学的手法の可能性について提案する．

サービス生産性向上

　経済の持続的発展を考えたとき，生産性の向上は重要である（詳細は 44 頁を参照）．製造業では，生産性の高い企業が，より品質の高い製品を，より効率的に生産できる．したがって，多くの製造企業では，現場で活発に改善活動が行われ，生産性の伸び率が高い．

　一方，サービス産業では，サービスの価値の決定が顧客側の主観や状況に大きく依存することから，サービスの提供方法や内容は現場で働く人の経験と勘に頼ることが多い．その結果，サービス提供の多くの場面において人が介し，サービス提供は労働集約的になる．そして，もしサービスの生産性を向上させようとすれば，労働投入量を減らすことにつながり，提供されるサービスの質や規模が縮小してしまうと考えられてきた．

　たとえば，レストランで提供されるサービスにおいて，省力化を図ろうとすれば，徹底して機械化と IT 化を進めることで，投入労働量を減らしていくことは可能であろう．しかし，そこで提供されるサービスは，多くの場合，ファーストフード的となる．握り寿司を提供する寿司店において，寿司職人を機械で代替することで，回転寿司というファーストフード的な寿司店が成長してきた．安価で大衆的，会計も明朗となり，家族で安心して，楽しくお寿司を食べることができるようになった社会的価値は大きい．しかし，ここで議論しているレストランや握り寿司店とファーストフードを，同じサービスの延長線上で比較することはできない．

　このように，サービスの提供プロセスを機械化や IT 化，またはマニュアル

化することで，または製造業の生産管理手法やノウハウを導入することで，サービスの内容や提供方法を一律にファーストフード的にする生産性向上をここでめざしているはずがない．そもそも提供されているこれらサービスの価値がどこかで変化し，最終的に異なる種類のサービスが提供されていると考えるべきであろう．そして，それぞれのサービスにおいて，サービス受容者である顧客も異なる場合も多い．

したがって，サービス産業に従事する多くの人が，もしサービス生産性を向上させれば，サービスの提供方法やサービスの内容が変化する．そして受容者自身も変わることから，サービス生産性向上は意味がなく，効果も小さくなってしまう．さらにサービスを提供する多くの人が，サービスが機械にではなく，人間自身によって提供されるところに価値があると考えており，サービスの提供方法やプロセスが状況やサービス受容者である顧客ごとに異なり，そのためにサービス提供の分業も十分に進んでいないことから，サービス生産性向上への取り組みが難しいともこれまでいわれてきた．

しかし，製造業の多くが海外に移転し，また少子高齢化や地方の振興という社会における課題を考えたとき，サービス産業は，単に経済規模の7割を超えたという理由だけでなく，雇用の受け皿としても重要な位置を占めている．したがって，今後の持続的経済成長を考えたとき，サービス生産性向上は喫緊の課題なのである．

事例から学ぶサービス生産性向上：サービス・イノベーション

サービス生産性向上の具体的な科学的・工学的手法を検討するために，筆者はさまざまなサービス事業者の先進的取り組みの資料収集，現場の見学やそこのサービスに従事するスタッフとの意見交換を行い，サービスの提供方法や内容について事例調査を行っている．事例調査する対象は，多くの人によって高い評価や支持を受けているサービス事業者から，先入観をもたないように可能な限り幅広く調査を行うようにしている．

そして，これまでの事例調査の結果を分析する過程で，多くのサービス企業がサービス提供の効率化と同時に，顧客にとっての価値の向上を同時に実現し，生産性を向上させていることがわかった．それぞれの事例を，業種を超えて比

表 0.2.1　サービス生産性向上の共通的方法論

(1) 顧客接点での日常行動計測・ニーズ分析
(2) 顧客重視から個客起点へ
(3) サービスの連携

較したところ，共通した取り組みが表 0.2.1 の通りに存在していることがみえてきた．

それぞれの内容と，具体的な事例について，以下でその概要を説明する．

(1) 顧客接点での日常行動計測・ニーズ分析

これまで調査分析を行ってきた先進的なサービス事業者は，別の視点から顧客接点における接客を戦略的にとらえている．むしろ積極的に接客を行うことで，結果としてサービス提供方法の効率化のみならず，高い顧客満足を同時に得ることに成功している．

つまり，先進的なサービス事業者は，適切な方法で適切な内容のサービスを提供するために，顧客接点での接客を通じて，サービス受容者である顧客とコミュニケーションを図り，その顧客が求めていることを引き出そうとしている．また，顧客側も自分が求める内容のサービスを得るために，積極的に自分の気持ちや考えをニーズとして表明する．このように，サービスの提供と受容者のニーズの交換が行われているのが，顧客接点の現場なのである．

このことは，顧客接点における接客が単なるサービスではなく，サービス事業者にとって「お客様理解」のツールであることを意味している．その方法論は次の二つに大別することができる．行動計測やニーズ分析をサービスを運用するためにある情報システムに組み込まれたセンサによって得られる客観的データで行っている場合と，現場でサービスを提供するスタッフの観察や会話を通じて行っている場合である．

複雑で変化する状況の中で多様なサービスを提供している宿泊業などは後者の例が多いようである．一方，客観的データが比較的容易に蓄積できるサービスなどでは前者がより普及している傾向があるが，多くの事例では両者が組み合わされている（コラム 1）．

コラム1

くら寿司「サービス現場で行動計測」

　回転寿司とは鮮度管理が非常に難しいビジネスであるが，株式会社くらコーポレーションが運営するくら寿司では食の安全や安心に向けた衛生管理に徹底的に取り組んでいる．たとえば，回転寿司にとって食材の乾燥を防ぐことが大きな課題となるが，雑菌繁殖を回避するために，あえて厨房をドライ環境にしている．さらに，ある一定時間が過ぎたところで，寿司ネタを機械で確実に廃棄している．廃棄率は約6%と低く，収益に大きく貢献している．この廃棄率を低く抑えるための取り組みは，以下の通りである．

　まず，来店時に顧客の属性として「大人」「小人」の人数を店員が把握して，入り口に設置されている端末に入力する．多くの回転寿司では，食べた寿司の皿を積み上げ，その枚数を数えて会計を行う．しかし，くら寿司では，それぞれの客席に廃棄口があり，その中では水が流れ，皿の1次洗浄と殺菌を行っている．皿の裏側にはQRコードがつけられ，会計システムと連動させるだけでなく，結果としてどのような寿司をどのタイミングで食べたのかというデータをあわせて取得している．そして，できるだけ早く廃棄口に投入してもらうよう，一定枚数を超えると景品が抽選できる仕掛けもある．早く投入してもらえば，より正確に飲食履歴がわかるだけでなく，皿の乾燥も回避でき，洗浄の効率化につながる．

　このような方法で顧客のデータを分析した結果，平均4人のグループで来店し，1人約8皿食べ，20-30分で食事していることがわかってきた．実際の店舗では，そのときの来店顧客の属性と滞在時間，過去の飲食履歴モデルから，出す寿司を決定している．

　このように，くら寿司では実際の顧客の行動データの計測と分析を通じて寿司の廃棄率を下げ，収益力の強化につなげている．一方，この取り組みを顧客視点からみれば，常に食べたい寿司がレーンの上にあり，待たずに食べることができ，顧客満足の向上にもつながっている．

　つまり，実際の店舗で寿司を食べている顧客の属性，滞留時間，飲食履歴を観測し続け，蓄積したデータを分析することで，調理内容を今いる顧客に速やかにカスタマイズしている．その結果，くら寿司では，店舗運営の効率化と顧客満足の向上の両方を同時に達成しているのである．

(2) 顧客重視から個客起点へ

これまでの社会がそうであったように，物が不足し，消費者の選択肢が小さい売り手主導の社会では，企業はある一定の規格の製品やサービスを大量に提供してきた．しかし近年，社会では製品やサービスが充足しはじめた．そして，特にインターネットや携帯電話などに代表される情報通信技術の発展と普及により，世界中の多様な情報が安価で容易に入手できるようになった．また，大規模物流を前提としてきたこれまでの流通システムが，個別配達の本格的普及により，生産者と消費者の接点を容易に形成できるようになった．このような近年の社会システム全体の転換と製品やサービスの充足という消費者サイドの状況の変化が合わさり，消費者は製品やサービスの内容を吟味し，選択するようになってきた．

この社会状況の変化から，多くの先進的なサービス事業者は，サービス受容者を顧客群としてとらえることをやめ，一人一人の顧客（または個客）に関心をもち，一人一人の個客に必要なサービスを提供するようにしている．そのために，多くのサービス事業者では，接客を通じて得た顧客の行動や購買のプロセス情報をデータベースとして蓄積できるようにし，そのデータをモデル化し，次のサービス設計に反映できるように工夫している（コラム2）．

このような一人一人の個客の行動プロセスの理解は，たとえば，小売サービスにおいて商品購入額に応じてポイントを蓄積できるポイントカードの導入で幅広く浸透している．購買履歴から顧客のニーズを理解し，その分析結果から必要な商品構成を検討し，バックヤードにおける商品発注業務の基礎データにしようとしている．同じように，多くの宿泊業でも，接客を通じて得られた顧客情報の収集と共有を図り，それらをバックヤードのデータベースに蓄積して，効率的に一人一人の個客のニーズに合ったサービスを提供できるようにしている（図0.2.1）．

このようにして，多くの先進的なサービス事業者において，日常のサービス現場から得られたデータからニーズを分析し，一人一人の個客に向けて，サービスの内容や提供方法を臨機応変に修正するようにしている．このような変化への非常に高い対応力から，サービス事業者は受容者のニーズや行動に合わせてサービスを提供できるようになり，高い効果も得ることに成功しているだけ

■コラム2

和倉温泉加賀屋「接客はお客様理解」

　和倉温泉の加賀屋では，サービスの質を高めるために，宿泊者のことをできるだけ理解しようとしている．過去に宿泊した客であれば，顧客データベースを検索する．予約時の会話から宿泊の目的がわかるときもある．ただこのような方法には限界がある．

　宿泊者ともっとも身近に接することのできるのは客室係であり，客室係は宿泊者が到着してから，ささいな会話の中で情況を理解し，やってもらいたいことに気づくようにしている．つまり，加賀屋は質の高いサービスを適切な方法で提供して，高い顧客満足を得るために，客室係は宿泊者のニーズを理解するセンサの役割を果たしている．そのために，加賀屋では客室係ができるだけ長く宿泊者と接していられるような会社経営を行っている．

　たとえば，部屋を出て厨房まで食事をとりにいくことは，客室係には大きな肉体的負担であり，またそれ自身は宿泊者の価値につながるサービスでもない．そのために，料理の自動搬送システムを導入したことは有名である．また，子どものことが気になっては集中して接客することができないことから，早朝から深夜まで子どもを預かる企業内保育施設「カンガルーハウス」も運営している．このようにして，客室係の接客時間を確保しているのである．

　客室のささいな情報でもスムーズに必要な部署へ伝達するための経路が設定され，得られたデータは集中的に管理されている．このような組織設計を受け，客室係が理解した一人一人の宿泊者のニーズを速やかに現場で臨機応変に対応できるように，行動の基本が記された「加賀屋客室係十二訓」をすべての社員が携行している．

　つまり，加賀屋では，客室係を旅館のサービス・フロントと位置づけ，客室係のサービスを通じて「顧客情報」を収集し，それを一元管理することですべての部署のさまざまなサービスを連携させ，何百人のスタッフが客室係をサポートしながら，サービスの内容や提供方法を多様なお客様一人一人に臨機応変に組織的に最適化しているのである．

　その結果，お客様の高い評価を得て，くり返し宿泊に訪れる固定客を多く得ている．

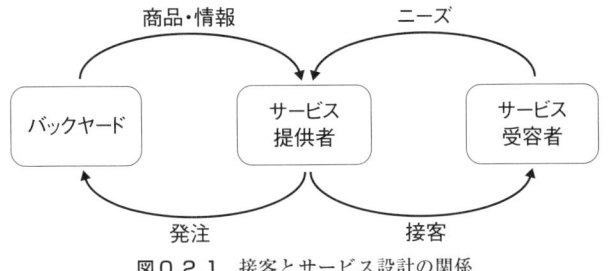

図 0.2.1 接客とサービス設計の関係

でなく，サービス提供の方法にも無駄がなくなり，結果としてサービス提供の効率性が高まっている．そして，最終的にこれら先進的なサービス事業者は，一人一人の個客やその個客が置かれている状況とサービスの内容や提供方法が相互作用できる機能を実際のサービスの中に埋め込み，結果として，個客起点で，サービスの内容や提供方法を日々刻々と変化させていくことができる内部構図をもつようになっている．

(3) サービスの連携

受容者の視点からサービスの内容や提供方法をみたとき，個々のサービスが最適であるだけでは不十分である．日々の生活の中で，人はサービスを受けるために移動し，さまざまな異なる種類のサービスの提供を受け続けている．つまり，一人一人の個客視点からみたとき，サービスとサービスの間の接続が非常に重要である．

たとえば，宿泊業の場合，フロントやレストラン，部屋で人びとは過ごす．そして，それぞれのサービス現場で蓄積された情報がバックヤードで交換や共有され，宿泊者一人一人に合わせて全体のサービスが提供されるように工夫されなければならない．小売業の場合，特に大型ショッピングモールでは，売上の高い商品を販売するだけでなく，映画や飲食，エンターテイメントなどのサービスを組み合わせ，顧客の長い滞留時間を確保している．また運輸業の場合，鉄道やバスなどの異なる交通機関間の接続が重要となり，目的地までスムーズに人が移動できるようにしなければならない．特に運輸業の場合，移動することだけが目的ではないことから，運輸業のみならず，それ以外の小売業，飲食

0.2 科学的・工学的手法からサービスを考える　15

■コラム3

えちぜん鉄道「徹底したサービス連携」

　「えちぜん鉄道」とは，地元の福井県では「えち鉄」と親しまれ，さまざまな取り組みを行い，結果として乗客数を伸ばしている地方の生活鉄道である．

　えちぜん鉄道は，「地域共生型サービス企業」を打ち出している．社会の不特定多数の客ではなく，一人一人の客と乗務員が顔なじみになり，地域におけるふれあいを大事にしている．乗客を「カスタマー」と位置づけ，すべての乗務員，アテンダント，駅務員が顧客接点を担っていると自覚している．

　特にアテンダントは，他の鉄道会社にはない新しい試みである．多くの駅が無人で，また高齢者の割合が高い．沿線に多くの観光地をもつ．したがってアテンダントの仕事は，切符の販売，乗降補助，観光案内などのサービスを乗客に提供することである．アテンダント一人一人は，どのような人が乗っているのかを知るために，乗客との会話を大事にしている．そして，気づいたことを日報や連絡帳に記し，会社全体で情報共有を図っている．

　その結果，高齢者の乗降の多い駅があれば，すぐに手すりをつけるなど，できることは速やかに対応するようにしている．また，鉄道の利便性を高めるために，JRや路線バスとの接続をスムーズにするようにしている．観光客のために，接続バスの時刻表を必ずもち，また地元でなければわからない名所，イベント情報の提供も行っている．アテンダントが知らないことを聞かれれば，自ら調べ，そして必要があれば本部に携帯電話で確認し，回答している．

　このようなことは，アテンダントが日頃から，どのような人が電車を利用し，何をやろうとしているのかを会話を通じて理解しているからできるのである．

　つまり，アテンダントのみえない重要な役割は，サービスの提供を通じて，客のニーズを把握することである．そして，乗客の利便性を高め，顧客満足向上のために，会社全体や周辺の企業とともに細かいサービス連携と調整を行い，ニーズに合わせたサービス内容に修正し続けているのである．

　その結果，親は安心して子どもを一人で電車に乗せられるようになった．通院やショッピングのための高齢の利用者も増えている．また，体が不自由であっても利用でき，これまで家族に自動車で連れていってもらっていた病院に一人でいけるようになった．

　このようにアテンダントを通じて吸収したさまざまな情報を分析することで，こ

れまで認識されていなかったニーズを顕在化することができ，減少し続けていた乗客は増加に転じた．

　このように，えちぜん鉄道の試みをみると，アテンダントのサービス提供を通じて，乗客一人一人の潜在的なニーズが理解されているのである．そして，そのニーズにしたがい，さまざまな事業者間でサービスの内容や提供方法を最適化し，地域全体の魅力を高めるだけでなく，顧客満足も向上し，結果として地域の生活を支えるサービスとしての役割を担うようになっている．

業，観光業などのサービスとの密な接続も必須となる（コラム3）．

　このさまざまなサービスの間の連携と接続とは，個別のサービスプロセスのモデルを最適化することではなく，受容者の日常の行動やニーズに合わせて最適化していくことを意味している．これは，かつては一つ一つのサービスが一つの機能を提供するために最適化されていたものが，受容者が最終的に得ようとしている価値から，複数の異なるサービスがシームレスに接続され，最終的に特定の機能を提供してきたサービスから，受容者にとっての価値を創造するサービスになっていくことを意味している．

　これら先進的なサービス事業者における共通した取り組みをみると，サービスの生産性を向上させるためには，サービス受容者のニーズや行動様式とサービスの内容や提供方法を相互に適応と修正を日常的に臨機応変に行っていることがわかる（図0.2.2）．たとえば小売業では欠品や在庫のレベルが減少し，サ

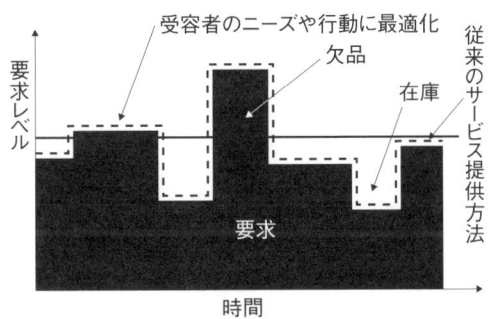

図0.2.2　サービス受容者のニーズや行動様式とサービスの内容や提供方法の適合

ービスの提供者にとっての効率化が達成される．そして，同じことを受容者である顧客の視点からみれば，サービスの内容が顧客一人一人に適合され，顧客満足も同時に高まることになる．つまり，これまでの先進的なサービス事業者の取り組みの調査分析結果をみると，効率化と顧客にとっての付加価値の両方が同時に改善され，サービスの生産性を向上させていることがわかる．

サービス生産性を向上するための科学的・工学的手法：最適設計ループ

　ここまでまとめた先進的なサービス事業者の取り組みのように，個客起点でサービスの内容や提供方法を最適化していけば，受容者の満足は増加していく．受容者の満足が増加していけば，サービスを受ける顧客も増加し，提供しなければならないサービスの規模は拡大していく．そのようにしなければ逆に受容者の満足は低下していく．さらに，個客起点で異なる多様なサービスを接続していけば，サービスの内容や提供方法はどんどん複雑になっていく．

　規模が小さく，そして比較的単純なサービスを提供しているときは，経験と勘に依存してもそれほど大きな問題にならない．しかし，規模が拡大し，サービスの提供方法が複雑化していく局面においては，サービス生産性向上に科学的・工学的手法を導入することが効果的である．つまり，効率と付加価値のいずれも犠牲とせず，両方を同時に改善し，結果としてサービス生産性向上を実現するには，個人がもつ豊かな経験と勘だけでは限界がある．これまでみてきた先進的なサービス事業者は，サービス現場において，サービス受容者や提供者のデータを分析して，そのモデル化を通じてサービスの内容や提供方法に反映させることで，サービス提供の効率性と付加価値を同時に高めている．

　したがって，これまで経験と勘に頼ってきたサービスに，科学的・工学的手法を導入しサービス生産性を向上させようとしたとき，サービス現場での受容者と提供者の行動などを「観測」し，それを「分析」して得られる客観的根拠に基づいてモデルを「設計」し，それを現場に再び「適用」する「最適設計ループ」をくり返す内部構造を実際のサービス現場がもつことが重要となる（図0.2.3）．この最適設計ループが実際のサービスの現場で導入されることにより，サービスの受容者と提供者の間をさまざまな情報が循環し，既存のサービスが継続的に改良されるのみならず，蓄積された情報がサービス現場で活用可能な

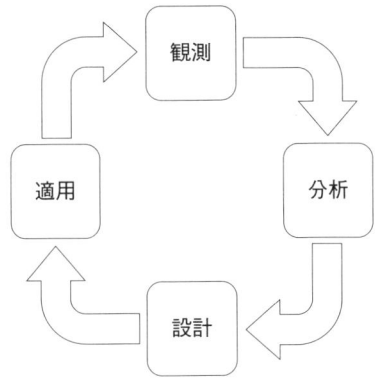

図 0.2.3 サービス生産性向上のための科学的・工学的手法「最適設計ループ」[1]

モデルとして再編成され，サービス受容者起点でさまざまなサービスの連携と接続が促され，結果として新しいサービスの創出にもつながっていくことが期待される．

本書の内容

この章の最初に，「複数の人がいて，互いに力を合わせながら生活や作業をしている状況がわれわれの出発点……一人の人がいて，それが他のもう一人の人にするサービスを『原始サービス』」と述べた．そして，このような経済的対象でないところまでもサービスに含み，その点がサービス工学の基礎を構成する出発点になると指摘した（5頁）．本書でこの後に紹介しているサービスは，または前提としているサービスも，今のところ経済的対象として産業化された部分が多い．しかし，本書で扱うサービス工学とは，産業化された部分の背後にある原始サービスへの理解がその根底にあるのはいうまでもない．

また，経済活動の中のサービスでは，サービスの受け手を顧客と呼ぶことができるが，ここで指摘している原始サービスでは，どちらがサービスの出し手でどちらがサービスの受け手なのか，その関係は不明瞭である．このようなサービスがもつ構造から，多くの人によってサービスの出し手や受け手についてさまざまな表現がなされている．たとえば，受け手は受容者，顧客，受給者，レシーバー，カスタマー，レセプターなどがあるが，おそらくそのときに扱っ

ているサービスの対象によってより適切な表現が決められているものと思われる．このような背景から，本書では読者の混乱を避けるため，サービスの出し手と受け手を，それぞれサービスの提供者と受容者という表現に可能な限り統一した．そして，今後の研究活動により，より適切な表現が定まることを待つこととしたい．

　筆者はこれまで，事例調査は対人サービスを中心に行ってきた．一方，地方におけるサービス，医療や介護，教育，行政などといった公共サービス，さらにリサイクルやメンテナンスなどの環境サービスの生産性向上で何が重要なのか，そして同じ最適設計ループで説明できるかの検証はいまだ十分にできていない．そして，サービスを現場で継続的に運用し続け，同時に事業の拡大や複雑化に対応できる必要な技術基盤についての議論も十分に行われていない．

　これまでの研究とサービス研究が大きく異なるのは，サービスは，提供された瞬間に消滅してしまうという特徴から，日常のサービス現場で研究を行う必要がある点である．つまり，これまでの研究と異なり，実験室で研究を進めるには限界があるのである．サービスがもつ多面性から，人文科学や社会科学を含め，学際的に研究を進めていく必要もある．

　またサービスが工学の分野で重要な対象として位置づけられるようになったのは最近のことで，今のところサービスを体系的に記述することは不可能である．したがって，本書ではサービス生産性向上のための科学的・工学的手法と考える「最適設計ループ」について，その構成要素である「観測」「分析」「設計」「適用」のそれぞれの技術とその具体的な事例を取りまとめた．

　サービスに関する研究はまだまだはじまったばかりである．今後，これまで重要な研究対象として位置づけられてこなかった日常のサービス現場の研究が進み，多くの成果を蓄積させていく必要がある．このような研究の継続を通じて，サービスの本質が理解されるとともに，必要な技術領域の相互関係も明らかになっていくことが期待される．そして，本書の主題であるサービス生産性を向上する科学的・工学的手法が次第に明らかになっていけば，本書の内容は逐次改訂していく必要があると考えている．

　本書の内容は以下のようになっている．まず第1章では，今後の有効なサービス研究戦略を得ることを目標として，人びとの生活の中でサービスがどのよ

うに発生し，社会の歴史的発展の過程で，サービスがどのように変遷していったのか，そして現代社会においてサービスに関する社会や産業の動向，政府の政策やサービス生産性の考え方について述べる．そのサービスがもつ複雑さから，学界では多様な学術分野でサービスが扱われてきた．そこで世界におけるサービス研究の歴史的動向，そこで用いられる科学技術についてもふれる．

第2章以降ではサービス生産性向上とその科学的・工学的手法である最適設計ループの要素であるサービスの観測，分析，設計，適用を支援する技術や具体的事例を紹介する．

まず第2章では，日常のサービス現場における観測技術について紹介する．観測とは，実際のサービス現場のデータ取得であり，具体的にはインタビューやアンケート調査，サービスに組み込まれたセンサネットワークや情報システムによる計測などがある．したがって，ここでは日常のサービス現場において何が起こっているのかを理解するために，サービスの受容モデルがどのようにして構築されるのか，そしてサービスを工学的に設計するために，サービス現場で必要となる非侵襲，非拘束のセンシング技術によるデータの獲得方法について述べる．

第3章では，観測により得られた大規模なデータの分析技術について紹介する．ここではセンサネットワーク化しはじめたサービス現場において，実データ主導による客観的な事実に基づいた科学的意思決定ができるようにするために，人間の日常生活現場で得られた大規模データを解析し，そこから計算モデルを構築し，活用する技術について述べる．

第4章ではサービスの設計技術について紹介する．まずモノづくりにおける設計についてふれ，その後にサービスの機能設計の基本とその方法，そしてサービス実現のための最適化技術について述べる．最後に，サービスの設計に関する議論がまだ途上であり，今後の急速な発展が待ち望まれる研究分野の一つであることをふれる．

そして，最後の第5章ではサービスを具体的な現場へ適用する事例を紹介する．まず小売業を事例に，社会の変化に対応したサービスプロセスの革新について，次に実際のサービスの現場において，継続的に観測と分析を実施しながら，より生産性の高いサービスプロセスを設計し続けていく事例について述べ

る.

　なお，読者の理解を促すために，本書では技術の紹介にとどまらず，可能な限り多くの現場での適用事例をコラムとして挿入している.

参考文献

0.1 節

[1] J. Spohrer, P. P. Maglio, J. Bailey, and D. Gruhl, "Steps toward a Science of Service System," *Computer, IEEE*, **40**(1), (2007), 72–77.

[2] T. Tomiyama, "A Manufacturing Paradigm toward the 21st Century," *Computer Aided Engineering*, **4**(1997), 159–178.

[3] 下村芳樹他,「サービス工学の提案」,『日本機械学会論文集 (C 編)』, **71**(702), (2005), 315–322.

[4] 吉川弘之・内藤　耕,『「産業科学技術」の哲学』, 東京大学出版会 (2005).

[5] R. C. Larson, "Holistic Trinity of Service Sciences-Management, Social and Engineering Sciences, MIT Engineering Systems Division," *Working Papers Series, ESD–WP2007–18*, April (2007).

[6] M. Haselkorn, "Improving Humanitarian Relief for the Next Big Disaster, The Seatle Times, January 14, 2006," *NSF Workshop on Humanitarian Service Science and Engineering*, October 8 (2007).

[7] 吉川弘之,「先端技術と人間」,『世界』, 509 号(1988), 19–34.

[8] H. Yoshikawa, "Flexible Manufacturing Systems in Japan," *IFAC World Congress* (1984), Budapest.

[9] H. Asama and H. Yoshikawa, "Development of a Metamorphic Manipulator with 9 degrees of Freedom," *ISRI*, Tokyo (1985).

[10] 吉川弘之,『ロボットと人間』, 日本放送出版協会 (1985).

[11] G. C. Daily and K. Ellison, *The New Economy of Nature*, Island Press (2002).

[12] 吉川弘之,「イノベーションの行動理論」,『産総研 TODAY』, **7**(1), (2007), 8–15

[13] 亀岡秋男,「新時代を開くイノベーション経営を目指して」, 北陸先端大・講義.

[14] 増川重彦,『サービス経営論』(2006) (非売品).

[15] H. Yoshikawa, "Science, Technology, Human Values and Actions toward Sustainability," *Proceedings of International Symposium on Science, Technology and Human Values, Athens*, May (2007), 417–434.

[16] 吉川弘之,「サービス工学序説」, *Synthesiology*, **1**(2), (2008), 111–122.

0.2 節

[1] 「技術戦略マップ 2008」http://www.meti.go.jp/policy/economy/gijutsu_kakushin/kenkyu_kaihatu/str2008.html

第1章
サービスの起源と社会における展開

本章では，サービスの歴史と現状について解説する．まず，サービスが人びとの生活の中でどのように発生し，社会が歴史的に発展する過程でどのように変遷していったのかを概観する．そして，現在の，サービスを取り巻く社会や産業の動向，政府の政策について述べる．さらに，世界におけるサービス研究の歴史的動向や，そこで用いられる科学技術についても述べる．

1.1 サービスの起源と歴史的発展

サービスとは何かという議論はしばしば行われているが，サービスの定義としてよく参照されるのが，無形性，同時性，消滅性，異質性である[1]．すなわち，サービスはモノとしてさわることができず（無形性），サービスが存在するのは提供者からのサービスを受容者が受容したときだけであり（同時性），そしてサービスの授受が終わればサービスは存在しなくなり（消滅性），サービスは受け取る相手によって価値が違ってくる（異質性），ということである．現在サービスと呼んでいるものに共通な点を抽出すると，これらの性質が浮かび上がってくる．しかしながら，このようなサービスの定義を示しても，サービスを具体的にイメージすることは難しいだろう．そこでここでは，サービスと呼んでいるものの歴史を振り返り，現在のサービス産業と呼ばれるものが，どのようにして成り立つようになったのか，そのサービス形態の変遷を中心に紹介す

る．

　サービスの歴史については，個別のサービスについて語られることはあるが，たとえばファーストフードやコンビニエンス・ストアなどの比較的最近になって登場したサービスについてのものが多い．しかしながら，サービス工学という学問を打ち立てる上においては，現時点での事例研究的なものだけでなく，幅広くサービスを俯瞰して，その成り立ちを理解することは，サービスの本質を考えるために不可欠のことと考える．そこで，本節では，サービスに関わる用語の成り立ちとともに，代表的なサービス産業をいくつか取り上げ，その起こりと変遷をたどり，共通的にみられることや，独自の特徴がどういった点にあるかを議論する．ここで対象とするサービス産業は，医療，宿泊，食事，移動，そして小売りなどである．

　吉川は，サービスの基本は人が人にする行動にあるとし，それを原始サービスと呼んだ[2]．この観点にしたがえば，原始サービスとしての医療は家族による病気の介抱であり（後述するように，首長による医療が原始サービスともいえる），飲食は家庭内における食事の提供であり，宿泊は家庭内での寝室である．原始サービスとしての移動は，歩いて移動することである．小売りについては，食品であれば，自らの畑での耕作や狩猟が原始サービスとみることができ，衣料品であれば，家庭での裁縫が原始サービスといえるだろう．

サービスという言葉

　サービスという言葉は日本語として定着しており，日常ではあまり定義を意識することなく使っている言葉である．Serviceはserveの名詞形であり，serveすること，という意味である．そのserveの語源はラテン語でservireであり，これは召使いまたは奴隷であることを意味し，名詞のservitiumは奴隷を意味する．したがって，serviceは，召使いであること，主人に仕えること，そして召使いとしての仕事，主人に仕えるさまを意味した．宗教的意味としては，神を崇拝し，服従して神に仕えること，そして礼拝という意味で12世紀頃から使われている．主人の命令にしたがって，主人の益になる行為を行うことを意味するようになるのが13世紀である．君主に仕えての，また国のための公務員（civil servant）的な仕事のことを意味するようになるのが14世紀であり，

Military service といった兵役を意味するようになるのが16世紀の終わりである．16世紀には，他人の幸福や利益のためにその人を助けたり，その人の世話をするといった親切なまた友好的な行為をさすようになる[3]．

　Service という言葉の使い方で注目すべきことは，早い時期から食事に関するサービスに使われたことである．The service of the table という現在はあまり使われていない表現があるが，14世紀頃から，皿に料理を盛りつけたり，テーブルのそばに立って控えている行為を service と呼んでいた[3]．他にも日常の召使いの仕事は多々あったはずであるが，特に食事時に主人の脇について給仕などをすることが召使いの代表的な仕事としてみなされていたと思われる．

　公共の仕事からの派生なのか，19世紀に入ってガス，水道などを供給することやそのパイプのことを service と呼んだ．そして20世紀に入って，自動車に関わる言葉として service が広まる．その頃まだ自動車に対する信頼性は低く，保守や整備そして修理が必要な機械製品であった（もちろん今でも欠かせないが）．これらの整備や修理が service と呼ばれ，それを行う施設や店は1920年頃からサービス・ステーションと名づけられた．わが国に入ってきた外来語としてのサービスという言葉は，この「サービス・ステーション」が大正末期に入ってきたのが最初だといわれている[4]．

　これ以降，われわれの生活にサービスという言葉が入り込んでくる．

人の移動と医療サービス，宿泊サービス

　(1)　ホスピタリティという言葉

　上述のように service は主人に仕える召使いが行うことをさす言葉からはじまっており，サービスの受容者を支えるように，提供者がサービスを提供する形態に関する言葉である．ところで，サービスの議論ではしばしば「サービス」と「ホスピタリティ」とが論じられる．ホスピタリティという語は，英語の host の語源であるラテン語の hospit-em (hospes) からきており，これは主人・来客・旅人を意味している．これが人を宿泊させたりもてなしたりする人を意味する英語になる．そして，この語からくる hospitality は来客を優しくもてなすことを意味する．したがって，service とは異なり，提供者がその場の中心となってサービスを提供する場合は hospitality である．そして，hospit-em を語

源とする語として，hospital と hostel があり，さらに hotel も同じ語源である[3]．これから，医療サービスのためのホスピタルも宿泊サービスのためのホテルも，主人が来訪者を受け入れるところであるとみることができる．

(2) 医療サービスとホスピタル

原始社会において医療は首長の役割であった．むしろ，医療すなわち病を治す力のあるものだけが首長になれたのである[5]．よく知られている「因幡の白兎」は大国主命(おおくにぬしのみこと)が丸裸にされた白兎を蒲黄で治す話であるが，この話は首長による医療行為を表している．原始社会の単位から考えると，首長や家長による医療がサービスであると考えるべきである[6]．集団において病に罹った人がでることは社会秩序の乱れの原因になる．病を治せる力をもつことで，首長は崇められる存在となり，集団をまとめ，社会秩序を保つことができる．原始社会において病気は霊や悪魔の仕業とされたことから，医療行為は主に呪術的方法となる．呪術による治療がうまくいかないことがくり返されると，首長としての地位を失墜することになる．そのために，首長自身でなく，別に治療を行う

図 1.1.1　Hotel Dieu 内の病院（16 世紀）[7]

者をもつことになる[5]．首長と独立した医療サービス提供者である医療人または医師が生まれることになる．

医療サービスは国家を維持するためのものであることから，為政者たちの治療のための官医の整備と，世の治安を保つための貧困者の救済とが中心に進められた．現在の医療サービスの場は病院＝ホスピタルであるが，14世紀頃の英語ではhospitalは，巡礼者や参詣者また旅行者を受け入れる修道院によって運営されていた宿泊施設のことであり，hospitalが病院の意味で使われるようになったのは15世紀に入ってからである[3]．一方，hotelも治療施設の意味で使われており，パリにあるHotel Dieu（神の館）は教会の宿泊施設として巡礼者，貧窮者や孤児，そして病人を収容していたものが，やがて治療を施す施設となり，それが拡大して大病院となったものである（図1.1.1）．このように，hospitalは救済施設を元とする施療施設からはじまった．

(3) ホテルとホスピタリティ

英語としてのhotelが規模の大きな宿泊施設の意味で使われるようになったのは18世紀以降であり，それ以前はhostelという名称が一般的であった．また小規模の宿泊施設を英語ではinnというが，以前はhostelryという言葉が使われていた．フランス語では田舎の食事付きの小さな宿をauberge（オーベルジュ）と呼ぶが，古語フランス語では小さい宿屋にhotellerieが使われており，これは僧院の宿坊の意味もあった．ちなみに，フランス語でホテル経営者のことをhotelierというが，これは宿坊の接待係の僧のことを意味していた．いずれについても，hostという語が根底にある．このように宿泊サービスを提供するホテルと医療サービスを提供するホスピタルは語源が同じであり，主人による客をもてなす場所をさしている．

(4) 古代の移動におけるサービスとしての宿泊と医療

宿泊は自宅から出かけたときに必要となる．通常自宅で睡眠や休憩をとるが，自宅から離れたときにはそのサービスをどこかで受ける必要がある．古代においては，寺院や修道院を詣でる巡礼が人の移動する機会であった．このことから修道院に宿泊施設が設けられ，さらに上述の治療施設を必要としたのである．

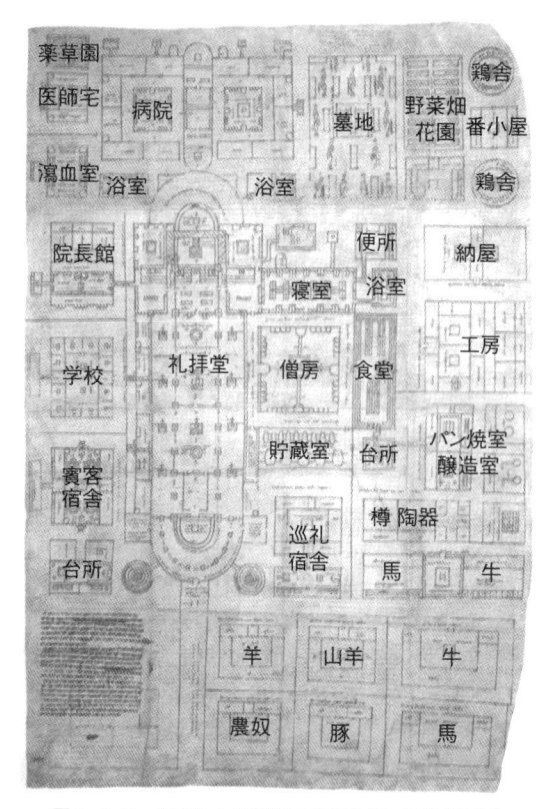

図 1.1.2　聖ガレン修道院の見取り図（9 世紀）[8]

　9 世紀の聖ガレン修道院の見取り図が残されているが，ここには薬草園や医師の部屋とともに病院が設けられていた（図 1.1.2）．巡礼の旅に出ていれば当然，病気になったり，具合が悪くなったりする．旅は現在からは想像がつかないほどの過酷なものであったから，宿泊施設と治療施設が一体化されることは大きなサービスであったであろう．
　わが国において，平安時代には兵役などのために旅が行われたが，途中で怪我や病気になって，道で行き倒れになっていたという．そのために，仏教寺院を中心に布施屋と呼ばれる救済施設が設けられ，そこでは治療が行われたという．布施屋のある寺院には医薬の仏である薬師如来が祀られていたという．西

欧における修道院とわが国の寺院はいずれも，過酷な状況におかれている旅人を救済するための社会的機能をはたしていた．現在では，病院とホテルは一見関係がないようにみえるが，どちらも人が家を離れてサービスを受けられなくなったときに，生存に必要な宿泊と身体回復のサービスを提供した場であった．やがて中世以降になると，欧州もわが国も人の移動が増え，それに伴って宿駅制度の整備が行われた[9]．人びとは宿に宿泊するようになり，宿場の整備のおかげで行き倒れも減り，宿泊と医療は独立して発展していく．

ホスピタリティとホスピタルとホテルの語源は同一であると述べたが，これはいずれもホスト，すなわちサービスの提供者側からの働きかけであり，提供者の主体的な行為になる．いずれの語も主人を意味するhôte（＝host）とともに，館を意味するostelという言葉も関係している．これから，主人といっているのは大きな館に住む主人のことであり，力のある，そして能力も高いものをさしている．その力をもって人を助けるのがhospitalであり，歓待するのがhotelであるといえる．

食事サービス

家庭外での他者への食べ物のサービスは，巡礼者や旅人といった移動している人たちに対する食事の提供にはじまる．貴族や大名が旅をするときには，食材から料理人まで連れていくので，自らの屋敷にいるのと同様の食事であった．しかし，一般庶民にはそのようなことができないことから，自宅を離れた巡礼者や旅人が宿泊をするときには，食事サービスの提供が必要になった[10]．江戸時代においては，庶民は宿場の旅籠で宿泊時に食事をとったり，宿場間の茶屋で軽食をとった[11]．15世紀頃のフランスを例にとると，食事付き宿であるオーベルジュでの食事は[12]，大きなテーブルにその場に居合わせた人たちとともに座り，ある決まった食事が出された（図1.1.3）．このテーブルはtable d'hôteすなわち「主人のテーブル」と呼ばれていたが[13]，このことは宿泊施設での食事サービスはホテルの主人が宿泊者をもてなすホスピタリティであったことを意味している．

都市においては，労働力が集まってくるが，働き手には独身者や単身者など家庭をもたない人も多く，こういった人たちは自炊しなければ家庭での食事サ

図 1.1.3　オーベルジュの様子[12]

ービスという原始サービスが受けられない．そのために，江戸の屋台のように外食が発達する[14]．フランスでは定食屋に相当するのが仕出し屋（フランス語で traiteur．イタリア語では trattoria（トラットリア））であるが，ここでも宿泊施設と同様に「主人のテーブル」に客が相席で座って，銘々で取り分けながら食事をとった．たまたまそこで一緒になった他人がどのような人であるかはわからなくとも隣り合う席に座らざるをえなく，きわめて落ち着かない食事であったようである．しかも大皿に盛られた料理を皆で分けて食べる形であり，ぶしつけな客と一緒になれば，不快なことも多々あったようである．

　食事サービスを提供する場所の一般名称となっているレストランは18世紀の終わりにパリに登場する．ローズ・ド・シャワントワゾーという人物が1766年にはじめたレストラトゥールがレストランの起源であるといわれているが，レストラトゥールとはレストランという料理を供する店のことである[13]．レストランすなわち restaurant とは病気や疲労のために衰えた体力を回復させる（レストレ restaurer．英語では restore．修復を意味する）ための食物や飲料などを意味する言葉で，コンソメを出す店からはじまる．このような店は「健康

図1.1.4 レストランの様子（テーブルの上に伏せられているのがメニュー）[15]

の館」(maison de sante) とも呼ばれたが，身体の弱った人のために，テーブルは客ごとにした．やがて，コンソメだけはなくライススープなど身体によい料理を揃え，それを並べて書いたメニューが導入された．メニューにはそれぞれの料理の値段が明記された．この個別のテーブルと価格が明記された種々の料理のメニューをもつスタイルは人気を博し，パリ中に広まった（図1.1.4）．20世紀に入るまでレストランはパリ独自のものであったが，このスタイルの食事サービスはやがて世界に広がり，レストランは世界共通語となった．

　先に述べたように，宿や仕出し屋による食事サービスは主人が主導のサービスであった．大皿に盛られた料理を皆で食べる形態であったから，決まった時間にしか料理は出されず，しかも自分が食べた分だけ支払うのではなく，いわば割り勘での支払いであった．これに対して，レストランは他人と同席するという煩わしさを排除するとともに，客が自分の懐具合と欲望にしたがって料理を選ぶことができた．すなわち，客の主体性によってサービス内容を選ぶこと

ができたのである．主人主導のサービスから客の主体性への転換が，食事サービスの大きな変化であった．煩わしさの排除と，メニューと価格の明記による客の主体的な料理の選択という食事サービスのスタイルは，そのままファーストフードにも受け継がれている．料理の待ち時間という点でも，初期のレストランはスープ類だけだったので注文してすぐに出されたのであり，また食事時以外の時間帯でも店が開いているという点でも，ファーストフード店の特徴を備えていた．

移動サービス

(1) 馬車の利用

移動を大きく変化させたのが馬の利用である[16]．馬に引かせる馬車もギリシャ，ローマ時代から使われていた．しかしながら，馬車は必ずしも移動を楽で速くにはしていない．道路の整備状態が悪く，馬車の乗り心地は劣悪で，激しい揺れのあまり病気になることが危惧されていたぐらいである．そのような状態であるから速度も遅く，17世紀の初め頃の記録では，1日で20-40 kmの

図1.1.5 パリのオムニバス[17]

距離を移動するのがよいところであった[17].

　馬車を個人所有できない一般庶民を対象とした，お金を払って乗車する馬車は17世紀中頃に登場する．定期的に運行する馬車は，宿駅間を結ぶ駅馬車と呼ばれた乗合馬車であり，ドイツ，イギリス，フランスなどで登場した[17]．乗合馬車であることから，当然見ず知らずの人と同席せざるをえず，さらに上記のように乗り心地が悪かったことから，膝や身体をぶつけ合いながらの移動であった．一方，都市内の移動サービスとしては，19世紀にフランスに登場した乗合馬車であるオムニバス（omnibus．ラテン語で「すべての人のために」の意）があげられる（図1.1.5）．乗合自動車の「バス」という名称はこのオムニバスの省略である．これは5スーという定額料金であり，またオムニバスから別のオムニバスへの乗り継ぎも可能としたことから，多くの利用者があった．

(2)　鉄道の登場

　さらに多くの人数を運べるものとして登場したのが鉄道である．よく知られているようにワットによる蒸気機関の発明に端を発するが，技術的には蒸気機関だけがキー・テクノロジーではなく，鉄の軌道（rail-way）を敷くことが大きな変革であった．これによって，転倒しない安全性と乗り心地に大きな進歩を遂げることができた．当時の技術では列車の速度は馬車の3倍程度であったが，馬車は馬の休憩や宿駅での馬の入換えの時間も必要だったのに対して，蒸気機関車は働き続けることができたことから，実質的には5倍の速さになった．

　馬車の時代には遅くて乗り心地が悪かったことが不満の種であった．これに対し，線路の列車はきわめて乗り心地のよい乗り物であり，さらにその移動時間の短縮が移動サービスとして画期的であり，世界中に広まった．しかしながら，これによって移動する旅行者にとっての時間の過ごし方も変わった．これまでにみたことのない速度で変化する車窓の景色を賞賛するものがいる一方で，列車の速度はむしろ速すぎてゆっくり楽しめないといわれた．車窓の景色を楽しめない人たちにとって鉄道に乗っている時間は退屈な時間となったのである[18]．鉄道に乗っている時間は何も出来事が起きない単調なものとなり，車内でできることは寝ることだけだといわれた（図1.1.6）．

　鉄道列車では見ず知らずの人と同席せざるをえなく，その煩わしさから逃避

図 1.1.6　退屈な列車内[18]

したくともいつでも寝られるというわけではない．そこで，寝る以外の時間の過ごし方として読書が広まった．これまでは馬車では乗り心地が悪くて読書どころではなかったが，鉄道では退屈しのぎの車中での読書が流行るようになった．そこで，1848年にイギリスのスミスという人物が書籍や新聞を販売する許可を得，駅構内で販売をはじめた．これはルイ・アシェットによってフランスにも導入され，娯楽性の高いものを集めて『鉄道文庫』(railway librant) を発刊する（図1.1.7）．これが駅売店のはじまりである[18]．速く乗り心地よく移動したいというニーズを満たす鉄道ができたら，今度は退屈しのぎというニーズが生まれ，そのためのサービスが生まれた例である．

　この退屈さと，他人とコンパートメントで同席をしなければならない煩わしさから解放されたいために，19世紀末に登場した自動車が一気に人気を得ることになる[19]．鉄道・バスなどの公共交通機関と自動車という個別交通機関（パーソナル・ヴィークル）との2種類の移動サービスが発展していくことにな

図 1.1.7　アシェットの店[18]

る．

小売りサービス

(1)　百貨店

　物を売買することは行商にはじまる．それから市が生まれ，やがて貨幣が導入され，そして店舗が生まれる．そのような店舗は世界中で営まれていたが，この小売業における大きな変革が大規模店舗の登場である．わが国において，(掛け売りをせずに) 現金売りで拡大した越後屋などの大店(おおだな)は江戸時代前期である 17 世紀の終わり頃にはじまっており，世界的にみても早い時期の大規模店舗化である．西欧における小売りの変革は，百貨店という大規模店舗の登場にはじまる．

　最初の百貨店と一般にいわれているのはパリで 1852 年に生まれたボン・マルシェ(フランス語で「安売り市場」) である．それに続いて，パリにはルーブルやプランタンが生まれる．アメリカでは T.A. スチュアート，イギリスにはホワイトリーズやハロッズなどの百貨店が登場する．このような大型店舗が建てられた背景には，都市周辺部に置かれた鉄道駅からの人の流入と，駅に導入されたガラスを使った大型建築物という鉄道からの影響と，当時に流行した博覧会

図 1.1.8 百貨店の内部[20]

によって大規模集客が行われるようになった点があげられる[20].

ガラスを使った広々とした百貨店の店舗は，それまでの個別の店舗と大きく異なる特徴をもつことになる（図1.1.8）．それは，店舗に入っても商品を買わずにいられること，すなわちみるだけでも店舗に入れること，陳列販売であったこと，また返品を認めたこと，そして女性客を受け入れたことである．それまでの個人店舗では買わずに帰ることが難しかったことは想像に難くない．それが大規模店舗になることで，客の側に自由が与えられたのである．そして，陳列販売という形式がこのみるだけの買い物を実現させたのである．もう一つの百貨店の特徴は定価販売である．品物の価格を明記して販売を行ったが，これによって不必要に高く売りつけられることを心配する必要はなくなった．価格を明示した販売そして返品できることは，そういった買い物を躊躇する障壁を取り除いたのである．これらのこと，すなわち買わない自由や陳列販売による商品の選択そして定価販売は，家庭の財の権限をもたなかった当時の女性にとって，買い物をしやすくする大きな要因になった．

陳列販売と価格の明記は，レストランにおけるメニューの存在とメニューで価格が明示されていたこととの重要な共通点である．購買のネガティブな要因を取り除くことの重要性を示しているといえよう．その一方で，明るい開放的

な店舗での陳列販売というある種のスペクタクル的なエンターテイメント性の導入と，主体的に買い物をするという自立した人であると客に感じさせるポジティブな面を百貨店は提供したのである．

(2) スーパーマーケット

百貨店に続く小売りサービスの変化はスーパーマーケットであろう．最初のスーパーマーケットは1930年にオープンしたニューヨークのキング・カレンのチェーンストアであるといわれている．一般にスーパーマーケットの定義は，大型店舗のチェーンストアで，食料品と日用品を安売りするセルフサービスの店である[3]．これらのうちの大型店舗は百貨店によって確立されたものであり，また，チェーンストア化は一括仕入れによる安売りをするための方法である．これらの点を除くと，スーパーマーケットのサービスの特徴はセルフサービスにあるといえよう．

セルフサービスとは，店員が応対することなく，客自身が商品を選びとって，1カ所ですべての商品の支払いをすることである．これを実現するための要素は，百貨店で導入されたキャッシャーと，きれいに並べられたさまざまな種類の食料品や日用品，そしてカゴと出入り口の装置（turnstileと呼ぶ）である（図1.1.9）．陳列された商品を客が自分自身で選択する，という点は百貨店での小売り形態をさらに押し進めたものであり，色とりどりで鮮やかな食料品を並べてみせることは高いエンターテイメント性を提供した．店員が応対してくるのを待ったり，店員とのやり取りの煩わしさがない，というネガティブな点を排除したという面とともに，客が自分の手で商品を選択してカゴに入れることは，百貨店よりも主体性が強く求められるものである．百貨店は衣料品という晴れの場のための買い物に女性を誘い出すことに成功したが，スーパーマーケットは食料品と日用品という毎日の買い物にも女性が主体的に自立した人として振る舞える場を提供したのである．古典的な個人店舗の時代はホスト的な店の主人主導の小売りサービスであった．それが百貨店そしてスーパーマーケットによって，客，すなわち受容者側が主導になったといえる．

図1.1.9　ピグリー・ウィグリー・ストアの広告[20]

エンターテイメント

　百貨店やスーパーマーケットのサービスの変革において，客の主体性とともに，もう一つのキーワードとしてエンターテイメント性があげられる．Entertain の enter の語源はラテン語の inter で中または間という意味で，tain の語源の tenere は保つことを意味し，ある状態を保つといった意味である．16世紀には，宿泊させてもてなす意味で使われるが，家の中に入れて（enter），滞在させる（tain）のである[3]．楽しませるという意味はやや遅れて 17 世紀に入ってからもつようになったようである．なぜ娯楽的な意味になったのかは

40　第1章　サービスの起源と社会における展開

わからないが，もてなしの意味からきたのか，（宿泊などの）状態を持続させるための暇つぶしからきたのかもしれない．Hospitalityと比較すると，hospitalityは主人による主体的また積極的な客への関与であるが，entertainmentは客側が楽しんでいる状態を持続させることで，主人自身の主体的な働きかけではなく，状況の提供によるもてなしであるといえよう．

サービスの増幅と産業化

　これまで，医療，宿泊，食事，移動，小売りを取り上げ，その歴史について述べた．医療サービスは専門性が高くてリスクのあるサービスであることから，早くから医療の専門家が生まれ，その社会の秩序を保った．この医療サービスの増幅が行われたのは，巡礼者や参拝者のために行われたのがはじまりであり，家を離れて移動している人たちに対して，修道院や寺院で宿泊を提供するとともに身体の回復を提供した．また，宿泊施設で宿泊者に食事を提供することは食事サービスの増幅である．移動においても，馬車などの乗り物により複数人を運ぶことで移動サービスを増幅した．移動サービスの増幅は人を集約することになり，都市化を促す．都市化によって，移動者ではない人を対象とした食事サービスの増幅が行われるようになった．都市化はさらなる移動サービスの増幅を促し，鉄道が登場する．そして，それに促されて，大型店舗における小売りサービスの増幅が起きた．このように，サービスの増幅は，移動をきっかけとしてはじまり，都市化の現象とともにサービスの増幅が拡大する．もちろん，もう一つの背景は貨幣経済の発達である．サービスに対する対価を物々交換というモノではなく，容易に持ち歩ける貨幣によって支払えることで移動サービス，宿泊サービス，食事サービスが広まった．

　移動サービスとしての乗合馬車，食事サービスとしてのレストラン，小売りサービスとしての百貨店が広く人びとに受け入れられた大きな要因は，選択肢の明示と定価の提示である．これによって，サービスを受容する側が受け身となるのではなく，主体的に行動できる形態を提供することができたのであり，これがサービス増幅の革新であった．その一方で，鉄道や宿泊施設さらに病院を例に考えると，サービスの増幅の弊害は待ち時間の存在であり，その時間の過ごさせ方が課題でもあり，そこに駅売店や宿でのエンターテイメントのよう

1.1　サービスの起源と歴史的発展　　41

な新しいサービスが生まれることがわかる.

　百貨店などの大規模店舗による小売りサービスの変革は19世紀に起こったが，大規模店舗で商品を販売するためには大量な商品が必要となる．先にも述べたように百貨店は衣料品店からはじまっているが，衣料品を大量生産できるようになったのはミシンによる．ミシンは19世紀後半にシンガー社によって家庭に広められたが，お針子の仕事がなくなると反対があったために衣服産業に導入されたのは20世紀に入ってからである[21]．一方，食料品の大型店舗としてスーパーマーケットが20世紀前半に登場するが，その陳列を飾ったのは生鮮食料品だけでなく，缶詰や瓶詰めの食料品であった．瓶詰め自体は19世紀初めに発明され，ブリキの缶詰は19世紀後半に開発されたもので，長期保存と大量生産が可能になることで，店頭にずらりと並べることができたといえる．最初に述べたが，店としてサービスという言葉が使われるようになったのは，1920年頃の自動車の保守・修理のためのサービス・ステーションの登場がきっかけである．自動車は20世紀初頭にT型フォードによって大量生産方式が導入され，これによって自動車は広まっていた．大量生産方式によって成長した自動車産業において，製造は大量生産をする自動車メーカーであり，販売や修理をするところは別であるという産業構造ができたということができる．

　1936年の *Discovery* 誌に「……, but the remarkable growth in the number of those engaged in 'services', now estimated at 40 percent of population, is not so generally realized（……現在すでに人口の40％に達していると推定される"サービス"に従事する人たちの目覚ましい増加は……）」という記述があり，1941年の *Economist* 誌にも「the growth of the 'service', as distinct from the 'productive' industries since the last war.（前回の戦争以降，"製造"産業とは区別される"サービス"の成長は……）」という記述がある[3]．この頃にサービス産業が産業の一つとして認識されてきたことを示している．手工業の時代は製造と販売そしてサービスが一体となっていたが，大量生産という製造方法の導入が，モノの製造とそれ以外のことを分けることになり，製造以外のことをサービスと呼ぶようになり，製造産業とサービス産業とが区別されるようになったといえよう．

1.2 社会・政策動向

「サービス産業」の範囲はかなり曖昧であり，「第三次産業」と同義として使われている場合もあれば，いわゆる「狭義のサービス産業」（医療，介護，教育，物流，流通，公務，対個人・対事業所サービス，などを含み，不動産，電力・ガス・水道，金融・保険，放送・通信，などは含まない）をさしている場合もある．「第三次産業」は GDP ならびに雇用ベースで日本経済の 7 割をすでに超えている．また，狭義のサービス産業だけをみても，その割合は 4 割を超えている．特に，少子化・高齢化などの社会構造変化や規制緩和，企業の業務効率化のためのアウトソーシングなどによるサービス需要の拡大を背景に，今後もサービス産業の重要性は高まり，市場は拡大すると見込まれる．そこでサービス産業に，製造業と並んで日本の経済成長の牽引役となることが期待される．しかし，その重要性にもかかわらず，近年，サービス産業の生産性の伸び率の低さが指摘されている．「第三次産業」の中でも，放送・通信や金融・保険などは高い伸び率を示しているが，特に「狭義のサービス産業」については，業種間のばらつきがあるものの全体的に伸びが鈍い傾向がある．製造業と比較してサービス産業の生産性が低い傾向があるのは他国でも同様であるが，その伸び率に注目すると，たとえば米国では製造業，サービス産業の労働生産性上昇率（1995–2003 年）はそれぞれ 3.3%，2.3%であるが，日本ではそれぞれ 4.1%，0.8%であり，製造業に比べてサービス産業の伸びが小さいことが目立つ[1]．持続的な経済成長のためには生産性はきわめて重要であり，サービス産業の生産性向上は急務といえる．

この状況は政府も認識しており，サービス産業の生産性向上は近年，重要政策課題として位置づけられている．2006 年 7 月に財政・経済一体改革会議で決定された「経済成長戦略大綱」においては，「サービス産業の生産性を抜本的に向上させることにより，製造業と並ぶ『双発の成長エンジン』を創る」とされ，そのための政策として，「サービス産業生産性協議会の創設」と「サービス研究センターの設置」を行うことなどが提言された[2]．この提言を受けて，経済産業省においても研究会（「サービス産業のイノベーションと生産性に関する研究

会」)が設置され，サービス産業におけるイノベーションと生産性向上のために必要な取り組みについて議論が行われ，「経験と勘」に頼るサービスから「科学的・工学的手法」によるサービスへの転換が必要であること，などが指摘された．

これらの状況を受けて，2007年5月には，サービス産業の生産性向上を目的に産学官連携を行うためのプラットフォームとして，財団法人社会経済生産性本部に「サービス産業生産性協議会」が設立された．また，サービス産業に「科学的・工学的手法」を導入して生産性を向上させるための研究開発を行う，「サービス工学研究センター」が2008年4月に独立行政法人産業技術総合研究所（以下，産総研）に設立された．経済産業省においては，これら二つの組織を核として，サービス産業の生産性向上に向けた取り組みを推進している．

政府におけるサービス産業への注力はその後も継続しており，「骨太の方針2008」においても，「サービス産業・中小企業の生産性向上」「生活直結型産業の発展」などが重点課題としてあげられている．2008年に発表された「新経済成長戦略」においても，「地域を支えるサービス産業のイノベーション」「地域の安全・安心を支える医療・介護・福祉サービスの確立」「情報発信等による域外・国外の需要獲得」，などが具体的取り組みとして盛り込まれており，特に地域産業支援，グローバル化に主眼を置いたサービス産業の活性化の必要性が謳われている．また，文部科学省による『平成20年版科学技術白書』においても，サービス産業の重要性と生産性に関する懸念，サービス・サイエンス振興の重要性などが述べられている．

生産性向上のためには

「生産性」は，「産出物を生産のために投入した資源で除した値」であり，投入資源活用の効率を表す尺度として使用される．資源としてよく用いられるのは労働投入量で，労働者一人の単位時間あたりの生産量や付加価値額で計測する「労働生産性」が，生産性比較によく用いられる．また，資源として資本を用いた「資本生産性」も比較的よく使用される．いずれにしても，生産性の考え方としては，産出物（サービスの場合には基本的に付加価値額）を資源投入量で除したものである．経済成長率は労働生産性上昇率と就業者増加率の和で

あり，人口減少社会において，就業者増加率の向上が望めないことから，経済規模の拡大には生産性の向上が必須となる．生産性を向上させるためには，効率化（プロセス改善）による資源投入量（＝分母）の削減を行うか，あるいは，付加価値向上（新規サービス創出）により分子を増加させるか，のいずれか，もしくは両方を行わなければならない．

　分子と分母を比較すると，分母の削減に注目しがちである．これは一般的に新規サービス創出よりも，既存サービスの効率化のほうが方法論が比較的明確であり，取り組みやすいためと考えられる．しかし，分母の削減は同時に雇用の削減につながる可能性があり，その場合には企業競争力は高まるが，社会経済の観点から望ましいことではなく，効率化によって生じた余剰資源を付加価値の向上のために使用することが望ましいと考えられる．

経済産業省の取り組み

　経済産業省では前述のように，サービス産業の生産性向上を重要政策課題と位置づけて，サービス産業生産性協議会とサービス工学研究センターという二つの組織を核として具体的な施策を行っている．

　各施策の中心となる観点の一つは，「経験と勘から科学的・工学的手法へ」というものである．製造業においては，同業種内での競争が激しく，研究開発による付加価値向上や効率化による合理化を進めなければ競争力を維持できないが，サービス産業においては依然，「経験と勘」である程度事業が成り立ってしまう実情がある．またサービス産業界は中小企業比率が高いこともあり，研究開発セクションをもつ企業も限られている．しかし，優れた勘や，豊かな経験をもつ人材を有している企業は限られており，それを有しない企業が，事業を拡大したり，変化する顧客の嗜好やニーズに的確に対応したりするためには，「経験と勘」に替わるものを用いる必要がある．経済産業省では「科学的・工学的手法」がその代替物にあたると考えている．ここで「科学的・工学的」の意味合いであるが，けっして大学の理学部・工学部における複雑な研究をさしているのではなく，「誰が行っても同じ結果が得られる一般化された方法論を使い，数値などで客観的に評価できる」ということである．誰が行っても同じ結果が得られるのであるから，一般化された方法論が構築されれば他企業への横展開

も容易になると考えられ，また共通に利用可能なツールやモジュール，データベースなどのプラットフォームを整備することで，「科学的・工学的手法」の導入を促進することが可能であると考えられる．経済産業省では，具体的な「科学的・工学的手法」の導入方法や，重要となる要素技術についてワーキンググループを設けて検討を行い，得られた知見を「サービス工学分野の技術ロードマップ」として「技術戦略マップ2008」[3]に掲載している．「技術戦略マップ」とは，将来の社会・国民のニーズや技術進歩の動向などをみすえ，要素技術，要求スペック，導入シナリオなどを時間軸上に整理したものであり，2005年に20分野で開始し，毎年，新分野を追加するとともに，各分野の改訂を行っている．2008年版より「サービス工学分野」が加えられた．このなかでは特に，①サービスにおける新規技術の形は，製造業で典型的な「技術依存」ではなく，発想を中心とした「発想依存」であること，また，用いられている技術は必ずしも最先端のものではなく，むしろ製造業やITの分野ではある程度確立した技術であり，サービスへの適用はそのアセンブリーであることが多いこと，②成功しているサービス企業の多くは，「サービスの受け手に関する情報を客観的に取得・分析して，提供するサービスに反映することで，サービスの付加価値や効率性を高めている」という共通特性を保持しており，またその過程は「観測→分析→設計→適用→観測→……」というループ（サービス最適設計ループ）として説明できること（図0.2.3参照），などが説明されている．

　施策の別の観点としては，「品質の可視化」もあげられている．サービスには製造業の「製品」と異なり，「無形性」（みることができない）や，「消滅性」（提供と同時に消滅する），「変動性」（品質や価値が状況に依存する），同時性，異質性などの特質があり，品質や価値を客観的に評価するのが難しく，そのためにサービスの提供側と受容側の間のトラブルにつながる場合もある．そこで，サービスの品質を「可視化」して，受容側に情報が正確に伝わる仕組みの構築が重要と考えられる．具体的には，CSI（Customer Satisfaction Index，顧客満足度指数）やサービスの品質認証制度，ADR（Alternative Dispute Resolution，裁判外紛争解決手続）の整備，などが考えられる．

　また，「グローバル展開」も重要観点として認識されている．少子化による人口減少により，国内のサービス受容者数は減少が見込まれる．そもそも国内の

同業種間で生産性向上の競争をしているだけでは，いわゆるパイの取り合いにしかならない可能性がある．しかし，中国やインドなどのアジア諸国や，ロシアなどの新興国市場は拡大を続けており，将来的なサービス需要の増大が見込まれる．この成長活力を活用するためには，サービス産業のグローバル展開は重要であり，他国に展開していくためには，サービス企業が生産性を向上して，高い国際競争力をもつことが必要である．

サービス産業生産性協議会の取り組み

　サービス産業生産性協議会（以下，協議会）は，前述の「サービス産業のイノベーションと生産性に関する研究会」による提言を受けて，産学官が連携して生産性向上の取り組みを行っていくためのプラットフォームとして設立された．協議会では，サービス産業の生産性向上につながる専門的なテーマを複数の専門委員会で分担して，汎用ツールの開発や研究，普及啓発活動を行っている．具体的な専門委員会活動の概要は以下の通りである．

① 科学的・工学的アプローチ委員会
　　「経験と勘」に頼るサービス産業に「科学的・工学的手法」の導入を促進するため，成功事例の収集・分析・一般化と，その普及啓発を行う．

② サービスプロセス委員会
　　「カンバン方式」などの，いわゆる「製造管理手法」をサービス産業に適用してプロセスの効率化を図る手法を，適用事例開発などを通じて確立し，また，その普及のための環境整備を行う．

③ 人材育成委員会
　　サービス産業界が求める人材ニーズやキャリアパスを明確化し，スキル標準・能力評価制度の検討や，ジョブカードの活用促進を行う．

④ 品質・認証委員会
　　認証ガイドラインの策定や，ADRのあり方に関する調査など，信頼性向上のための消費者への適切な情報提供の仕組み作りを行う．

⑤ CSI委員会
　　サービスの品質について，異なる事業者間や，業種間において，比較が可能となるような横断的なベンチマーキング（CSI）の仕組みを構築する．

⑥ 「ハイ・サービス日本 300 選」[4] 選定委員会
　　優れた成功事例（ベストプラクティス）を選定・表彰して「気づき」の誘発を促すとともに，先進事例の普及・共有を図る．
⑦ サービス統計委員会
　　サービス産業の実態を正確に把握するため，業界統計の支援と，政府統計に対する提言を行う．

協議会では，これらの専門委員会活動を軸として，サービス産業の生産性向上運動を推進している．

産総研の取り組み

　先にも述べたように，産総研は，サービス産業に「科学的・工学的手法」を導入して生産性を高めるための研究開発を行う組織として「サービス工学研究センター」を 2008 年 4 月に設立した．同センターでは，多くのサービス企業と連携して，実際のサービス現場において，前述の「サービス最適設計ループ」を実働させる事例研究を数多く実施している．これにより，生産性向上のために有用な汎用ツールやデータベースを生み出すとともに，成功事例の創出を通じて生産性向上の方法論の確立をめざしている．

文部科学省の取り組み

　前述の「経済成長戦略大綱」においては，サービス産業の革新のため，人材育成を推進することも政策課題として掲げられている．具体的には，「大学などにおいて，経済学などの社会科学，工学などの自然科学などの融合による新たな知識の体系化を通じ，わが国経済におけるサービス産業の重要性に対応した教育モデルの構築を図る」こととしている．これを受けて文部科学省では，2007 年度より「サービス・イノベーション人材育成プログラム」を実施している．これは大学などにおいて，サービスに関して高いレベルの知識と専門性を有するとともに，サービスにおいて生産性の向上やイノベーション創出に寄与しうる資質をもった人材を育成するための教育プログラムを開発・実施するものであり，初年度は 6 大学（東北大学，筑波大学，東京工業大学，京都大学，西武文理大学，明治大学），2008 年度は 7 大学（滋賀大学，京都大学，神戸大

学，北陸先端科学技術大学院大学，慶應義塾大学，早稲田大学，関西大学）がそれぞれ公募を通じて採択されている．

生産性向上運動の課題

　サービス産業の生産性を高めていくためには，サービス産業に特有の課題を克服する必要がある．

　まず一つめの課題として，サービス産業においては，前述のように「経験と勘」である程度事業が成り立つため，企業側に生産性向上の意識が低いことがあげられる．企業に生産性向上の意識を浸透させるためには，まず関心をもたせる必要があり，そのためには成功事例を示すのが近道であると考えられる．協議会による「ハイ・サービス日本300選」の選定は，そのための有力なツールである．

　また，二つめの課題として，サービス産業は中小企業比率が高く，研究開発などの余力があまりないことがあげられる．この課題に対処するためには，サービス企業支援のためのプラットフォーム整備が必要である．経済産業省では，協議会の各専門委員会の取り組みや，各種公募事業などを通して，成功事例の創出や成果普及を進めている．また，中小企業庁の推進する「地域力連携拠点」事業（中小企業における，経営力向上や事業承継などの課題に対して，地域に設けられた連携拠点が支援する仕組み）にサービス企業への専門家派遣を行うなどの支援を行っている．

　もう一つの課題としては，サービス産業の範囲が広く，業種・業態や取り巻く環境がさまざまであることがあげられる．加えて，サービス産業のもつ「無形性」「同時性」「消滅性」「異質性」といった特性のため，一口に「生産性向上」といっても，そのための手段はきわめて状況依存性の高いものとなる．そのため，行政側の支援策としては，投入可能な資源が限られている以上，横展開可能性を重視する必要があり，研究開発や公募事業についても，「方法論の確立」「汎用性のあるモジュール，データベース，ツールなどの開発」などに注力している．

　このサービス産業のもつ特性は，研究開発のあり方にも影響を与える．「無形性」「同時性」「異質性」のため，サービスに関する研究開発は，基本的にはサ

ービスの現場で行う必要がある．特に顧客接点やプロセスについては状況依存性が非常に高いため，研究室での実験結果はほとんど役に立たない．この点から，サービスの研究については，大学・研究機関だけで行うのは困難で，必然的にサービスの現場をもつ企業との共同研究が中心となる．経済産業省では，「科学的・工学的手法」の導入による成功事例創出のための公募事業「サービス工学研究・適用実証事業」，製造業のプロセス改善手法をサービスに適用して生産性を向上する事例創出のための公募事業「サービスプロセス改善事例開発事業」，などを実施している．これらの公募事業は，サービス企業と，大学・研究機関やコンサルティング会社などとがコンソーシアムを組んで産学・産産連携による共同研究を行うものであり，成功事例の創出と，連携の推進という二つの役割を担っている．

　サービスの研究開発事業や適用実証事業の成果や，成功事例から得られるノウハウなどを，他のサービス企業に技術移転する場合にも，サービス産業に特有の状況がある．製造業においては，知財（主に特許）という形で技術移転が行われるが，サービス産業においては，ビジネスモデルやノウハウという形が一般的で，知財として保護されにくいため無断で模倣される危険性を孕んでいるとともに，状況依存性が高く，導入するサービス現場に即して修正を加える必要がある．

　そのため，技術移転にはその技術に知見をもつ者の支援が不可欠である場合が多い．この技術移転を担うのは，主にコンサルティングやシステムインテグレータ，などのいわゆる B2B（対事業者サービス）事業者であると考えられ，B2B 事業者を技術移転の仲介者として，普及の仕組みに組み入れていくことが肝要である．また，成功サービス企業の中には，自らの成功ノウハウを元に，コンサルティング業を展開している者もおり，普及の重要な役割を担っている．サービスに関する新技術の普及ルートのイメージを図 1.2.1 に示す．成功企業や，共同研究などから生み出された新技術は，協議会などの成果普及を担う組織を通じて情報が伝わり，必要に応じて B2B 企業などを介して他の企業に展開されていくと考えられる．新技術の普及推進のためには，新技術に関する情報発信と，実際の技術移転を支援する仕組みが必要であり，そのためにはこの後に述べるコミュニティの成立が望まれる．

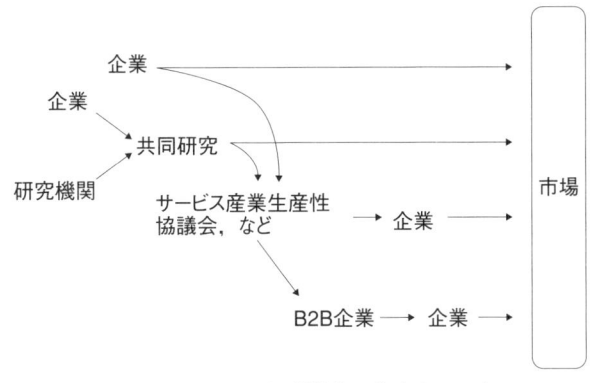

図1.2.1 サービス新技術の普及イメージ

コミュニティの必要性

　前述のように，サービス産業の生産性向上には，産学・産産連携の推進が不可欠であり，連携をいかに活発に行うかがポイントとなる．連携は一種の相互作用であり，サービス企業（ニーズ側）と，大学・研究機関・コンサルティング企業（シーズ側）とが出会い，コミュニケーションをとることにより連携が開始される．そのため，連携を推進するためには，①関係者が出会う機会を増やすこと，②関係者の数を増やすこと，の2点が重要となる．

　製造業の分野では，「学会」などの「コミュニティ」が，連携推進に寄与するところが大きい．年次総会などのイベントや，学会誌やウェブページ，メーリングリストなどによる情報提供などが，会員にメリットを提供し，それによりコミュニティが維持されて，会員間の相互作用が誘起される．

　ところが，サービスの分野では，現在まで国内において「サービス」に関する全国的な「学会」様組織は存在していない．「サービス」をターゲットにした組織内・組織間の取り組みは，東京大学を中心とした「サービス工学研究会」や「サービス・イノベーション研究会」，日本アイ・ビー・エム株式会社の「SSME University」などが有名で歴史があるが，全国的規模とは言い難い．一方，近年の「サービス」への注目度合いの高まりを受けて，複数の学会において「サービス」に関する分科会が設けられたり，学部や学科，研究科などに「サービス」を冠する大学や大学院が出てきたりするなど，潜在的な関係者の裾

1.2　社会・政策動向　51

野は広がりつつある．そこで，これらの組織や取り組みの関係者を含んだ「サービス」コミュニティを早急に構築して，関係者の数とコミュニケーションを増やし，相互作用の発生確率を高めていくことが望ましい．特に，現在自分のフィールドがサービスに関係があると認識していない大学や研究機関の研究者，サービスに適用可能な技術をもつ製造業の企業，独自の生産性向上技術を有するB2B事業者などを積極的にコミュニティに取り込んでいくことが肝要である．経済産業省ではすでに，「サービス・イノベーションコミュニティ構想」と称し，協議会や産総研，複数の大学や企業と連携しながら，コミュニティ構築の取り組みを開始している．

今後，サービスに関するコミュニティが拡大し，社会からも認知されるようになれば，加速的にコミュニティが発展し，相互作用の生起確率が飛躍的に向上すると考えられる．サービスに関わるすべての者にとってメリットのある話であり，早い実現が望まれる．

1.3 サービス研究はどのように展開してきたか

学術界はサービス産業の生産性向上という社会的要請を受けて，今，まさにサービスを科学的・工学的対象とするための研究，教育体制の確立に向けた途上にある．したがって，現時点では，他の伝統的な学問分野のように，研究対象や方法論に関する確固とした共通認識があるわけではなく，多くの研究者が活発な議論を通して，今後の研究戦略を模索している状況だといえよう．

そのようななか，わが国では，日本の製造業の発展に寄与してきた工学の役割の重要性が再認識され，近年「サービス工学」という言葉が，広く知られるようになってきた．たとえば，サービス工学の研究方法論として，現在注目されている有力なアプローチの一つは，これまで製造業において培われてきた製造管理のノウハウを用いて，サービス産業の業務の効率化を図り，生産性を向上させようというものである．しかしながら，学術的視点からみたサービスの研究範囲は，サービス提供プロセスの効率化に限定されるものではなく，中長期的視点に立てば，サービスが個人や社会に対してもつべき価値の問題や，環境や社会の持続性の問題など，サービス産業を取り巻く多くの社会的課題を視

野に入れなければならない．また，「モノづくり」を中心として発展してきた日本にとっては，製造業とサービス産業の発展的な関係を築くこともきわめて重要な課題である．

ところで，日本において，サービスが科学的対象として広くとらえられるようになってきたのは，一般的にはここ数年のことであると思われる．たとえば，東京大学人工物工学研究センターにサービス工学研究部門が設立されたのは2002年のことであり，世界的にみても先駆的な取り組みであるといえるが，設立当初はそのような学問分野があることは世間的にはあまり知られていなかった．また，IBM社の2005年のGTO（Global Technology Outlook）においてサービス・サイエンスの必要性が指摘され，また2007年より日本アイ・ビー・エム株式会社によってサービスの研究者を集めて「SSME University」が開始された．

それでは，なぜ，わが国では「サービス」が科学的対象としてとらえられにくかったのであろうか？

その一つとして「サービス」という言葉の多義性をあげることができる．実際，筆者らが行った学術的な文献調査においても，「service」というキーワードを含む論文が，どのようなサービスを対象としているのかについては，その論文の学術分野や使用されている科学技術を十分考慮することが必要であることがわかってきた．このようなサービスという言葉の問題もふまえたうえで，次に学術論文データベースを用いた世界のサービス研究の歴史的動向について議論したい．

サービス研究の歴史的展開

ここでは，これまでに筆者らが行った学術論文調査結果の一部を紹介したい[1]．調査にあたっては，世界中の研究者の間でもっとも広く利用されているデータベースの一つであるWeb of Science（Thomson Scientific, Philadelphia, PA）を用いた．このデータベースでは，論文のタイトル，出典（雑誌情報），著者名，要約，キーワード，著者が所属する学術機関（国，組織名），引用文献，被引用文献などの基本情報と学術分野に関する分類情報が得られる．ただし，このデータベースは全体的にみると，自然科学分野が中心であり，人文，社会

科学に関する論文については，分野によっては収録されている論文誌が少ないことに注意が必要である．

まず，1945年から2007年2月までの範囲の利用できるすべてのデータに対して，「service」をキーワードとして検索した結果，約15万件の論文記事が得られた．図1.3.1はその論文数をもとに独自に作成したものである．このデータベースに限らず，現在利用できる学術データベースの特徴として，1990年を境に，各出版社が論文データのオンラインシステムを導入したことにより掲載可能となった全体の雑誌数が急激に伸びているため，それ以前との論文数だけの単純な比較は難しいことに注意が必要であるが，2000年以降，論文数が急速に増えていることがわかる．次にこれらの論文を対象として，まず，各年代における研究分野の変遷を概観する．

1980年までのサービス研究（1945-1980年の記事総数は約1万9,000件）の中心は主に医療サービスや公共サービスの問題であった．各論文の学術分野の分類調査の結果から，この年代には，医学，医療をはじめ，環境・労働衛生学，情報・図書館学が上位に位置していることが明らかとなった．さらに，そのなかで使用されるキーワードを探索的に抽出してみると，「public（公共：約1,300件）」「civil（市民：約600件）」「education（教育：約600件）」「library

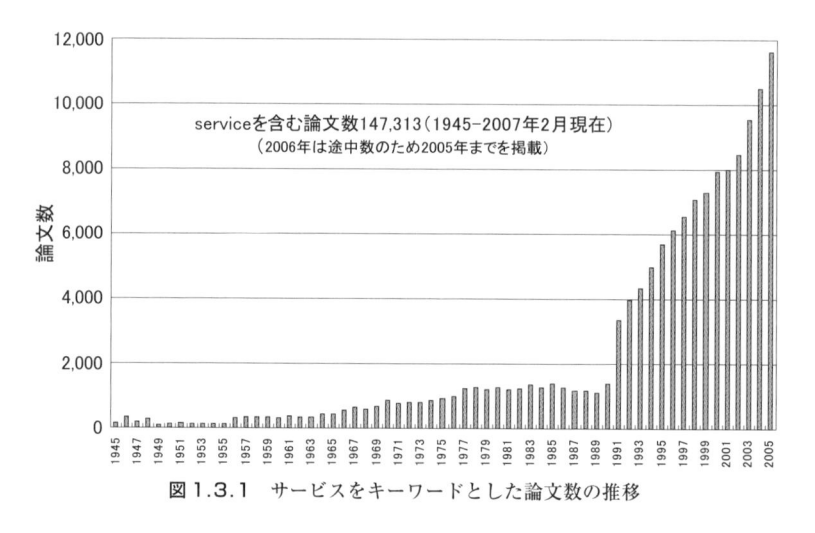

図1.3.1 サービスをキーワードとした論文数の推移

（図書館：約500件)」などが多くみられ，医療関係においては，たとえば，「emergency-medical service（緊急医療サービス：約300件）」のような行政サービスの基盤整備や管理を対象とした論文が目立っている．すなわち，先に述べた「service」の語義的には「公共性」という側面が強いと考えられる．

続く1980年代（1981-1990年の記事総数は約1万2,000件）は，それまでと同様に医療と行政が大きなウェイトを占めるものの，電気・電子工学や通信工学分野での論文が徐々に増えはじめていることがわかった（両分野を合わせた論文数は約600件）．これらの論文における興味を知るために，数十件の論文を調べてみたところ，電話や電報，遠隔計測（telemetry）などの技術をもとに新たな基礎技術の開発をめざしたものや，将来の通信ネットワークを用いたコミュニケーション・サービス像を提案する論文などが多くみられた．

1990年代には二つの大きな変化がみられる（1991-2000年の記事総数は約5万6,000件）．一つの変化は電気・電子工学や通信工学分野の論文が医療や行政とかわって最上位を占めるようになったことと，計算機科学の分野が加わったことである（電気・電子工学：約5,000件，通信工学分野：約4,000件，計算機科学分野：約2,000件の論文がある）．これらは，明らかにインターネットの世界的な普及を背景としていると考えられる．

1990年代のもう一つの大きな変化は，経営学（または経営工学）の視点がそれまでより明確に加わったことである．たとえば，経営学の分野ではビジネスプロセスに関わる問題が多く扱われており，サービスのプロセス管理を対象とした研究がみられる．また，顧客を視野に入れ，満足度を意識した研究も増えはじめている（たとえば「satisfaction（満足：約2,000件)」）．さらに，オペレーション・リサーチに代表される工学的手法を用いた組織の意思決定支援など，経営工学的視点がサービス研究の重要な側面となった（オペレーション・リサーチ分野の論文総数は約2,000件）．このような傾向は，公共サービスだけでなく，サービス産業を対象にした研究が行われるようになったことを意味している．すなわち，現在，議論しているサービス産業への科学的・工学的アプローチは，世界的にみれば1990年代にはじまったといえるかもしれない．

1990年代において，サービス研究の対象がインターネットを用いた大域的なシステムの整備やビジネスプロセス，組織戦略であったのに対して，続く2001

年から現在までは，特に個人を対象としたビジネスとしてのサービス研究へとつながっていく（2000年から現在までの記事総数は約6万5,000件）．

　特に2001年頃から，インターネットに加え，携帯電話やビジネスというキーワードが急速に多くなっていることがわかった．これらは，インターネット・ショッピングに代表されるように，インターネットを用いた新しい個人向けサービスや課金制度がこの時期に整備されていったことと関係が深い．また，特に計算機科学の分野の論文が増えており，そこでの論文を調べていくと，いくつかの新たな視点がみえてきた．たとえば，サービスモデルを構築するための計算論的視点からのシステム設計やサービスの評価に関するもの（「evaluation（評価）」の論文総数は約5,400件），さらにはシステムの開放性（openという言葉は基礎技術だけでなくさまざまな文脈でみられる），interactive（双方向性）などコミュニケーションに関する視点が多くみられた．また，2000年代からのもう一つの大きな特徴は，スポーツ科学や健康科学分野が重要な位置を占めるようになったことである．健康産業の基本となる人間の計測技術や情報サービスは，現在，サービス産業の中で重要な位置を占めつつあるが，この分野でのサービスを対象とするためには，工学だけでなく，医学や心理学をはじめとする人間科学との連携がきわめて重要となってくる．このように，サービス研究が対象とする範囲は，近年，急速に広がっており，個々の科学技術の組み合わせや異分野間の連携が不可欠になってきている．

　そこで，次に，近年のサービス研究において着目されるいくつかの科学技術や研究トピックに着目することで，その背景にある研究方法論を明らかにしていきたい．

科学技術からみた最近のサービス研究動向

　図1.3.2は，最近のサービス研究において重要であると思われるいくつかの科学技術的視点をキーワードとし，それらの論文数の推移を表したものである（ここでは2008年8月に行った調査結果を示す）．キーワードの選定に関しては，さまざまな分野の論文の内容に関する調査や，われわれがこれまでに継続的に行ってきたサービス工学に関する産学官の議論を参考に，新技術や工学以外の学術分野における視点，解決すべき現在の問題点に関する数百個のキーワード

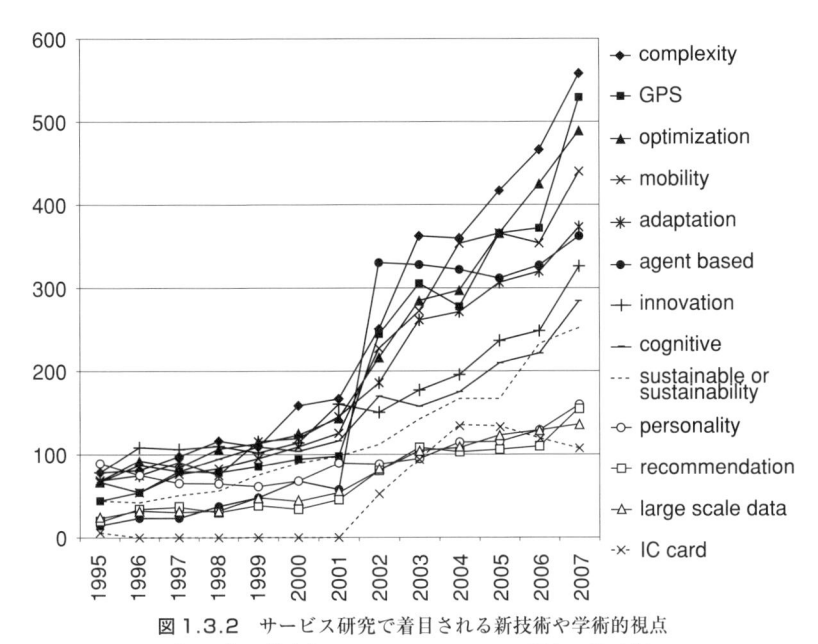

図 1.3.2 サービス研究で着目される新技術や学術的視点
（2008 年 8 月時点での Web of Science の調査に基づく）

を試行錯誤的に検討して得たものである．したがって，「service」と共起するすべての学術的キーワードに関して頻度分析などを行ったものではないことを断っておかなければならない．その理由は，仮にそのような頻度分析を行っても，より一般的な単語が上位にくることになり，調査目的に沿わないためである．

ここに取り上げたキーワードの中で 2007 年の時点で最上位に位置するのは「complexity（複雑性）」という単語である．この単語は，「optimization（最適化）」とともに，2002 年頃から急速に伸びていることがわかる．これらのキーワードから推測される学術的な研究方法論は，複雑化するシステムやサービスプロセスを把握し，効率的に運用するために，サービスに関わる複数の要素を特定し，それらを工学的手法によって最適化しようというものである．実際，そこに含まれるいくつかの論文の例をあげれば，「supply chain（供給プロセス）」に関するもの（約 50 件）や「web service」に関するもの（約 70 件），また，広い意味で「traffic（交通量，データトラフィックなど）」に関するもの

1.3 サービス研究はどのように展開してきたか　57

（約 300 件）などがみられた．また，詳細は後に述べるが，それらの論文の中で用いられている最適化手法として，遺伝的アルゴリズムやニューラル・ネットワーク，マルチ・エージェント・シミュレーションといった創発的計算手法がしばしば用いられていることを確認した．

　また，図 1.3.2 にあげた「agent based（エージェントベースのアプローチ）」や「adaptation（適応）」というキーワードからは，最適化計算を用いて一つの静的な最適解を獲得したいというだけではなく，サービスに関わる要素や人（生産者や消費者）を agent（コンピュータ上の代理人）としてとらえ，それらの動的な相互作用からより適応的な解を得たいという意図が読み取れる．このようなアプローチは，サービスを設計するうえでの消費者や状況の不確実性を考慮するとともに，より適応的にサービスを提供できるシステムをめざしていると考えられる．

　さらに，「cognitive（認知）」や「personality（性格，パーソナリティ）」に対する関心の高まりは，消費者の認知的特性や消費行動への関心を示すものであり，現在のサービス研究においての一つの重要な側面である．論文の総数が少なかったため図 1.3.2 には載せなかったが（約 350 件），消費者行動に関する関心の高まりは，「lifestyle（ライフスタイル）」という単語からも読み取れる．この分野の論文では，現在のところ，医療やスポーツ，健康科学分野での論文が中心であるが，他の分野においては，たとえばインターネット通信サービスやカーシェアリングなど個別のサービスを対象とした工学論文も数件みられた．

　ところで，現在，サービス研究において着目されている要素技術は通信技術，計測技術，統計解析技術，最適化技術など非常に多岐にわたる．たとえば，図 1.3.2 にあげた「GPS（衛星利用測位システム）」は，携帯電話の位置情報サービスに用いられるなど，2001 年以降，急速にその研究が進んでいる．また，「mobility（移動）」というキーワードは，人やモノの移動に伴うサービスへの関心を示しており，対象とする論文では，ユビキタス技術やワイヤレス技術を用いたサービスが多く提案されていることが確認された．

　さらに IC カードを対象とした研究は，2001 年まで見当たらなかったが，その後，徐々に論文数が増えていることがわかる．現在，非接触型の IC カード（Felica）を利用した交通システム（たとえば JR 東日本が導入した Suica カー

ド）などが注目されており，このようなサービスを通して「人間行動を知る」ということが，サービスを設計する上で重要な要因になると注目されている．

また，そのような計測技術の発達に伴って，大規模データ（large scale data）の解析技術が今後，重要であることが推測される．現在では，まだ論文数は少ないが，ベイズ確率（Bayesian）を用いた研究（約300件）や非線形性（non-linearity）に着目した研究（約70件）もみられ，これらのなかには，大規模データを用いたサービスの設計をめざしているものもあることがわかる．また，この問題と関連して，「recommendation（推薦）」というキーワードからは，たとえばコンテンツサービスなどで，大規模な購買データを基にした推薦システムの開発などを対象とした研究が伸びていることがわかる．

最後に，「innovation（イノベーション）」や「sustainability（持続性，サステナビリティ）」というキーワードは，現在，多くの学術分野において重要なキーワードであるが，サービス研究においても近年大きく着目されている．この問題については，あとに述べる今後のサービス研究戦略とともに考えたい．

これまでみてきたように，サービス研究対象の歴史的変化やそこで議論されている科学技術をまとめてみると，そこには大きな流れがみられる．図1.3.3は，上述したサービス研究における主な研究対象の歴史的な変化を模式的にま

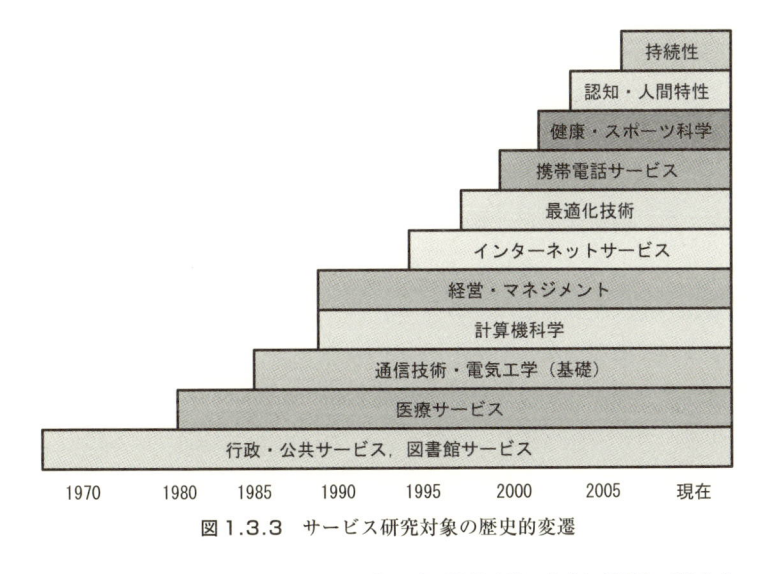

図1.3.3 サービス研究対象の歴史的変遷

とめたものである．このようにみてみると，サービスの研究を戦略的に行っていくためには，一つの学術分野だけでなく，さまざまな分野や要素技術の統合によって問題を解決していくことがきわめて重要であることがわかる．

　それでは，今後のサービス研究における中心的課題とは何であろうか？　次に，現在，着目されるサービス研究のいくつかの課題や目標をあげ，そこで必要となる科学技術や，研究方法論について考えてみたい．

今後のサービス研究課題と研究方法論

　以下に今後重要となるサービス研究のいくつかのトピックを取り上げ，そこでの研究方法論や技術課題について議論したい．

　(1)　既存サービスの効率化と最適化

　現在，サービス産業の生産性向上のためにもっとも注目され，かつ研究が推進されている分野は，さまざまな既存サービスの最適化や効率化であるといえる．これは，サービスの業務プロセスの無駄が多いからである．たとえば，日本の製造業においては，品質の安定や製造コストの削減に関する製造管理のノウハウが蓄積され，かつきわめて高い国際競争力を維持してきたが，サービス産業においてはこのような取り組みはまだ十分とはいえない．その理由の一つは，一般的に，サービス業では，接客など現場での人間的な関わりが重視されることから，業務プロセスの無駄をなくすという発想につながりにくいことがあると思われる．しかしながら，多くの企業がすでに実践しているように，消費者からみえない部分の業務プロセスの効率化や最適化は大変重要であり，そのことが，逆に利便性などの点からみて，顧客の価値を高めることにつながることはいうまでもない．それでは，サービス産業では，今後，どのような効率化や最適化の手法が有効なのであろうか？　また，製造業と比べてどのような点が異なるのであろうか？

　このような疑問から，現在の研究動向を先の文献調査の手法を用いてみてみたい．まず，データベース上で，サービスの「optimization（最適化）」をめざした論文は約3,500件みられたが，学術分野としては，工学，計算機科学，数学，コミュニケーション，通信，ビジネス・経済が最上位にきていることがわ

かった．さらに，その中での中心的な興味をみつけるために数十個のキーワードを試してみると，たとえば，全体の約10%にあたる360件の論文は何らかのスケジューリングを対象としていることがわかった．さらに，何のスケジューリングを対象としているかをみてみると，たとえば，「transportation（輸送）」に関するもの（90件）や注文「order（注文）」に関するもの（40件），「staff or staffing（従業員の配置）」に関するもの（25件），商品の配送「rout（ルート）」に関するもの（11件）や「latency or waiting time or wait（（客の）待ち時間）」に関するもの（約20件）などさまざまであった．また，最適化の対象となる業種も小売業から飲食業，インターネット販売，ホテル，航空会社，バス，鉄道などさまざまであったが，全体としてみてみると，「manufacturing or production（製造プロセス）」との関係からサービスのスケジューリングをとらえているものも少なくない（約80件）．

　それでは，製造業における最適化とサービス業における最適化の問題点の違いはどこにあるのだろうか？　その答えは，当然のことながら，サービス受容者（「consumer（消費者）」または「customer（顧客）」または「patient（患者）」）をより明確に視野に入れている点である（キーワード検索だけでは難しいが，少なくとも全体の3割以上の論文はそうであると思われる）．たとえば，「preference or taste（顧客の嗜好）」や「customer selection（選択）」を対象とした論文（約30件）では，顧客の好みや購買履歴に関するデータを利用しながら商品のラインナップを最適化しようとするものがみられ，最適化の対象はサービスの提供プロセスにとどまらない．また，「satisfaction（顧客の満足度）」を視野に入れた論文も少なくなく（約70件），そこでは，医療や食品サービス，インターネットサービスなどにおける顧客の満足度を評価関数や制約条件として最適化に取り入れていることがわかった．さらに最適化手法を用いた「pricing（価格決定）」に関する論文は約100件あったが，そのためには，本質的に顧客がもつ価値観を視野に入れることが不可欠である．

　最後に，工学的な最適化手法については，たとえば，「linear programming（線形計画法：約110件）」，「genetic algorithm（遺伝的アルゴリズム：約110件）」，「multi-objective（多目的最適化手法：約60件）」，「fuzzy（ファジー理論：約50件）」，「neural network（ニューラル・ネットワーク：36件）」，

1.3　サービス研究はどのように展開してきたか　　61

「multi agent（マルチ・エージェント：約25件）」などさまざまなものが用いられていることを確認した．このような最適化手法は，基本的にはすでに他の分野で確立されているものが適用されていると推測されるが，今後，サービスを対象とするために新たな技術開発も期待される．

このように，サービスの最適化の対象や方法論はさまざまであるが，一つの大きな問題は，顧客やサービス提供者を含めた人間行動や価値観の理解である．そこで，次にサービス研究のもう一つの課題として人間行動や価値観の計測とモデル化をあげたい．

(2) 人間行動・価値観の計測とモデル化

これからのサービス研究において，もう一つの大きな課題は，サービスの設計や最適化に必要となる顧客やサービス提供者の行動や価値観の理解とモデル化である．この問題は，消費者のライフスタイルや価値観が多様化し，サービス産業の移り変わりが激しい現在の状況からみれば，非常に深刻な問題であり，かつグローバル化する現代社会においては，国際競争力を維持する上でも重要な課題である．このような問題意識から，筆者らを含む多くの研究者が，最近，工学的視点から，個人や社会における「価値」の問題に本格的に取り組みはじめており[2]，サービス研究においても，人工物としてのサービスと人間が認識する価値（満足）の関係をどのように理解し，計算可能なものにできるかという問題が本質的な問題として認識されつつある．ちなみに今回の文献調査ではサービス研究において何らかの価値や価値観を扱った研究は約5,000件あった．それでは，今後，われわれはサービスにおけるこのような問題をどのように扱っていけばよいのだろうか？

たとえば，新古典派経済学においては，消費者と財（製品やサービス）の関係は効用関数として表されてきた．このような考え方は，消費者の満足（価値）と価格の関係を関数として表現できるという点においては非常に巧妙である．しかしながら，サービスにおける要素や機能をどのように設計するべきかという工学的設計の立場からみれば，この問題はけっして容易ではない．また，心理学的な視点から，人間行動や価値観の理解を目的とした研究は古くから行われてきたが，それらの研究の多くは人間特性のある側面に限定されていたり，抽

象的なレベルでの理解にとどまっていたりするために，結果として，実サービスを対象とした工学的な設計に直接適用できるものではないことがわかってきた．したがって，この問題を解くためには人間と（サービスを含む）人工物との関係に関する構成論的な研究が本質的に必要となる．

　このような問題意識から，筆者らは，現在，人間のライフスタイルに着目したサービス研究を行っている．ここでいうライフスタイルとは，日常行動や余暇行動，嗜好や経済的価値観，パーソナリティや態度，インターネットへの接触態度など，さまざまな人間的要素の総和としてとらえることができる．また，それぞれの要素は独立ではなく，各要素間には複雑な相互依存関係があることが推測される．たとえば，筆者らが行った調査では外向性や情緒安定性といったパーソナリティが，日常行動や余暇行動と相関が高いことを確認した．したがって，行動主体としての消費者の意思決定過程をモデル化するためには，このような相互依存関係を考慮したモデル化が必要である．

　そこで，筆者らは，大規模なアンケート調査や実サービスにおける顧客データの分析を通して，実データから数十種の計算可能な消費者の意思決定モデルを作り，マルチ・エージェント・シミュレーションを用いてサービスの社会的受用や普及に関する研究を行ってきた．そこでの結果は省略するが，研究を進めるうちに，サービスにおける顧客の意思決定モデルを構築する上で，いくつかの重要なポイントがあることがわかってきた．

　一つは人間行動の時間的側面に着目することである．たとえば，ケーブルテレビの視聴行動を対象とした筆者らの分析では，視聴者は平日や休日の視聴時間のパターンによっていくつかのタイプに分類されることが明らかとなった．このような側面は他のサービスにおいても本質的な問題であり，日常行動の時間的側面とサービスの関係を明らかにすることが今後重要になってくると考えている．ちなみに，今回の文献調査においては，サービスの何らかの時系列的側面に関心がある論文は 50 件ほどみられた．

　また，顧客行動の計画性も今後重要になってくると考えられる．たとえば，消費者心理学の分野における知見によると，スーパーでの購買行動の約 7 割は，実は当初，購入しようと予定していたものと同じものではないものを購入しているという．これは非計画購買（unplanned purchasing）と呼ばれ，サービス

における人間行動をモデル化する上で重要な課題である．ただし，文献調査では，残念ながら，このキーワードを使った研究は今のところ3件しかなかった．

さらに，サービスの利用において，当然のことながら顧客は必ずしも合理的とは限らない．サイモン[3]はこのような特性を限定合理性と呼んでおり，現在，行動経済学の分野だけでなく，工学的設計においても認知されつつある．筆者らはこの問題に大きく着目しており，個々人の限定合理的側面のモデル化だけでなく，それらの相互作用の結果，どのような全体的秩序が創発するかについて研究を進めているところである[4]．

この他にも，サービス研究に必要な人間的側面はいくつもあるが，重要なことは，心理学や工学，経済学といった複数の分野の技術を統合することであろう．そのためには行動計測の方法論も含めて，さらに議論が必要であると思われる．

(3) サービスのイノベーション・メカニズムの解明と価値創成

サービスを研究する上での次の問題は，個人にとってのサービスの価値の問題だけでなく，社会において，どのようにサービスの価値を発現させ，維持していくことができるかという問題である．図1.3.3に示したように，サービス研究においても，現在，イノベーションや持続性への関心が急速に高まっている．この問題は製造業にも深く関係する問題であるが，グローバル化，ネットワーク化が急速に進む現在，製品やサービスの社会的価値を予測，制御することはきわめて難しくなっている．たとえば，デファクトスタンダードとは，法や規制によらず，ある一つの製品やサービスの規格が社会的に選択されることを意味するが，日本の企業は，このデファクトスタンダードの獲得が苦手だといわれている．最近の例としては，Apple社が提供するiPodの爆発的な普及の陰で，国産の音楽プレーヤーが衰退したことがあげられる．また，サービスのブランド価値の問題は，これまで主に経営学の分野で議論されてきたが，モノづくりを中心に発展してきた日本では，製品，サービスを含めたブランド戦略について，欧州に比べて優れているとは言い難い．それでは，われわれは今後，これらの問題を工学的な設計の立場からどのように扱えばよいのだろうか？

これらの問題に対する簡単な答えはないが，筆者らは共創工学（Co-creation

Engineering）の立場から，さまざまな意思決定者の相互作用の結果，システム全体としての有効解を創出する共創的意思決定の研究を行ってきた[5]．すなわち，サービスにおいても，サービスの社会的価値は提供者（プロバイダー）や受容者（レシーバー）の複雑な相互作用の結果として現れると考えることができる．したがって，サービスのイノベーションを推進し，ブランド価値や持続的な価値を設計するためには，ステークホルダーの意思決定とそれらの相互作用に着目することがきわめて重要であると考えている．

図1.3.4に，筆者らがこれまでに提案してきた，提供型価値，適応型価値，共創型価値という三つの価値創成モデルを紹介する[6]．

このモデルでは，サービス価値創成の問題はプロバイダーとレシーバー，サービス，環境の四つの関係から次の三つのモデルに分類できる．

①クラスⅠ：価値創成モデル（提供型価値）

サービスの主体（プロバイダー）と対象（レシーバー）の価値が独立に明示化でき，かつ，環境が事前に確定できる．モデルは閉じたシステムとして完全に記述が可能．最適解探索が課題．たとえばファーストフードサービス．

②クラスⅡ：価値創成モデル（適応型価値）

製品やサービスの主体と対象の価値は明示化できるが，環境が変動し，予測困難である．モデルは環境に開いたシステム．適応的戦略が課題．たとえばイ

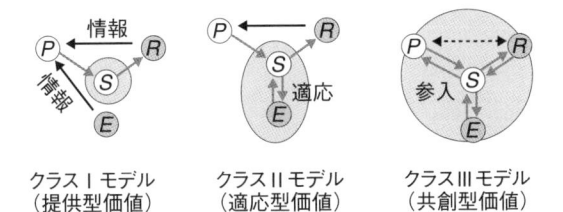

クラスⅠモデル (提供型価値)　クラスⅡモデル (適応型価値)　クラスⅢモデル (共創型価値)

P プロバイダー　E 環境
R レシーバー　S サービス

P, Rは，内部構造をもつ行動主体
Eは，内部構造をもち変容する環境
Sも，クラスⅡ，Ⅲでは内部構造をもたなければならない

図1.3.4 サービスにおける価値創成モデル

ンターネット上の商品の個別推薦サービス．

③クラスⅢ：価値創成モデル（共創型価値）

　製品やサービスの主体の価値と対象の価値が独立に確定できない．両者が相互作用し分離できない．主体が参入するシステム．共創価値が課題．たとえば，WikipediaやLinuxのようなオープンソフトウェアサービス．

　本書では，それぞれのモデルの詳細な説明は省略するが，先にあげたサービスのデファクトスタンダードやブランド価値，持続性の問題は，共創型価値に分類される．そこでは，提供者と受容者は相互に依存しており，価値創成の視点から両者を分離できない．また，サービスの目的自体も提供者と受容者の相互作用を通して共創されるため，設計者は本質的にサービスが発現する場に参入することとなる．したがって，サービスのイノベーション・メカニズムを解明するためには，今後，共創型価値を対象とした研究が本質的に重要となってくると考えている．

　筆者らと共通する視点は，世界的にみると，いくつかのキーワードとして現れている．まず，「value creation（価値創成）」に言及している論文は，筆者らの論文も含め，約290件みられ，その多くは工学や計算機科学の分野の論文であった．その中で約70件は，プロバイダーやレシーバー間の「interaction（相互作用）」や「communication（コミュニケーション）」に着目していることがわかった．このような発想は，サービスの社会的価値の発生メカニズムに着目するものであり，筆者らがめざすサービスの価値共創の視点と関係も深いと思われる．さらに「co-creation（共創）」という用語を明示的に用いている論文は現在16件あったが，学術分野はさまざまなものの，明らかにプロバイダーやレシーバーの相互作用によって価値を生み出すという姿勢が現れていた．

　ところで，サービス研究において「sustainability（持続性）」の問題を扱っている研究は約1,750件みられた．それらの学術分野を詳しくみてみると，環境科学分野が全体の37％，ビジネス・経済学が36％，工学と健康科学がそれぞれ20％程度であった（比率には一部重なりがある）．たとえば，その中で工学分野の約650件をみてみると，予想に難くないことだが，「assessment（評価）」や「environmental load（環境負荷）」に関するものが100件程度，コストに関

するものが80件程度と，主に環境負荷の低減やコストの問題をとらえた研究が多い印象を受けた．しかしながら，すべての分野を含めてみると，「social value（社会的価値）」に言及する論文は約50件あり，社会的価値の創出に向けて，持続性とサービスの問題を考える立場が今後，ますます重要になってくると考えている．

　最後に，この分野で，今後，着目すべきキーワードについて考えたい．筆者らが重要であると考える一つのキーワードはネットワーク外部性である（現在，約1,600件の論文がある）．ネットワーク外部性とは，ファックスなどのネットワーク型サービスにおいて，利用者数が増えれば増えるほど，1利用者の便益が増加するという現象である．この現象はデファクトスタンダードの形成と深い関係がある．また，消費者の意思決定過程に着目する行動経済学（behavioral economics）の視点もますます重要になると考えられる（現在約800件の論文があった）．なぜならば，持続性の問題を考える場合，個々の行動主体の意思決定の問題を実際に実験，観察する作業が，消費者行動のモデル化をめざす上で重要になってくると考えられるからである．

科学技術の融合によるサービス研究課題の解決に向けて

　ここまで，今後のサービス研究課題として三つの大きなトピックをあげた．

　最後に，これまでに議論したサービス研究方法論を図1.3.5にまとめてみたい．この図が主張するところは，さまざまな科学技術の融合によって，総合的にサービス研究課題の解決をめざすという視点である．たとえば，計測技術や通信ネットワーク技術の発展は，今後，消費者やサービスプロセスに関するより大規模で詳細なデータをもたらすだろう．しかしながら，そこから得られるデータを有効に用いるためには，統計解析技術や最適化技術に関する計算機科学との融合が不可欠である．また，人間にとって価値をもつサービスを設計していくためには，医学や人間科学の視点を融合することによって計算可能な人間モデルを構築することがきわめて重要となる．さらに，サービスの社会的価値やイノベーション，持続性の問題を考えれば，サービス設計の問題を，経済学をはじめとする社会科学の問題と切り離して考えることはできない．また，工学的にも，このような問題に対する設計・概念工学を発展させることが重要

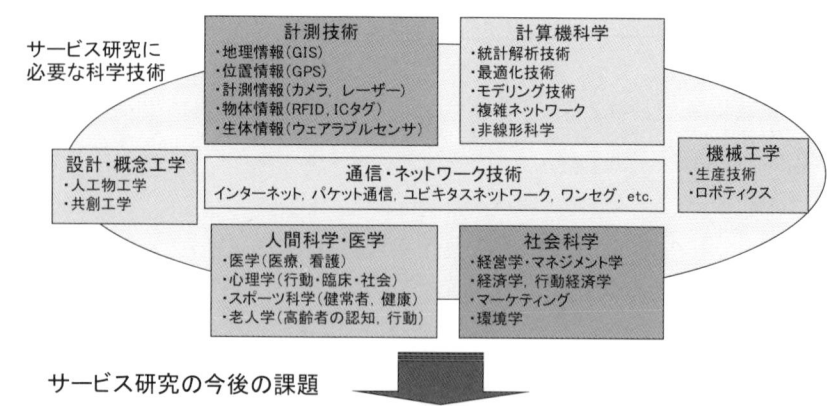

図1.3.5　科学技術の組み合わせとしてのサービス工学の課題

になる．さらに，わが国の「モノづくり」によって培われてきた生産技術やロボティクスなどは，今後，製造業とサービス業の融合に向けた取り組みのなかで重要であると考えられる．

　この図は，今後，さらに多くの研究者や実サービスに関わる方々のご意見をいただきながら更新していきたいと考えているが，現時点で，サービス工学の研究方法論を考える上での一助となれば幸いである．

参考文献

1.1 節

[1] バート・ヴァン・ローイ，ポール・ゲンメル，ローランド・ヴァン・ディードンク編／白井義男監修／平林 祥訳，『サービス・マネジメント──統合的アプローチ 上』，ピアソン・エデュケーション (2004).

[2] 吉川弘之,「サービス工学序説」, *Synthesiology*, 1(2), (2008), 111-122.

[3] *The Oxford English Dictionary*, Oxford University Press (1989).
[4] 尾崎正久,『自動車日本史（下）』, 自研社 (1955).
[5] 新村 拓,『日本医療史』, 吉川弘文館 (2006).
[6] 酒井シヅ,『日本の医療史』, 東京書籍 (1982).
[7] C. J. Singer and E. A. Underwood, A Short History of Medicine, Oxford University Press (1962). 邦訳：シンガー・アンダーウッド／酒井シヅ, 深瀬泰旦訳,『医学の歴史——古代から産業革命まで』, 朝倉書店 (1985).
[8] http://commons.wikimedia.org/wiki/Category:Plan_of_Saint_Gall
[9] 児玉幸多編,『日本交通史』, 吉川弘文館 (1992).
[10] J-L・フランドラン, M・モンタナーリ編／宮原 信, 北代美和子監訳,『食の歴史 II』, 藤原書店 (2006).
[11] 児玉幸多編,『日本史小百科——宿場』, 東京堂出版 (1999).
[12] 日仏料理協会編,『フランス食の事典』, 白水社 (2000).
[13] レベッカ・L・スパング／小林正巳訳,『レストランの誕生——パリと現代グルメ文化』, 青土社 (2001).
[14] 石川寛子編著,『論集 江戸の食 くらしを通して』, アイ・ケイコーポレーション (2007).
[15] Bourdet, "Waiter, bring us some racahout" (1835), photograph courtesy of the Bibliothèque nationale de France, Paris.
[16] エティエンヌ・ソレル／吉川昌造, 鎌田博夫訳,『乗馬の歴史——起源と馬術論の変遷』, 恒星社厚生閣 (2005).
[17] L. Tarr, *Kocsi története*, Corvina (1968). 邦訳：ラスロー・タール／野中邦子訳,『馬車の歴史』, 平凡社 (1991).
[18] W. Schivelbusch, Geschichte der Eisenbahnreise, Fischer Taschenbuch (1977). 邦訳：ヴォルフガング・シヴェルブシュ／加藤二郎訳,『鉄道旅行の歴史』, 法政大学出版局 (1982).
[19] W・ザックス／土合文夫, 福本義憲訳,『自動車への愛』, 藤原書店 (1995).
[20] 海野 弘,『百貨店の博物史』, アーツアンドクラフツ (2003).
[21] http://history.fashion-press.net/consumptionsociety.htm

1.2 節

[1] OECD compendium of Productivity Indicator 2005.
[2] 経済産業調査会,『サービス産業におけるイノベーションと生産性向上に向けて』(2007).
[3] http://www.meti.go.jp/policy/economy/gijutsu_kakushin/kenkyu_kaihatu/str2008.html
[4] http://www.service-js.jp/cms/page0600.php

1.3 節

[1] 竹中 毅, 内藤 耕, 上田完次,「価値共創に向けたサービス研究戦略」,『情報処理学会論文誌』, **49**(4), (2008), 1539–1548.
[2] K. Ueda, T. Takenaka, and K. Fujita, "Toward Value Co-creation in Manufacturing and Ser-

vicing," *CIRP Journal of Manufacturing Science and Technology*, 1(1), (2008), 53-58.
[3] ハーバート・A・サイモン／稲葉元吉，吉原英樹訳,『システムの科学』，パーソナルメディア，第3版 (1999).
[4] K. Ueda, T. Kito, and N. Fujii, "Modeling Biological Manufacturing Systems with Bounded-Rational Agents," *CIRP Annals-Manufacturing Technology*, 55 (2006), 469-472.
[5] 上田完次編,『共創とは何か』, 培風館 (2004).
[6] K. Ueda, T. Kito, and T. Takenaka, "Modeling of Value Creation Based on Emergent Synthesis," *CIRP Annals-Manufacturing Technology*, 57 (2008), 473-476.

第2章
現場における「観測」技術

> 日常のサービス現場ではどのようなことが起こっているのか．本章ではそれを理解するために，サービス受容者のサービス受容モデルがどのようにして構築されるのかを解説する．さらに，サービスを工学的に設計するためにサービス現場で必要となる非侵襲，非拘束のセンシング技術による日常生活データの獲得方法について述べる．

2.1 サービス受容者の認知・評価構造

　ここではサービス受容者のサービス受容モデルがどのようにして構築されるのかということを，筆者らが行ってきた行動調査の取り組みを中心に述べる．

　そもそもサービスを受けることにより，サービス受容者の心的状態には何らかの変化が生じる．また，サービスを受けた後には，その結果に対する評価が記憶される．そして，このときの経験は，次回，同じようなサービスを受けるときに何らかの影響を及ぼす．サービスを受けるときのサービス受容者の心的状態には，サービスを受ける前の状態，受けた後に得られると期待している状態，サービスを受けた後の状態，結果に対する評価，また，サービスを受けている間の状態がある（図2.1.1）．これらサービス受容者の心的状態の変化と提供されるサービスの内容とを関連付けることにより，サービス受容者が満足を得られるようなサービスの設計が可能になる．

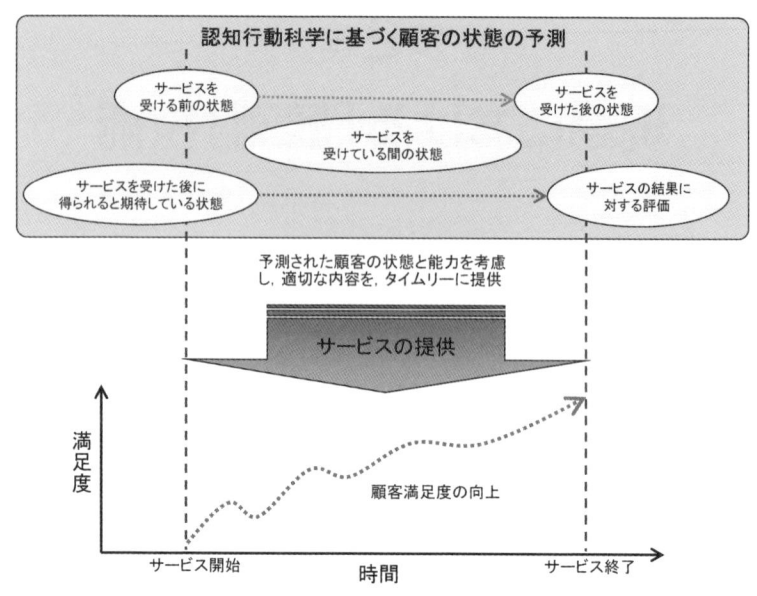

図2.1.1　サービス受容者のサービス受容に関わる心的状態

　それでは，この関連付けを行うにはどのようにすればよいのだろうか．提供されるサービスは五感を通じて受容され，サービス受容者が過去の経験から得た知識を利用して評価され，それが新たな経験となり次のサービス受容に影響する．このように考えると，受容されたサービスに関わる情報が受容者によってどのように処理されるのかを理解することが重要なことがわかる．

　人間が外界から受容した情報をどのように処理するのかという人間の情報処理特性については，古くから認知心理学，人間工学などの人間の認知行動を扱う分野で研究が進められ，多くのことがわかっている．1980年代初頭には，これらの知見を集大成し人間の認知行動を近似的にシミュレートし，予測のできるモデルとして「モデルヒューマンプロセッサ」[1]が提案され，情報機器使用時のユーザ行動のシミュレーションに利用されてきた．

　このモデルヒューマンプロセッサは非常におおまかなモデルであるが，サービス受容時の人間の認知行動を理解する上で参考になる．その構成要素の中で特に関連する部分をコラム4で説明しているので参照してほしい．

■ コラム4

モデルヒューマンプロセッサ

　モデルヒューマンプロセッサは非常におおまかなモデルであるが，サービス受容時の人間の認知行動を理解する上で参考になるので，その構成要素の中で特に関連する部分を以下にあげておこう．

1. 知覚情報処理の特性：外界から入力される視覚情報，聴覚情報などの知覚情報を処理するには0.1秒程度かかる．たとえば，連続する光パルスの間隔が0.1秒以内だと分離できない．知覚情報の一部は作業記憶に移され，認知的な処理が行われる．
2. 認知情報処理の特性：作業記憶に置かれた情報の変換を，長期記憶に蓄えられた知識を利用して行い，意思決定，行動選択などを行う．情報変換の個々のステップには0.1秒程度かかる．
3. 作業記憶：認知行動を実行するために利用される情報が，行動実行時に一時的に格納される場所．容量は小さく，同時に高々三つの項目しか保持できない．保持するための努力を行えば7項目程度まで増える．また，格納された項目を保持していられる時間にも限界がある．3項目が格納されたのちに，格納した項目に関係のないことを行った場合，10秒後に思い出せる項目は1項目程度である．たとえば，「ボタンXを押し，タブYのチェックボックスZにチェックを入れてください」と画面に指示が表示されると，ユーザは「Xを押す」「Yを選ぶ」「Zにチェックを入れる」の3項目を作業記憶に格納する．その直後に電話がかかってきて内容をメモする．その間，10秒かかったとすると3項目のうちの1項目しか思い出せないということになる．人間の認知行動は作業記憶内で情報が変換された結果である．作業記憶の容量の小ささ，保持時間の短さを考えると，人間がサービスをうまく受容できるかどうかは情報の提供のしかたに工夫が必要なことがわかる．
4. 長期記憶：将来利用できるように知識として蓄積する場所．作業記憶に格納された項目が検索キーとなり，長期記憶内の関連する項目が利用できるようになる．検索が成功しない限り，知識があっても利用できない．
5. 「限定合理性」と「最大化原理」：伝統的な経済学では，各主体は自分の置かれた利害関係を十分に把握し，それをもとに自分にとって最適な選択を行う完全な能力をもっていることを前提とする．しかし，現実には，人間は周囲

の利害関係を不完全にしか把握できず，最適な選択を行う能力もない．むしろ日常的な意思決定の場面では，少数の選択肢の中で限定的な意思決定を行っている．こうした考え方を限定合理性と呼んでいる．サイモンは，主体は最適化するのではなく，情報の不確実性や計算の限界によって制約された中で満足の基準に従って選択を行うものであるという満足化原理（satisficing principle）を提唱した[2]．

　図2.1.1に示したような心的な状態を探り出す手段に「行動観察調査」がある．行動観察調査では，サービス受容者がサービスを受けている場面をビデオ記録し，事後にビデオ映像を再生しながらインタビューを行い，サービスを受けているときの状況を探る．インタビューは，人間の認知行動がモデルヒューマンプロセッサに概略を説明した特性のもとに生じること，また，それに個人差や状況による変動があることを念頭に置いて行う．サービスが受容される典型的な局面を想定し，どのような変動が生じ得るのかを，行動観察調査を行う前に十分に把握しておくことが必要である．行動観察調査の対象者を選定するプロセスはスクリーニングと呼ばれるが，そのプロセスをいかにうまく設計するかが，行動観察調査の成否に大きく影響する．
　周到なスクリーニングを実施し，調査対象者の属性を高い精度で特定しておくことにより，「このような属性をもつサービス受容者は，サービスをこのように受容している」というサービス受容モデルを構築することができる．行動観察を行わないアンケート調査でサービスの行われていたときの心の状態を探り出そうとしても，人間の認知特性を考えれば難しいことがわかるだろう．サービスを受けているまさにその瞬間の行動記録をもとに心の状態を探ることがサービス受容モデルを構築するためには必要である．サービス受容モデルが構築されれば，サービス受容モデルに基づいて提供されているサービスがサービス受容者にとって満足のいくものとなっているかどうかを評価することができる．また，問題がある場合には，適切な解決方法を探るよりどころとしてモデルを利用することができる．

サービス受容者のサービス受容モデル構築：駅内誘導の研究事例[3]

　鉄道を利用して目的地まで移動することを考えてみよう．いったことのない駅に降り立ち，乗り換えをすることがあるだろう．あるいは，トイレを利用したくなったり，コインロッカーを利用することが必要になったりすることがあるだろう．これらのニーズに応えるために駅には案内表示が設置されている．図2.1.2は，JR東京駅中央コンコースに掲示されている案内表示である（調査時に撮影）．トイレにいきたいとき，どちらの方向にいくと判断するだろうか．正しい方向は右方向だが，時間に余裕のない状況で正しく判断できるだろうか．

　鉄道事業者はサービス受容者に対して目的地への移動を実現させる．また，移動中に生じるさまざまなニーズに応えている．これらは鉄道事業者が提供する主なサービスである．案内表示は，これらのサービスにアクセスできるようにするための仕組みであり，サービスを実現する上で非常に重要な役割を果たしている．現状の駅の案内表示を観察してみると，「みえる」位置に，「読めばわかる」ように掲示されている．図2.1.2に示した案内表示はコンコースの天井に吊り下げられていて，歩きながら読むことができる．また，大きく表示されている記号や文字は遠方からでも判読できるだろう．

　たとえば，「←」「丸の内南口」「｜（赤い太線）」「🚻」「○（赤い丸）」「○（青い丸）」「｜（青い太線）」「丸の内地下中央口」「→」はかなり遠方からでもみえるはずだ．案内表示にさらに近づけば，より詳細な情報，たとえば「中央線」「｜（細い黒線）」「化粧室」「丸ノ内線」「東西線」「横須賀・総武線」「成田空港」などの情報を得ることができる．このように，みえる位置に必要な情報がわかるように表示されている．案内表示としての役割は十分にはたせそうである．しかし，現実には案内表示がわかりにくいという苦情が多く寄せられていた．原因はどこにあるのだろうか．

図2.1.2　案内表示の例（JR東京駅中央コンコース）

(1) 案内表示による誘導に関わる認知機能

　筆者は，苦情の原因は，駅利用者が実際に駅で「案内表示を利用する方法」に適合した形で案内表示が設置されていないことにあるのではないかと考えた．トイレにいきたいとき，急ぎ足で進みながら図2.1.2に示した案内表示を正しく判読しなければならない．左右の向う方向を分ける細い黒い仕切り線（「中央線」と「化粧室」の間の線）を正しく読み取らないと誤った方向にいってしまう可能性がある．また，短時間に必要な情報に注意を向けなければならない．駅構内に掲示された種々のもののなかから案内表示をみつけだし，それに注意を向け，案内表示に記載された種々の情報の中から目的を達成するのに関連のある情報のみに注意を向けなければならない．情報が氾濫している状況においてこれが困難になる場合があることは想像に難くない．

　さて，上述の「案内表示を利用する方法」を認知行動過程としてとらえると，以下に示す五つの過程に分解できる．

① 目標生成：目的に応じて適切な目標や下位目標を設定し，状況の変化に応じてそれらを適切に更新する（プランニング機能）．
② 情報獲得：目標達成に必要な情報に注意を向ける（注意機能）．
③ 情報保持：利用可能な形で記憶に保持する（作業記憶機能）．
④ 情報理解：既有知識を活用して状況を適切に理解する．
⑤ 行動決定：目標達成に向けた行動をとる．

「トイレにいく」という場面にこれらの過程をあてはめると，以下のようになる：

① 目標生成：トイレにいきたい．その目的を達成するためには，案内表示を探し，その中からトイレを表す言葉をみつけだし，どちらの方向にあるのかを確認し，その方向に進むことが必要．今，図2.1.2に示した案内表示がみつかったので，その中から，トイレを表すものをみつけだそうとする．
② 情報獲得：文字「化粧室」，トイレを表すピクトグラム「♂♀」，その左隣の細い仕切り線「｜」，右端の右矢印「→」に注意が向く．
③ 情報保持：「トイレにいく」というゴール，文字情報「化粧室」，イメージ情報「♂♀」「｜」「→」を作業記憶に保持する．

④ 情報理解：作業記憶に保持されている情報をもとに「トイレは右方向にある」と解釈する．
⑤ 行動決定：案内板の掲示されている場所に到達したら，右方向に進む．

これらの認知行動過程の実行には，目標設定を行う「プランニング機能」，情報獲得を行う「注意機能」，情報保持を行う「作業記憶機能」という認知機能が発動されている（これらの機能の簡単な説明はコラム5を参照のこと）．したがって，案内表示を利用して適切に行動を行えるかどうかは，これらの認知機能がうまく働くかどうかにかかっている．

鉄道駅に限らず，案内表示を利用した行動誘導には上記の過程が関わっている．したがって，ここで示した認知行動分析は，店舗内の誘導，ウェブでの目的とするページへの誘導など，サービス受容者を誘導し，提供されているサービスを利用できるようにするという局面に広く適用できる．

(2) 認知機能に着目したサービス受容行動の観察

案内表示を利用して適切に行動するためには，「プランニング機能」「注意機能」「作業記憶機能」が適切に働かなければならない（コラム5）．そこで，筆者らは，調査対象者の属性としてこれらの認知機能の働きを想定し，認知機能の働きの高低が案内表示による誘導サービスの享受のされかたにどのように影響するかを調査することにした．

調査は，平成15年度と16年度の2年にわたって実施された．図2.1.3は平成15年度に実施した調査の流れを示している．調査は2段階からなっている．まず，第1段階目では，認知機能の働きの異なる調査対象者を選定するためのスクリーニングを実施する．第2段階目では，選定された調査対象者に実際に駅にいってもらい案内表示を利用してJR駅で行動する様子を観察し，インタビューを行う．

第1段階目のスクリーニング調査では，首都圏のシルバー人材センターに登録している168名に対し，「産総研式認知的加齢特性検査」（コラム5）を実施し，認知機能の働きを調べた．各認知機能の働きを調べる問題に対する得点の分布をもとに，当該認知機能の低下している者（下位25パーセンタイル），優れている者（上位25パーセンタイル）を特定した．

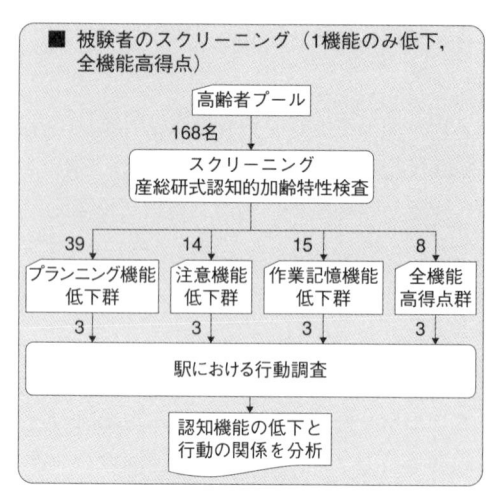

■ 被験者のスクリーニング（1機能のみ低下，全機能高得点）

```
        高齢者プール
          168名
            ↓
        スクリーニング
    産総研式認知的加齢特性検査
     ↓      ↓      ↓      ↓
    39     14     15      8
 プランニング  注意機能  作業記憶機能  全機能
  機能     低下群    低下群    高得点群
  低下群
     ↓3     ↓3     ↓3     ↓3
       駅における行動調査
            ↓
       認知機能の低下と
       行動の関係を分析
```

図 2.1.3 調査の流れ

　第2段階目の駅での行動調査では，認知機能の働きの違いが行動にどのように現れるのかを調べた．以下に紹介する調査では「3機能のうち1機能のみが低下している者」，その対照群として「すべての機能が優れている者」を調査対象者とした．図2.1.3に示したように，168名中プランニング機能のみが低下している者は39名（プランニング機能低下群），注意機能のみが低下している者は14名（注意機能低下群），作業記憶機能のみが低下している者（作業記憶機能低下群）は15名，すべての機能が優れていた者は8名（全機能高得点群）いた．これらの認知的機能において特徴のある群（4群）の各群から3名を選抜し，合計12名に行動調査に参加してもらった．

　各群の調査対象者には，鉄道駅で実際に行われそうな課題を実行してもらった．秋葉原駅，大宮駅，巣鴨駅の各駅で乗り換えを行うことを主課題とし，その間に，コインロッカー，トイレ，公衆電話などの駅施設を利用することを副課題とし，これらを実行する様子を観察した．できるだけ実際に近い状況を設定して課題を遂行させることにより，サービス受容行動の真の様子がみえてくるはずである．

　各駅での課題は以下の通りであった．
① 秋葉原駅：山手・京浜東北線1，2番線から総武緩行線5番線に乗り換え

て新宿へ向かう．その間に，トイレと電話を利用する．
② 大宮駅：東口から埼京線を利用して池袋へ向かう．その間に，コインロッカー，トイレを利用する．また，乗車券を購入する．
③ 巣鴨駅：ホームからとげぬき地蔵へ向かう．その間に，エレベータとコインロッカーを利用する．アーケードから巣鴨駅にいき目白へ向かう．その間に，コインロッカー，トイレを利用する．また，乗車券を購入する．

　調査対象者は与えられた課題を自分のペースで実行する．ただし，他人の助けを求めてはならない．これは，調査対象者が日常的に行っていることとは違うかもしれないが，日常的に案内表示をどのように使っているかというのが問題なのではなく，案内表示を利用しなければならない局面におかれたときに何が起きるのか（案内表示を利用しないということも含めて）をみたいので，その点からは適切な設定となっている．

　調査対象者には帽子をかぶってもらい親指の先程度の大きさのCMOSワイヤレスカメラ（目線カメラ）を額のあたりに装着してもらった．また，上着の胸のあたりにワイヤレスマイクを装着してもらった．これらにより調査対象者が課題遂行中にどこ（どの方向）をみていたのか，何を発話したのかが記録できる．また，調査対象者の後方から調査対象者自身と周囲の状況を調査員がCCD全景カメラにより記録した．調査対象者は，帽子，カメラ，マイク，バッテリーを収納したウェストポーチを装着したが，外見的に違和感はなく人目を気にすることもなく，また，重量的にも行動に支障をきたすものではなかった．このようにして，自然な課題を自然に遂行する様子を記録することができた．サービス受容時のサービス受容者の行動を実験的な状況で観察するときには，これらの点に留意することがきわめて重要である．

　課題は15-30分で完了した．調査対象者には，完了後，すぐに駅に隣接する調査会場にきてもらい，課題遂行過程を記録した目線カメラ映像，全景カメラ映像をプレイバックし，調査対象者が示した特徴的な行動についてインタビューを行った．

(3) 認知機能に着目したサービス受容行動の分析

調査対象者に付与した課題は，課題を実施する場所をみつけだす探査行動が主たる認知行動課題であった．そこで，収集されたビデオ記録，インタビュー結果を総合的に考慮して，一連の行動を，探査行動を単位としてセグメント化した．さらに，認知行動を特徴づける五つの項目（目標，観察された移動・振る舞い，動機・検索対象，参照した案内板・表示板など，参照の属性（情報取得・確認））を用いて詳細に記述した．図2.1.4は，本調査のために作成した分析結果記述フォームである．このフォームは，通常のブラウザーで閲覧し，一つの行動の単位である「観察された移動・振る舞い」に対応する目線カメラ映像，全景カメラ映像をプレイバックすることができる．図2.1.4の映像は，同図にリスト表示されている最下段の行動をプレイバックしたときのスナップショットであり，そのときの調査対象者の認知行動状態は以下のように分析されている．

① 探査行動：トイレを探す．
② 移動・振る舞い：コンコース入口前で立ち止まる．
③ 発話（動機・検索対象など）：つり下げ案内板（旧タイプ）をじっくりみる．「どんな案内表示だろう」（マイクによる記録）．
④ 参照した案内板・表示板など：旧つり下げ案内板．
⑤ 参照の属性：取得失敗．

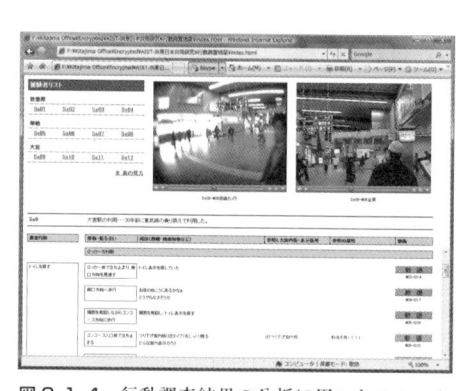

図2.1.4 行動調査結果の分析に用いたフォーム

(4) 認知機能に着目したサービス受容行動の分析結果

　平成16年度には，調査対象者の選定条件を変更した調査を前年度の調査と同様の方法で行った．本節では，便宜的に，平成15年度の調査を1回目の調査，平成16年度の調査を2回目の調査と呼ぶことにする．2回目の調査では，一つの認知機能のみが低下していない「プランニング機能のみ優位群」「注意機能のみ優位群」「作業記憶機能のみ優位群」を選抜し，さらに，駅の利用経験の有無，すなわち，東京駅の利用経験はあるが渋谷駅の利用経験はない，逆に，東京駅の利用経験はないが渋谷駅の利用経験はある，どちらの駅の利用経験もない，という駅利用経験に関する条件を加えて調査対象群を設定し，知識（メンタルモデル）の有無と認知機能の低下が案内表示を利用した駅内移動行動に及ぼす影響を調べた．

　2年間にわたって実施した調査の結果の概略は以下の通りである．

　行動の特徴は，着目した三つの認知機能のうち，プランニング機能，注意機能の二つの機能の高低の組み合わせでもっともよく理解できる．作業記憶機能が低下すると，全機能高得点群に比べて全体的にパフォーマンスが落ちるが，案内表示による誘導行動においては，重篤な問題は生じない．

　表2.1.1に，結果の詳細を示した．縦軸に注意機能，横軸にプランニング機能を配置している．表中，機能に付した"＋"は「該当機能の得点が下位25パーセンタイルに入っていない優位機能であること」，"－"は「該当機能の得点が下位25パーセンタイルに入っている低下した機能であること」，"＋＋"は「該当機能の得点が上位25パーセンタイルに入っている高得点機能であること」を示している．

　第1回目調査の結果は，セルAの上段，下段，セルBの下段，セルCの下段の4カ所に示されている．セルA上段には，すべての機能が高得点な「全機能高得点群」，下段にはプランニング機能，注意機能は優位だが，作業記憶機能が低下している「作業記憶機能低下群」，セルB下段には注意機能，作業記憶機能は優位だが，プランニング機能が低下している「プランニング機能低下群」，セルC下段にはプランニング機能，作業記憶機能は優位だが，注意機能が低下している「注意機能低下群」の，それぞれの群に特徴的な行動パターンが示されている．第2回目の調査結果は，セルB上段に「注意機能のみ優位群」，セ

表2.1.1 認知機能の有無と行動パターンの関係[3]

	プランニング機能＋	プランニング機能−
注意機能＋	**A** 1回目調査：全機能高得点群（プランニング＋＋，注意＋＋，作業記憶＋＋） 1. 目標設定が状況に応じて柔軟に行われ，課題遂行に必要な情報の取得や確認が問題なく実行されていた． 2. 取得された情報が将来必要になる場合にそれを保持したり，課題遂行に要する時間を事前に予測したり，スムーズな移動の観点からはまったく問題のない認知行動パターンとなっていた． 1回目調査：作業記憶機能低下群（プランニング＋，注意＋，作業記憶−） 1. 全機能高得点群とほとんど同様の行動パターンを示した． 2. 全機能高得点群の被験者よりも過去の経験や，メンタルモデルに引きずられる傾向があり，タスクの一部を忘れたり，行動目標を状況に応じて柔軟に変更できない場合があった．	**B** 2回目調査：注意機能＋群（プランニング−，注意＋，作業記憶−） 1. 知っている場所では検索行動に自信がある．少々自信過剰な傾向もあり，その分，思い込みも強い． 2. メンタルモデルを持っている場合は，適切な検索対象が設定され，そうでない場合は，適切な検索対象が設定されない，あるいは，検索対象を設定しない． 3. メンタルモデルがある場合は，自信に満ちた空間認知で行動している．案内板は確認程度に目を配っていると思われる． 4. メンタルモデルがない場合は，行動するための情報取得になっていない．その場の空間や情報を把握しようとする傾向が強い． 5. 思い込みがあるため，それらに振り回される傾向がある．あるいは，知らない場所では適切な情報の取得がしにくくなり，情報の誤った解釈や不要な情報に振り回わされる可能性がある． 6. メンタルモデルを持っているか否かで，検索の効率が大きく左右される． 1回目調査：プランニング機能低下群（プランニング−，注意＋，作業記憶−） 1. 案内板をあまり利用しない． 2. 情報の取得が狭い上，思い込みによる行動が多く観察された．その際，適切な確認や修正が行われない． 3. 案内板を見るときもあるが，目的が不明確な場合があり，具体的な情報を得られないことが多い． 4. 目的が明確な場合でも，情報源の取捨選択が無く，具体的な情報を得られないことが多い． 5. 駅の構造や路線に関するメンタルモデル・過去の経験を活用することができていない．
注意機能−	**C** 2回目調査：プランニング機能＋群（プランニング＋，注意−，作業記憶−） 1. メンタルモデルがない場合でも，推論により，大目標から詳細目標へ，戦略的に行動を計画し実行することができる． 2. 対象の検索，地図の把握，矢印を追うことについて問題は見られない． 3. 複数の情報に気を配りながら，その時に重要な情報を適切なタイミングで利用することができる． 4. 情報を見落としても，別の情報を仕入れることが容易なため，修正が早い段階で行われる． 5. 最終目的地に近いと判断されているときには，具体的な目標が設定されている．その結果，その目標が間違っている場合には，迷いに似た行動となる．しかし，常に，バックトラック可能な状態を維持しているので，きっかけがあれば，現在のゴールを捨て，新たなゴールを設定して，行動方針を変換する． 1回目調査：注意機能低下群（注意−，プランニング＋，作業記憶＋） 1. 情報の取得場所，取得パターンに特徴があった．すなわち，「施設そのもの」や「表示板」を探し，「案内板」を探索することはなかった． 2. 頻繁に情報の取得，確認を行い，同時並行に情報を得ることは難しかった．	**D** 2回目調査：作業記憶＋群（プランニング−，注意−，作業記憶＋） 1. 適切な検索対象が抽出できず，歩き回ってしまう傾向がある． 2. 目立つ情報に目がひかれる．情報の取得が大雑把． 3. 空間の把握に難点があり，地図の意味が十分理解できなかったり，道を間違えたりする． 4. 取得する情報が断片的で，情報全体（場所名＋矢印）を見落とす． 5. メンタルモデルが有効に活用されず，検索のヒントとしてなかなか想起されない． 6. 思い込みが強く，それにもとづいて情報や出口を求めるので迷うことが多い．

ルC上段には「プランニング機能のみ優位群」，セルD上段には「作業記憶機能のみ優位群」の，それぞれの群に特徴的な行動パターンが示されている．

表2.1.1から，認知能力，メンタルモデル，行動特性の関連について，以下の結論を導き出すことができる．なお，それらの根拠となった行動パターンが

記載されている表2.1.1中のセル（A，B，C，D）を，各結論項目の末尾に示した．

① プランニング機能，注意機能のいずれかがある場合は，作業記憶機能の有無は，今回調査に用いた課題においては顕著には行動に影響しない（A，B，C）．

② プランニング機能がある場合は，メンタルモデルの有無にかかわらず，目的に応じて適切な目標や下位目標を設定し，状況の変化に応じてそれらを適切に更新して問題解決を行っている（A：全機能高得点群，C）．注意機能がある場合には，その影響も受ける（A：作業記憶機能低下群）．

③ 注意機能はあるがプランニング機能がない場合は，メンタルモデルがあるときには，表示をみない．一般的なメンタルモデルがあっても状況に合致するメンタルモデルがないときには，何をみつけるべきかが定かでなく，不要な情報を取得するのみで，課題達成のための情報取得を行わない．その結果，迷うことになる（B）．

④ プランニング機能も注意機能もない場合には，ゴールの設定があいまいであり，情報取得が十分になされない．その結果，迷うことになる（D）．

(5) 認知機能ごとの案内表示によるサービス向上策

以上の結果をふまえ，各認知機能低下に対応した案内表示による行動誘導向上策を導き出すことができる．以下に，その一例を示す．

プランニング機能のある場合，タスクの分解をどのように行うかを調査し，駅インタフェースが，タスク表現に合致した案内を表示していることを確認する必要がある．たとえば，東京駅では，八重洲中央口にいく場合に新幹線がゴールに設定される場合が多い．そこで，新幹線の位置を示す案内があるとよい．現在位置と目的地の関係を理解することにより，行動プランを容易に立てられるようになる．

注意機能のある場合，どのようなメンタルモデルを持ち込むかを調査し，駅インタフェースがそれをサポートすることを確認する必要がある．たとえば，注意機能のある被験者の一人は，埼京線渋谷駅にいるときに，山手線渋谷駅のメンタルモデルを持ち込んでいた．埼京線渋谷駅と山手線渋谷駅が違うことが

わかるような案内表示を行い，位置関係を明確に表示することにより，既有のメンタルモデルが有効に使えるようになり，問題状況の発生が回避される．

プランニングを容易にすることや，おかれた状況と既有のメンタルモデルとを結びつけ適切に状況把握をすることは，駅の案内表示による誘導サービス向上に有効であろう．いずれの場合でも，現在位置と目的地の関連を正しく理解することが必要である．しかし，現在の案内システムでは，それが十分に達成できていないようである．現在位置を中心にして，平面的に目的地の位置を表示することにより，移動が支援されると考えられる．

まとめ

ここでは，サービス受容者がサービス受容のまさにその場面でどのように行動しているのかを調査しサービス向上策の提案につなげる方法を紹介した．

その方法の概略は以下のとおりである：サービス受容の場面に関連する認知行動の側面を明らかにし，その視点からサービス受容特性の異なる調査対象者をスクリーニングし，代表的なサービス受容者に現実的なサービス受容の局面を設定しその場で行動してもらい行動記録をとり，事後のインタビューによりサービス受容にかかる認知行動の仕組みを明らかにする．その結果に基づいて，サービス提供方法を考案する．

同じサービスが提供されていたとしても，サービス受容者の属性によってサービスの享受のされかたは変わってくる（コラム6）．サービス受容者の属性にサービスの提供のしかたを適応させることにより，サービス受容者の満足度は向上するはずである．そのためには，本節で紹介した調査方法は効力を発揮するだろう．

▣ コラム5

産総研式認知的加齢特性検査

この検査は，認知症などの検査に用いられる従来の諸検査，および認知心理学の実験研究の結果をもとに，認知症ではない正常レベルの高齢者における軽度の認知機能を評価し，被験者をスクリーニングするために作成された[3]．多くの認

知機能検査が検査者と被検査者が1対1で対面して実施されるのに対し，本検査は集団で実施できること，また，各項目の検査時間を短縮し，短時間で実施できることなど，従来の類似の検査にはない特性を有している．

検査対象の認知機能

　プランニング機能：現時点での行動目標を達成するのに必要な下位目標を適切に設定し，行動の進行に合わせて下位目標を更新し，その目標が達成されたら次の新しい下位目標を設定する，というサイクルを，逐次的に実行していく機能．あらかじめ，正しく下位目標が設定でき，かつ，行動の進捗に合わせて次の下位目標に正しく推移できれば，最終的な行動目標を達成することは困難ではない．しかし，下位目標が正しく設定されないと，最終的に達成できない，あるいは，行動遂行に時間がかかるなどの困難が生じる．また，下位目標が正しく設定できても，それらが達成されたか否かを正しく評価し，達成されていれば次の下位目標に遷移する，というサイクルが円滑に進められなければ，最終的な行動目標の達成には至らない．

　注意機能：ノイズ情報の中からその時点での行動の目標に合った情報を選択する機能．ノイズの中から目標とする情報を選択する機能は，日常的な行動では重要な役割を担うが，加齢によって，課題に関連しない情報を無視することが困難となり，結果的に目標とする情報の発見が遅れることが知られている．そのため，日常生活では，案内表示の見落としなどが起きる．

　作業記憶機能：ある一連の作業が行われる間だけ情報を保持しておく機能．ある情報を，作業の目的に合わせて記憶の中だけで加工する機能も含まれる．昔の出来事や，以前に会った人の名前などを覚えている長期記憶（エピソード記憶）とは異なり，作業記憶は，ある作業に必要な情報をその間だけ覚えておく機能であるため，この機能の低下は「物忘れ」とは異なる．日常生活では，作業記憶は，行動目標の保持などに関与しているため，作業記憶の機能低下は，行動目標の健忘（ゴール健忘）などを引き起こす．

検査方法

　本章で取り上げた事例では，各認知機能に対し，以下に示した問題を被験者に課して，検査を行った．

　　プランニング機能：日常行動系列問題，課題切り替え問題

注意機能：視覚探索問題
　　　作業記憶機能：鏡映文字問題
　各検査の内容を以下に示す．

　日常行動系列問題：「最終目標として『知人に封書で手紙を出す』を想定し，『本文を書き終えた』ところから『ポストに投函する』までの間にしなくてはならない行動を，できるだけ詳細に記載する」という課題である．上記の目標を達成するための必須項目があらかじめ設定してあり，そのうちのいくつが記載されたかが，点数化される．本検査における必須項目は，1) 便箋を封筒に入れる，2) 封をする，3) 宛名を書く，4) 切手を貼る，の 4 項目である．

　課題切り替え問題（図 2.1.5 (a) 参照）：一対の数字と一つの文字からなる問題（たとえば，「3 形 4」）が多数呈示される．各問は，どちらか一方の数字が大きな文字サイズで印刷されている．被験者は，文字が「形」の場合には，数字の大

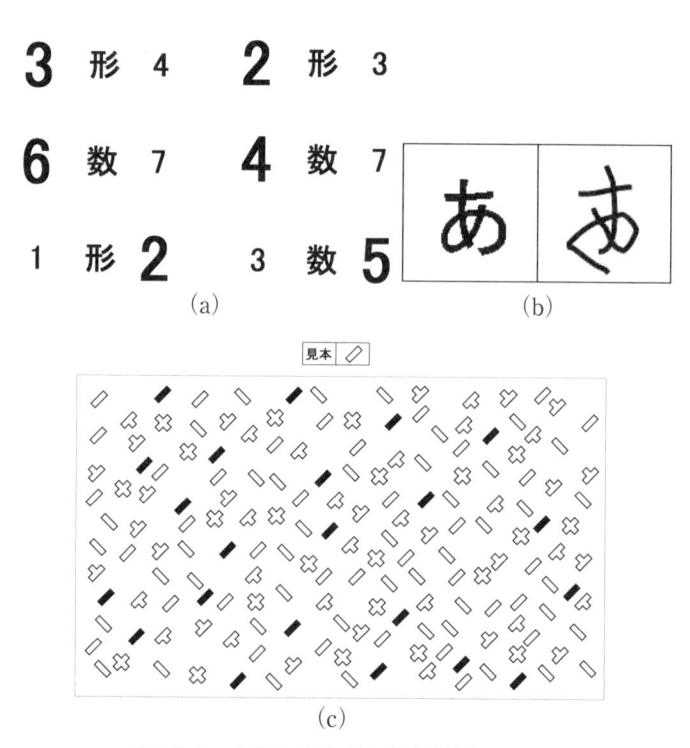

図 2.1.5　産総研式認知的加齢特性検査の課題例

小に関係なく，文字サイズの大きな方に丸をつけ，文字が「数」の場合には，文字サイズの大小にかかわらず，数の大きな方に丸をつける．1分間の正答個数が得点化される．

鏡映文字問題（図2.1.5（b）参照）：「与えられたひらがな（1文字）の鏡映像を書く」という課題である．1分間で，何文字正しく鏡映文字が書けるかが点数化される．この課題では，与えられたひらがな文字を作業記憶内に保持し，それを操作して鏡映文字像を思い浮かべなくてはならない．その際，実際の文字や，それからイメージされる書き順などが，鏡映文字のイメージの生成や運動への変換に干渉することが考えられる．

視覚探索問題（図2.1.5（c）参照）：1枚のシートの中に長方形が多数並べて印刷されている．被験者の課題は，その中から，「あらかじめ決められた目標図形（ある向きで，ある色の長方形）だけに印をつけていく」というものである．1分間でみつけられた個数が点数化される．

■コラム6

自動車運転手にとって気の利いた情報を抽出するための行動調査[4][5]

自動車を運転しているときにドライバーに情報を提供し運転をより満足度の高いものにするというサービスが考えられる．このとき，どのような情報がドライバーの運転満足度につながるかを正しく理解して情報を提供することが必要になる．このコラムでは，運転時にドライバーにどのような情報を提供するとドライバーの運転満足度につながるのかを探るために行った運転行動調査（平成19年度に実施）を紹介する．この調査においても，行動調査で重要な役割をもつスクリーニング，情報提供が行われるときの人間の認知行動特性の理解に基づく調査法が考案され実施されている．

この調査では「ドライバーの運転満足度につながる情報」を「気の利いた情報」と呼び，運転者をよく知っている助手席者に「気の利いた情報」を実路走行を行う際に提供してもらうことにより，気の利いた情報の特徴を明らかにすることを試みた．実路走行のルートとしては，助手席者は詳しいが運転者は不案内のルートで，気の利いた情報の提供が生じやすい状況を設定した．

調査は以下のステップで実施された．

まず，ウェブアンケートを行い「運転歴が十分にある」「相手への気遣いができる」など気の利いた情報を提供できそうなモニターペア，10ペアを選定した．次にオーディションによる面談を行い，本調査のモニターとしての適性を評価した．最終的に，夫婦ペア3組，職場の同僚ペア1組の計4ペアを選定した．

　各ペアには，モニターの一人が運転者，モニターの他方が助手席者となり，助手席者が詳しいルートを走行してもらった．また，役割を交代して走行してもらった．これら二つの走行で1回の走行セッションとなる．走行時のモニターの様子はダッシュボードに設置したカメラにより，また，車載機器とフロントウィンドウからみえる光景は運転席ヘッドレスト脇に設置したカメラにより記録した．走行セッション終了後，走行記録を再生しながらインタビューを実施し，気の利いた情報を抽出した．

　走行セッションは3回実施された．3回実施したのは以下の理由による．まず，走行ルートは，助手席者はよく知っているが運転者ははじめて通るルートであり，助手席者が気の利いた情報を提供できるのは，1) 助手席者は運転者が何を知っているかを知っている，かつ，2) 助手席者は運転者がどのように運転するかを知っている，からである．助手席者は運転者に不足している情報を適切なタイミングで提供できることが期待される．しかし，不足していた情報のすべてが必ずしも気の利いた情報であるわけではない．また，助手席者による運転者の理解が完全ではない．そこで，最初のセッションは，助手席者が運転者をどのように理解しているかを明らかにすることを主目的として，続くセッションは，理解したことを実践し，気の利いた情報の内容を調整していく場として機能するようにした．このようなプロセスを経て，助手席者をより優れた気の利いた情報の提供者として育成することにより，気の利いた情報を可能な限り多く抽出できるようにした．

　以下に，各走行セッションの役割を示す．

　1回目の走行セッション：助手席者は不案内なルートを運転している自分を想像して，ルートを熟知している自身が気の利いたナビゲーション支援を行うと想定される．したがって，1回目の走行セッションからは，運転者にとって気の利いた情報提供，運転者にとっておせっかいであった情報提供，運転者がほしい情報が不足していた情報提供という3種類の情報提供が抽出できることが期待された．そこで，1回目の走行セッションが終わった後に走行ビデオをみながらインタビューを行い提供された情報の確認を行った．これを行うことにより，互いに求めている情報に関する事例を積み上げ，次回の走行セッションの事前知識とし

て利用できるようにした.

2回目の走行セッション：1回目のセッションの結果，助手席者は運転者がどのような情報を気の利いた情報であると評価するかについて，事例ベースの知識を得ることができた．そこで，このセッションでは，その知識を活用することを被験者に求めた．しかしながら，1回目の走行セッションで得た知識は，運転手の情報ニーズやウォンツとして体系的に学習した情報提供ではないため，「気の利いた情報」としての完成度は十分に高いものにはなっていない．そこで，2回目の走行セッション後には，運転者の求めている情報を分析した結果を助手席者に解説し，案内指導を行った．

3回目の走行セッション：ここでは，運転者の特性を理解し，必要としている情報を的確に提供できることを目的とした．助手席者には，2回目の走行セッション後に指導された内容を忘れないように案内指示シートを渡した．これにより，運転者にとって「気の利いた情報」を的確に提供することができるようになると考えられた．

本調査で実施された24走行（3走行セッション×2走行（各ペア役割交代）×4ペア）中の発話によって助手席者から提供された情報数は，総数で1,859件あった．そのうち，気の利いた情報の件数は，134件であった．気の利いた情報の提供件数は，カイ二乗検定の結果，2回目，3回目で，5%水準で1回目と比べて有意に多いと判定された．また，2回目で増加した無効な情報は，3回目ではその割合が減少した（図2.1.6）．本調査では，気の利いた情報に対する理解を深めるという調査方法を用いて，助手席者から運転者に提供された情報の収集を行った．その結果，本手法により，運転手のサービス受容モデルが確立しつつある．

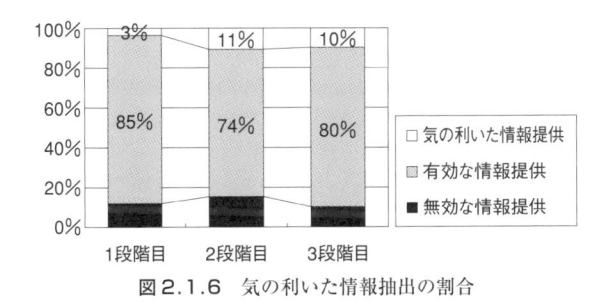

図2.1.6 気の利いた情報抽出の割合

2.2 ユビキタスセンサを用いた日常生活センシング

　ここではサービスを工学的に設計するために必要な日常生活データのセンシング技術について述べる．

　日常生活支援サービスを設計する際に問題となることは，日常生活が身近な現象であるのにもかかわらず，実は，われわれはまだそれをよく理解できていないことにある．その理由は，これまでセンシング技術が未成熟であったために，日常生活現象が科学技術の対象となり得なかったからである．そのため日常生活支援サービスを設計する際によりどころとなる日常生活のモデルが不在のまま，経験と勘に頼った設計をせざるを得ない状況にある．モデルに基づくサービスの設計，すなわち，サービスを「工学的」に設計するためには，日常生活の場で生きている人間の生活現象をセンシングし，データを科学的に分析し，日常生活のモデルを作ることが不可欠である．

　一方，近年，ユビキタスセンサ技術やウェアラブルセンサ技術，インターネットを用いたテキスト情報収集技術，販売物品に関する情報収集を行う POS (Point Of Sales) 技術などの多様なセンシング技術の発展により大規模な日常生活データが入手可能になってきた．さらに，これらのセンシング技術によって得られた大規模なデータベースを利用して，決定論的な記述方法では完全に表現することは難しい現象を取り扱う確率論的モデリング技術も利用可能になっている．このような新しい日常生活のセンシング技術の到来により，ノーマルサイエンスのように原理的な方程式を実験室の実験によって発見しようとするアプローチではなく，日常に埋め込まれたセンサから得られる大量の日常生活データを使って説明・再現モデルを構築する，新しいモデル構築の方法論が可能になりつつあり，「日常生活インフォマティクス」とでも呼べる新たな科学技術領域がはじまろうとしている．たとえば，これまで日常生活の科学の欠如によって進んでいなかった，個々の高齢者に適合したきめ細かい介護サービス（コラム 7）や，子どもの住宅内での事故予防，製品安全といった社会問題（コラム 8, 9）は，日常生活インフォマティクスの応用が期待されている典型例である．

日常生活センシング技術が切り開く科学技術領域

　量子論や宇宙論といった自然科学分野には，たいていの現象をうまく説明し，再現できるような「標準モデル」が存在しているが，今のところ，日常生活の標準モデルと呼びうるものは存在しておらず，それを発見できる目途もたっていない．

　日常生活の計算モデルを作成することは可能だろうか？　この疑問に答えるために，簡単に，近年の人間行動モデリングの歴史を振り返ってみたい．近年の人間行動モデリングの歴史は，必ず新しいセンシング技術に伴って発展していることを示している．たとえば，図2.2.1に示すように，近年の脳のモデリングの場合，現象をセンシングするためのfMRIの出現が，神経細胞や脳機能のモデリングに大きく貢献してきた．現在では，脳還元主義的計算論（脳科学の

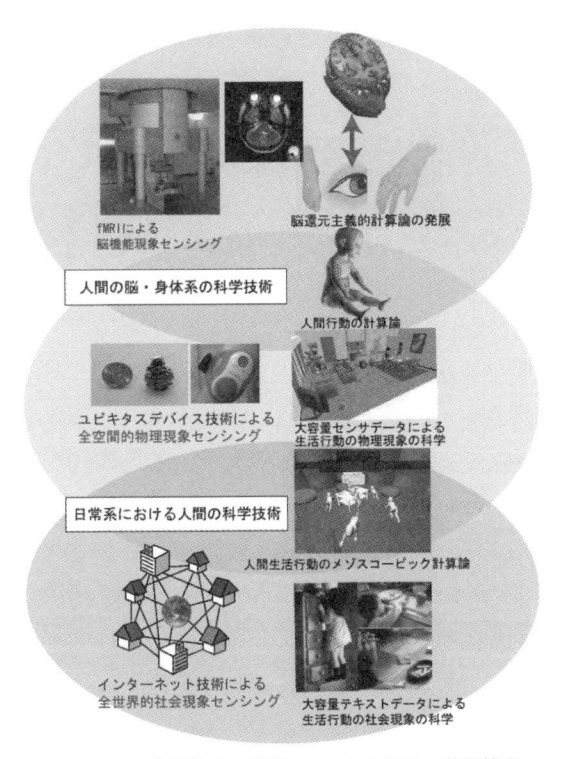

図2.2.1　人間行動の計算モデルと日常系の科学技術

レベルから現象を記述することがよいこと）とも呼べる強大なパラダイムとなっている．

　一方，最近，まったく新しいタイプのセンシング技術が出現している．ユビキタス技術を用いた全空間的物理現象センシング技術と，インターネット技術を用いた全世界的社会現象センシング技術である．ユビキタスセンサやセンサネットワーク技術の発展に伴い，日常生活空間の人間行動現象をセンシングする装置が利用可能になりつつある．また，インターネットに代表されるような膨大なデータベースも利用可能になりつつある．ブログや Wiki などの例をみると，インターネットは，必ずしも物理的なセンシング技術ではないが，よりマクロなレベルでの人間の活動をテキスト情報として記述するための新しいセンシング技術としてとらえなおすことが可能である．こうしたセンシング技術の出現は，今後，日常生活系での科学技術が大きく発展することを予感させる．

　特に，ユビキタス技術によるライフログ（行動軌跡）データは，個人の詳細な生活を記述することを可能とし，一方，インターネット技術による個人集合体としての現象記述は，社会やコミュニティの動態を把握することを可能にすると考えられる．いずれも，従来は取得が困難であったデータである．コラム7で取り上げる「超音波タグを用いた老人ホーム内日常生活行動の記録と介護計画支援」では，ロケーションセンシング技術によって，老人ホームにおける個々の高齢者の行動情報を入手することで，きめ細かな介護サービスをサポートする技術を紹介している．

　かつて，マー[1]が指摘したように，人間のすべてのことがらをモデル化できるような単一の方程式や法則はみつかっていない．マーが問うた疑問「何が説明（モデル）を構成するのか？」は，今なお，人間行動モデリングにおける本質的問題であり続けている．このことは，他の自然科学分野とは異なる新たな方法論の必要性を示唆しているようにみえる．人間の標準モデルの構築といった課題に挑戦するためには，利用可能なセンシング技術が存在しているさまざまなレベルで人間の活動を記述し，モデル化を試みる努力を積み重ねる必要がある．

　コラム8で取り上げる「子どもの日常の遊び方の科学と遊具設計への応用」では，無拘束センシング技術によって子どもの行動（遊具の使われ方）を観察

し，モデル化を通じて製品改善を行った事例を紹介している．遊具などは経験や勘に頼った設計によって想定外の事故が起こっており，センシング技術やモデリング技術が求められている一例である．近年の小型のセンシング技術の発展により，子どもの行動を阻害しないようにセンサを子どもに装着させることで，これまで計測困難であった子どもが遊んでいる最中のデータがセンシング可能となっている．さらに，このようなデータに基づくことで，子どもの遊び行動のモデル化が可能となり，モデルをベースにした製品設計が可能になりつつある．

サービス統合型センシング技術に基づく新たなサービス構築のパラダイム

日常生活現象のセンシング技術，センサデータ駆動型のモデリング技術を日常生活支援サービスと統合することで，日常生活の場でセンシングし，モデリングし，サービス提供するというフィードバック系を実装することが現実的になりつつある．このような「サービス統合」によるフィードバック系が可能となれば，日常生活を支えるための技術や知識を持続的に発展させる知識獲得の新たなパラダイム（方法論）[2]が可能になる．このパラダイムでは，基礎研究や応用研究という旧来型の単純な分類が必ずしも可能ではない．実サービスの社会実装を通じてのみ得られる膨大なデータを基礎として，新たな科学が創造され，その知見が再度，実サービスを通じて社会へ還元されていくというように，サービスの質改善と科学の発展の両方が一体となって進行していく新しいパラダイムである．

コラム9で取り上げる「住宅内の子どもの不慮の事故を予防するためのウェブアプリケーション」は，インターネットを通じたウェブコンテンツサービス技術を利用することで，知見を社会に情報発信するだけでなく，逆にこうしたサービスを通じて，通常の被験者実験やアンケート調査などでは入手不可能な大規模なデータを入手（センシング）し，これに基づいて，新たな科学的な知見を得ていくというアプローチが可能になってきたことを示す事例である．

日常生活コンピューティングに基づくサービス工学の技術課題

日常生活コンピューティングに基づくサービス設計における研究課題を以下

に述べる．日常生活支援サービス技術に不可欠である日常生活空間で生きている人間の科学を可能とするためには，その基礎データとなる実日常生活データのセンシング技術と，データに基づく生活モデリング技術の開発が不可欠である．現在でも日常生活のデータに関しては，実験室環境における日常生活模擬データはセンシング可能であるものの，実際の実日常生活データのセンシングやそれに基づいた日常生活の計算論的モデルの開発は今後の重要な研究課題である．実日常生活データを収集する有効な方法の一つは，センサが埋め込まれた日用品を開発し，実サービスを通じて，大規模な生活データを機械のログとして収集する方法である．したがって，実日常生活データという観点からも，低コスト化のための標準RT（robot technology）コンポーネントの開発や，これを手早く有機的に統合し，サービス化するためのミドルウェアの開発なども重要な研究課題である．

次に，大規模な実日常生活データに基づいて人間の日常生活モデルを開発するためには，その基礎となる日常生活インフォマティクスを確立する必要がある．ニュートン力学では，多様な現象に共通して使える変数や支配方程式が発見されているのに対し，われわれを取り巻く日常系の力学では，支配的・共通的変数が不明であり，日常を記述する膨大な変数（日常生活ターミノロジー）が存在している．日常を情報科学の対象として取り扱うための変数選択・設計の方法論の確立や，変数の体系化（日常生活オントロジー）が必要である．

さらに，日常生活インフォマティクスによる日常生活の理解をもう一歩進めて工学的応用を考えると，不確実な日常現象を制御する体系的な枠組みの確立が必要である．図2.2.2に示すように不確実な日常現象を説明する変数は，A 最終的に制御したい変数，B 変更可能な変数，C 変更不能であるが重要な説明変数，に分類可能であり，この間の因果構造を発見し，可制御化する方法を開発する必要がある．最後に，日常生活支援サービスを開発するためには，具体的なニーズをもったフィールド，ユーザを取り入れる研究体制をデザインする必要もある．これに関する考え方の一つは，研究活動そのものが，現場に対するサービスと一体化し，一方を実施すると他方を実施することとなる関係（research as a service, [3]）の構築である．

長い歴史をもつ学術分野には，社会と積極的に関わり，社会問題の要請に応

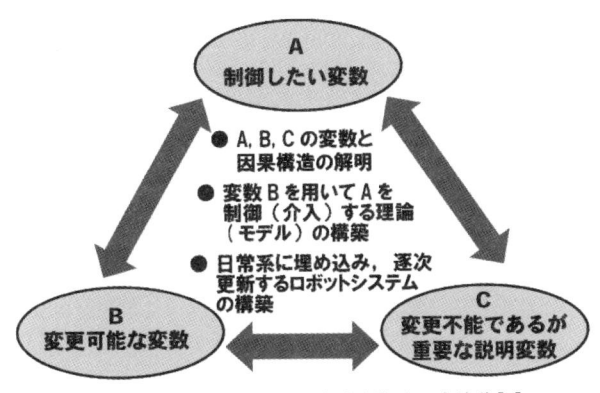

図2.2.2 不確実な日常現象を制御する方法論[2]

えることで，学術的到達点の限界を自覚し，これを打破するために理論や技術を飛躍させることに成功した学術分野が数多く存在する．たとえば，3世紀にもわたる歴史をもつ統計学をみれば，その進歩は，いずれもその時代の社会の生産活動を土壌として成し得たものである[4]．日常生活支援サービスの技術開発には，日常との積極的な関わり合いが不可欠である．それが真に解決すべき限界の的確な把握と新たな挑戦へとつながる．人間のために役立つサービス技術の開発を本当にめざすならば，「日常」に踏み込み，研究対象として取り組むときがきたのではないだろうか．筆者らは，社会問題の解決や具体的なサービスの実装を行いながら，日常系の科学技術の具体的な方法論を確立していきたいと考えている．

― コラム7 ―

超音波タグを用いた老人ホーム内日常生活行動の記録と介護計画支援

日常生活を科学技術の対象とし，その理解に基づいた有用サービスを設計するためには，生活が本当に存在する場所で人間を観察し，データを収集・解析することが重要である．ここでは，その足がかりとして観察技術への需要が高まっている分野の一つである高齢者介護分野に焦点をあててみたい．

老人ホームでは，望ましい生活パターンを自律的に作り出すことが可能な健常者を対象にする場合とは異なり，介護士が，個々の高齢者に対して「望ましい生

活をデザイン」することが求められる．すなわち，目標とする生活を設計し，設計した生活に近づけるように介護計画を立案し，実行し，評価を行うことで，持続的に介護へフィードバックしていくことが求められる．

今回，現場のニーズを探るために，東京都内の老人ホーム（特別養護老人ホーム「愛全園」）にご協力いただき，介護現場における問題点の調査を行った．その結果，介護者不足や支援技術不在の現状では，入所高齢者一人一人の行動を把握するのは不可能であり，高齢者への生活設計や介護の評価は介護士の勘や経験則のみに依存してしまっており，それによって以下のような問題が起こっていることが明らかになった．入所高齢者の生活の定量的把握が困難であるため，1) 介護士の間での入所者の生活に関する情報の蓄積や共有化が難しい，2) 介護計画に関して，介護士と高齢者やその家族との間のインフォームド・コンセントに限界がある，3) 介護計画の立案・評価に限界がある，といった問題点である．

このような問題点を解決するために，入所高齢者の生活行動を定量的に把握するシステムが必要であり，それが，本来あるべき介護であるエビデンスベースド（evidence-based）介護を支援するシステムの構築につながると考えられる．ここでは，筆者らが老人ホームに構築中のエビデンスベースド介護支援システムについて述べる．構築したシステムは，筆者らが開発してきた超音波3次元タグシステム[5]を要素技術として利用したシステムであり，タグを対象高齢者の使用する車椅子に取り付け，その移動軌跡データからなるライフログを作成し，行動の定量化を行うためのシステムである．超音波タグシステムは，低プライバシー侵害性の計測が可能であり，高齢者の行動把握の目的に合致するシステムの一つであ

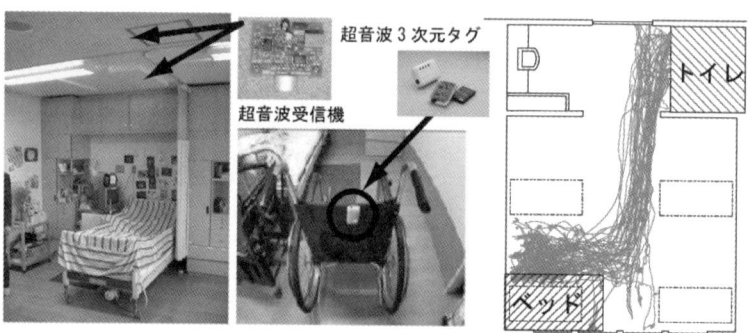

図2.2.3 老人ホームに設置された超音波タグシステムと計測されたライフログ（行動軌跡）データ

ると考えている．低プライバシー侵害性とは，筆者らの造語で，「計測の際，対象から情報を収集するからには，プライバシー侵害の危険性を皆無にはできないが，その危険性を極力抑え，不必要に詳細な情報は収集せず，必要な情報のみを収集するシステムの性質」を意味している．図2.2.3に老人ホームに設置した超音波タグシステムを示す．

　超音波タグシステムによって記録したライフログデータ（図2.2.3参照）より，被験者がベッドに滞在していた時間（在床時間）について解析を行った．在床時間とは，被験者が夕刻にベッドに入った時間から，翌日活動を開始する時間までをさす．46日分のデータを用い解析を行った．その結果を図2.2.4（上）に示す．横軸は計測回数で，縦軸は在床時間を示している．図2.2.4（上）より，この被

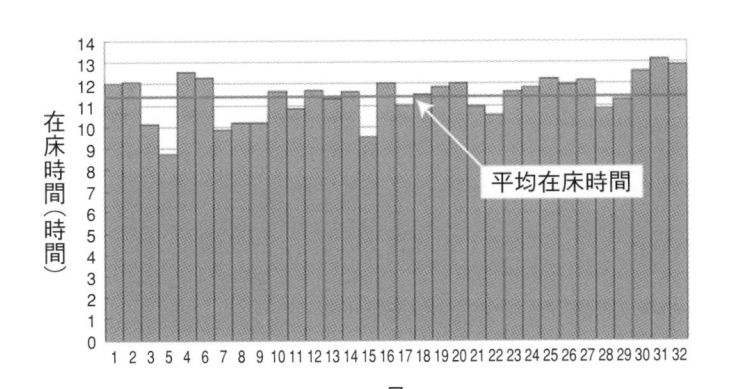

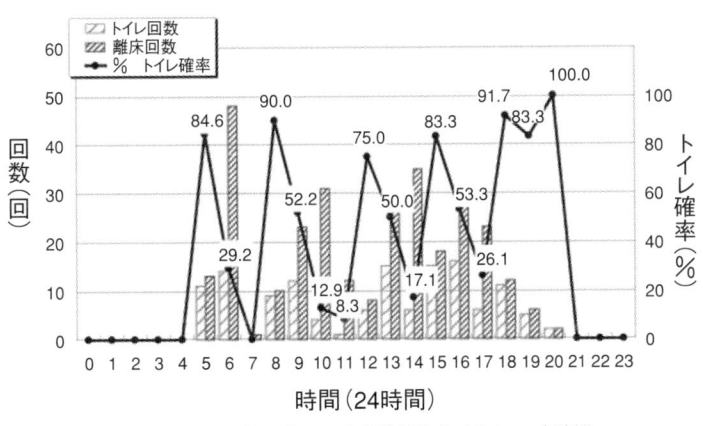

図2.2.4　ベッドの上での在床時間とトイレにいく時間

2.2　ユビキタスセンサを用いた日常生活センシング

験者は，夜間平均して11時間24分ベッドに滞在していることが判明した．このような在床時間の把握は，じょく創予防支援，睡眠管理支援などの介護支援の基礎データになるものである．

また，ライフログより，ある時間帯における離床行動の回数と，離床行動かつトイレ行動の回数を求め，離床行動が発現した際の，トイレ行動への移行率を求めた（図2.2.4（下）参照）．たとえば，図2.2.4（下）より，6時台では比較的頻繁にベッドから出ているが，そのままトイレにいく確率は29.2%と低いことが確認できる．一方，8時台では，ベッドから起きる回数は少ないが，起きた場合，90.0%という高確率でトイレにいくことが確認できる．このようなデータは，たとえば，介助が必要な高齢者が，トイレ行動の確率が高い時間帯に離床した場合，それを介護士に教示することで転倒・転落事故を未然に防止するといった介護支援への応用が考えられる．実際，介護士を呼ばずに自力で移動したために，転倒・転落事故に至るケースがある．

■コラム8

子どもの日常の遊び方の科学と遊具設計への応用

最近，遊具による事故が多発し，公園から撤去される遊具が急増している．このような動きは，1) 子どもの成長機会の消失，2) 技術の消失，3) 経済損失，の三つの点で不幸な事態である．子どもが思いっきり遊んで豊かな経験を積める遊育の場所が減ることは，子どもの成長の機会を奪うことになる．また，事故原因を解明し知識化されずに製品が消失することは，モノづくり技術の消失を意味する．さらに，税金によって作られた遊具が，その資産価値を全うすることなく廃棄されるため，多額の経済損失にもつながる．遊び場を子どもたちに取り戻すために，安全で楽しい遊具作りのデザイン論が求められている．

経験や勘を頼りに何らかの遊具を作り，子どもに遊んでもらうことで，どのような効果があるかを後付けで並べたてることは可能である．しかし，同様に，転倒や転落によって傷害を受ける，最悪，死んでしまうという想定していなかった負の副作用が出る場合も少なくない．このような負の副作用を最小にし，好ましい効果を最大にするには，子どもがどのように遊具で遊ぶのかという遊具の「実

際の使われ方」を理解し，過去の事故に学び，子どもに与えたい楽しさや危険を「狙って，作れる」理論が必要となる．このように遊具設計の問題は，日常生活インフォマティクス（製品の使われ方の科学）とこれに基づく傷害予防が強く求められている典型例である．

近年，小型センサや無線技術の発展によって，これまでは困難であったような子どもの日常行動を定量的に計測できる装着型センサ（ウェアラブルセンサ）が利用可能になっている．遊具プロジェクトでは，ウェアラブルセンサを用いて，遊具で遊んでいる「最中」の子どもの行動を計測することで，遊具の「使われ方」データを計測した．遊具の中でも人気が高く，転落などの重大な事故を起こしやすい遊具は，「登り」行為を必要とする遊具である．筆者らのグループで開発したウェアラブルセンサ（小型の超音波式位置センサと筋電センサ）を用いて，3歳から6歳までの47人の子どもが遊具で遊んでいる最中のデータを計測した．

行動モデルに基づく遊具設計の事例

今回の実験で得られたデータを使って，遊具メーカーの設計者と協力し，失敗を許容することで，再チャレンジを促進するという基本コンセプトのもとに，登るときの難度が制御される遊具を試作した．まず，計測した遊具の使われ方に関するデータを用いることで，遊具を登る子どもの行動モデルを計算機上で作成した．この行動モデルを利用することで，製品設計や改良のための行動シミュレータとして活用することが可能となる．図2.2.5（左）に示すように，構築された行動モデル（図中C）に，遊具の設計パラメータ（手がかり・足がかりとなるブロックの深さや配置：図中A, B）を与えることで，たとえば，与えられた遊具の各部位で必要とされる筋力を年齢ごとに推定可能である[6]．図中Cが図2.2.2で述べた不確実な日常現象制御のためのモデルに相当するものであり，この場合，Aの制御したい変数は，対象とする子どもの年齢と登る際の難度であり，Bの変更可能な変数は，設計者から変えられる設計パラメータであるブロックの深さや配置であり，Cの変更不能であるが説明上重要な変数は，子どもの身長・体重・筋力や登るときの姿勢などである．このA, B, Cの間の関係性をみつけて，設計上変えられるBで難度を制御するのがこの場合の目的である．

開発した行動シミュレータを用いて，4歳から6歳の子どもの運動能力に適合し，逆に，対象としない低年齢の子どもが容易に登ってしまわないように十分難度があるラダー部（手がかり・足がかりの深さや配置）を考案した．図2.2.5(右)

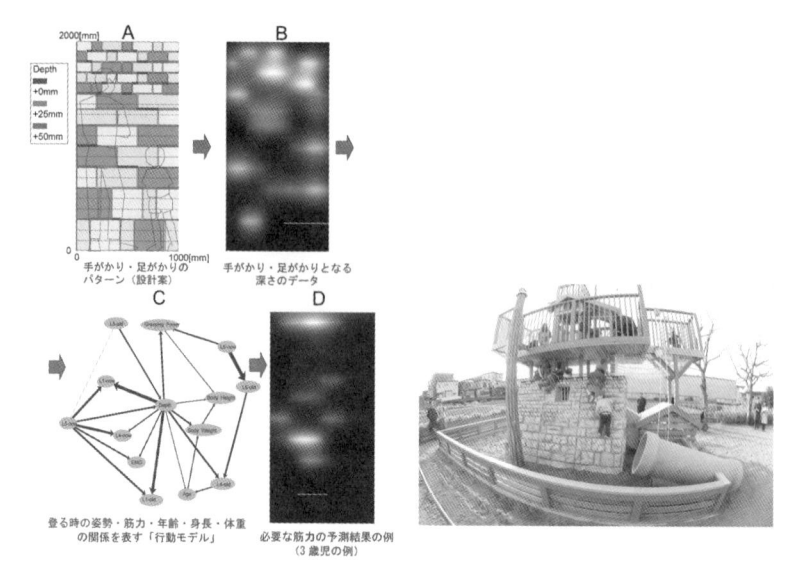

図2.2.5 行動モデルと登る際に必要な筋力推定の例（左）と登り部分を工夫した新しい遊具の製作（右）

に，行動シミュレータを用いてデザインされたラダー部をもつ遊具を示す．実際に子どもたちに使ってもらって，改善を行うために，保育園に協力いただけることになり，2007年2月に埼玉県にある桑の実保育園に設置した．

制作した遊具の「使われ方」観察による評価

さらに，構築した遊具の「実際の使われ方」を観察し，評価するために，遊具の周辺に4台のカメラを設置し，2006年9月から遊具で遊ぶ子どもの日常遊び行動の連続記録を開始した．図2.2.6は，4台のカメラにより連続記録している画像の例とカメラ情報を用いて，このような子どもの遊び（登りルート）のシミュレーション結果と観察結果を比較した図である．この図は，4カ所のラダー部分における子どもの登りルートを可視化したものであり，白い部分ほど頻度が高いことを示している．シミュレーション結果と観察結果を比較することによって，行動モデルの妥当性評価を行うことが可能である．

この研究では，これまで，病院と協力し，子どもの事故による傷害データと事故に関連した製品の情報を収集してきた[7]．この仕組みを活用することで，遊具

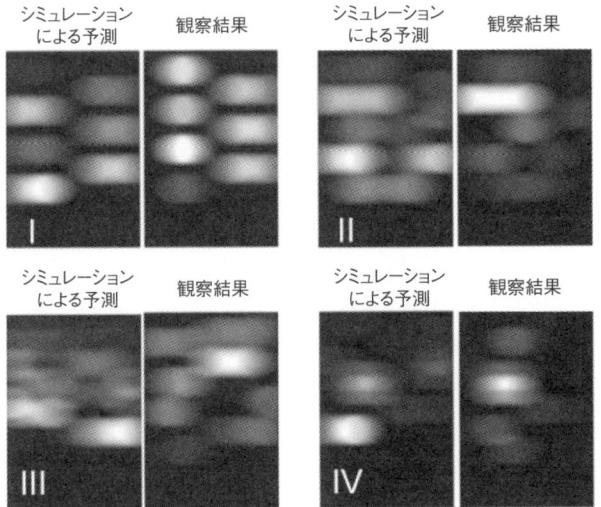

図2.2.6 遊具の周辺に設置した4台のカメラを用いた観察結果（上）とシミュレーション結果と比較（下）

に起因する事故のデータの収集を行い，これと保育園のひやり・はっとデータや行動観察データを組み合わせて，遊具の持続的な改善とそのための仕組み作りを

2.2 ユビキタスセンサを用いた日常生活センシング 101

行う計画である．こうした持続的な計測や情報収集とフィードバックからなる持続的な改善ループによって進化し続ける新たな遊具デザインの方法論をめざしたい．

■コラム 9

住宅内の子どもの不慮の事故を予防するためのウェブアプリケーション

2006 年，世界保健機構（WHO）では，全世界的な取り組みが必要とされる子どもの健康問題として，不慮の事故を取り上げ，10 カ年行動計画[8]を発表した．この資料によれば，世界では，毎年，87 万人以上の 18 歳未満の子どもが不慮の事故で死亡しており，1 歳以上では，不慮の事故が死亡原因の第 1 位である．日本でも，子どもの死亡原因の第 1 位は不慮の事故であり，子どもの健康問題のなかで事故は明らかに最重要課題である[9]．子どもに特別な配慮をし，事故を予防する主な理由は以下のようなものである[10]．1) 子どもは，大人と比較すると身体に加えられた力に対して脆弱である．2) 子どもは，大人のために設計された環境や製品に関する有害な作用を判断できるとは限らない．3) 子どもの事故予防は，社会の経済的利益である．特に，少子高齢化が急速に進む日本では，国家の存亡に関わる社会問題として，国をあげて取り組むことが急務である．さらに，世界的な視野に立てば，世界でも最高水準の高所得国である日本は，効果的な事故予防策を，社会システム・行政上の施策，安全な製品の設計論といったさまざまな階層で明らかにし，自ら実践し，世界の低所得国および中所得国に普及させていく国際的な責務も強く要請されている．

センシング技術，モデリング技術などの要素技術をエビデンスベースドなサービスを媒介として実社会と統合することで，要素技術とサービスの持続的な発展が可能となる．この考え方は，事故予防の問題に限らず，日常系の科学技術の共通の方法論となり得るものである．特に，最近では，各家庭にインターネットが普及することで，日常系そのものが情報の入出力システムとなりつつある．このことは，事故・怪我の収集の場を，一般家庭に広げることで，迅速に膨大なデータを収集し，かつ，その場で乳幼児の保護者に有用な情報を提供できる新しいデータベース構築法が可能になりつつあることを示している．図 2.2.7 に示すよう

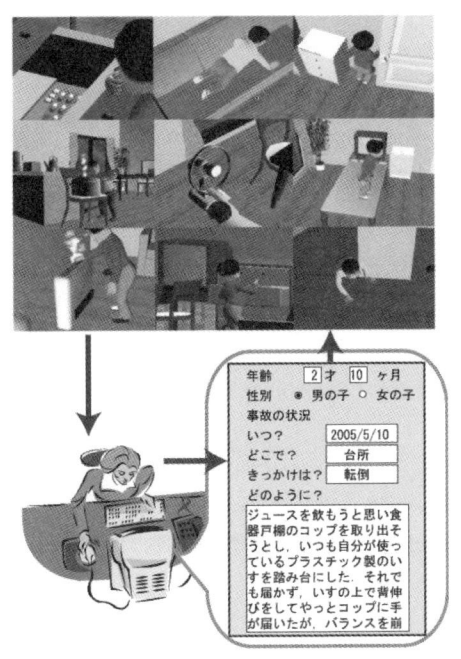

図 2.2.7　事故予防支援ウェブコンテンツサービス

に，たとえば，乳幼児の保護者が育児情報をウェブ上でみる際に，自分の子どもの月齢や，その子どもが起こした怪我や事故を入力することで，すぐさま，その場で，それまでに蓄積されている子どもの属性や事故事例を参照し，その子どもが近い将来起こしやすい事故を推定し，事故をグラフィカルに提示する機能を有するデータベースである．入力された子どもの属性や怪我や事故の情報は蓄積され，推定精度を高めながら持続的に発展し続けるデータベースである．筆者らは，株式会社ベネッセコーポレーションの協力を得て，2005 年 12 月からウェブ上で，こうした試みの第一歩となる事故予知支援のためのサービスを開始した．2008 年 10 月までに，6,829 人の来訪者があり，5 万 611 件の動画を配信した．

このサービス提供時に取得される保護者の子どもに関する情報を集計して得られたデータの例を図 2.2.8 に示す．これは，子どもの月齢と可能な行動の関係を示したものであり，Denver II と同様のものがウェブセンサを用いても，導出可能であることを示している．Denver II（デンバー発達判定法）とは，子どもの月齢と可能な行動に関する統計データであり，子どもの発達の異常を早期に発見す

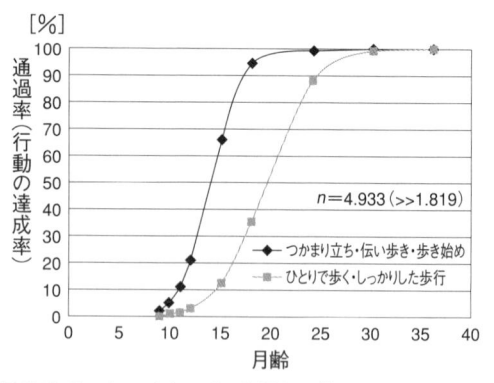

図2.2.8　ウェブサービスを通じて得られたデータの例

るための1次スクリーニングとして国際的に使用されているもので，わが国でも標準化され，臨床現場で広く使用されている[11]．Denver II は，1,819人の子どものデータから作成された統計データであったが，今回のウェブコンテンツサービスでは102日間の運用で，その数を上回り，現在も毎日増加し続けている．これらのデータは，さらに保護者の事故に対する認知をモデリングするための基礎データとして利用可能であり，認知構造モデリングに基づくサービスの設計と提供をくり返す，個人に適合し続けられる知識循環型のコンテンツやサービスが生成可能となる[12]．上述したインターネットを用いたサービス一体型のセンシング技術は，インターネットが，実社会で生活している人間の行動や活動を記述するセンサとして，きわめて大きな可能性を秘めていることを示している．

参考文献

2.1節

[1] S. K. Card, T. P. Moran, and A. Newell, *Psychology of Human-Computer Interaction*, Laurence Erlbaum, Associates, Inc. (1983).
[2] 日本認知科学会編集，『認知科学事典』，共立出版 (2002)．
[3] 北島宗雄，熊田孝恒，小木　元，赤松幹之，田平博嗣，山崎　博，「高齢者を対象とした駅の案

内表示のユーザビリティ調査——認知機能低下と駅内移動行動の関係の分析」,『人間工学』, **44**(3), (2008), 131-143.
[4] 箕輪要佑, 稲垣和芳, 梶川忠彦, 北島宗雄, 赤松幹之, 北崎智之, 黒田浩一, 丸山泰永,「ドライバーにとって気の利いた情報とは——実走行時の運転者と同乗者の自然対話の調査分析」, シンポジウム「モバイル 08」(2008), 21-26.
[5] 丸山泰永, 黒田浩一, 加藤和人, 北崎智之, 箕輪要佑, 稲垣和芳, 梶川忠彦, 北島宗雄, 赤松幹之,「ドライバにとって有益な情報の要因に関する一考察」,『自動車技術会 2008 年秋季大会』, No. 146-08(2008), 5-10.

2.2 節

[1] デビッド・マー／乾 敏郎, 安藤広志訳,『ビジョン——視覚の計算理論と脳内表現』, 産業図書 (1987). 原著：D. Marr, *Vision: A Computational Investigation into the Human Representation and Processing of Visual Information*, W. H. Freeman & Co. (1982).
[2] 西田佳史, 本村陽一,「日常生活支援のためのロボタイゼーション」,『日本ロボット学会誌』, **26**(7), (2008), 736-737.
[3] 科学技術振興機構研究開発戦略センター,「知識を生産・活用するための科学構築への挑戦——知識基盤社会を支える知識生産・活用システムの実現を目指して」(2008).
[4] 北川敏男,『統計学の認識』, 白揚社 (1948).
[5] T. Hori and Y. Nishida, "An Ultrasonic 3D Tag System for Evidence-based Nursing Care Support," *Journal of Robotics and Mechatronics*, **19**(6), (2007), 667-675.
[6] 川上悟郎, 西田佳史, 本村陽一, 溝口 博,「ロケーション筋電位センサを用いた行動の時空間展開に基づく日常生活行動モデリング」,『日本知能情報ファジィ学会誌』, **20**(2), (2008), 190-200.
[7] 坪井利樹, 西田佳史, 持丸正明, 河内まき子, 山中龍宏, 溝口 博,「身体地図情報システム」,『日本知能情報ファジィ学会誌』, **20**(2), (2008), 155-163.
[8] 世界保健機構／産総研 山中龍宏訳,『乳幼児と青少年の事故による傷害の予防——WHO 行動計画』, ネイチャーインタフェイス (2006). 原著：WHO, *Child and Adolescent Injury Prevention ——A WHO Plan of Action* (2006). http://www.cipec.jp からダウンロード可能.
[9] 田中哲郎,『新 子どもの事故防止マニュアル』, 診断と治療社 (2003).
[10] 世界保健機構／産総研 山中龍宏訳,『乳幼児・青少年の事故による傷害の予防——全世界的行動キャンペーン』, ネイチャーインタフェイス (2006). 原著：WHO, *Child and Adolescent Injury Prevention——A Global Call To Action* (2005). http://www.cipec.jp からダウンロード可能.
[11] (社)日本小児保健協会,『DENVER II——デンバー発達判定法』, 日本小児医事出版社 (2002).
[12] 西田佳史, 本村陽一, 山中龍宏,「乳幼児事故予防のための日常行動モデリング」,『情報処理』, **46**(12), (2005), 1373-1381.

第3章
大規模データの「分析」技術

> センサネットワーク化しはじめたサービス現場において，実データ主導による客観的な事実に基づいた科学的意思決定はどのようにすれば可能となるのか？ 本章では，日常生活現場で得られた大規模データを解析し，それをもとに「説明モデル」をどう作成すればよいのかを解説する．さらに，計算モデルの構築と活用技術について説明する．

3.1 大規模データからの計算モデルの構築

　サービスの特性はサービス提供と受容が同時に行われ，その品質はサービス受容者や状況に依存し，保存できないという同時性，異質性，消滅性による．このことが科学的・工学的アプローチによって生産性や品質を向上しようとする試みを困難にしているといえる．特に需要の変動は大きく，提供されたサービスの評価や規準は受容者個人と状況に依存しており，標準化したサービス提供プロセスの確立は非常に困難である．特に昨今の個人のライフスタイルや価値観の多様化により生活者起点の発想[1]が重要となりこの傾向はますます拡大している．したがってKey Performance Indicator（KPI：重要業績評価指標）をサービス提供側である企業の売り上げなどに設定しても，製造業とは違ってサービス業の特性から受容者や状況の不確実性が入り込むために，KPIを直接向上することは困難である．実際，消費者中心の発想でサービス設計と実践を

行う企業が実績を伸ばしていることは周知の事実であり，また従業員満足度とサービス品質の向上を通じて顧客満足度を高めることが，企業利益を増大することにつながるという，サービス・プロフィット・チェイン[2]という概念もよく知られている．

　しかし，サービス提供と受容の現場である顧客接点における属人的な努力への依存度が非常に高いものになっていることがサービス産業全体としての生産性向上への足かせになっている．属人的なパフォーマンスへ依存している限り，サービス品質と生産性の向上には限界がある．小規模である組織では非常に評判のよかったサービスであっても，その成功のうちに規模を拡大したときに品質の低下が起こるのはまさにこの限界のためである．成長性の限界だけではなく，追従性の問題もある．ある時点で消費者に支持されたサービスであったとしても，消費者の価値観や状況の変化によって見直しを余儀なくされる．

大規模データの計算モデル構築

　最近の情報技術の進展によって，大規模データから計算モデルを構築し，これを状況に依存する人間行動の予測などに活用することができる[3]．こうした情報技術を用いることによって，サービス受容者の価値評価構造を，実サービスの中で得られるデータからの機械学習によってリアルタイムにモデル化し，それに基づいて動的に最適なサービスを適用できる可能性が生まれた．つまりKPIをサービス提供者側の論理で一方的に導入するのではなく，サービス受容者側における顧客満足度の評価関数として計算し，それを制御するサービス提供プロセスの最適化を実行することが期待できる．これは大規模データとITを活用することでサービス・プロフィット・チェインを工学的に確立し，消費者中心パラダイムでの問題解決を実践することが広く可能になることを意味する．

　これまでにも消費者をモデル化しようという試みは古くから盛んに行われてきた[4]．歴史的には刺激−反応モデル（S–Rモデル）から情報処理モデルへの流れがあった．しかしながら，決定論的枠組みによる情報処理モデルでは，不確実性を含む人間のモデル化には限界があった．そのため，不確実性をもつ対象を近似的，非決定的に記述できる計算モデルの登場を待たなければならなかったのである．こうした不確実性に対する枠組みとして統計手法があるが，そ

の多くは線形性と正規性が強く要請され，複雑な現象をとらえることが困難であった．

　一方で近年の情報システムとデータベースの普及によりサービスの現場で収集される大規模なデータが活用できる機会が生まれている．この大規模データを活用し，非線形で複雑な計算モデルを構築し，それを活用することによってサービス産業の生産性を向上する取り組みを筆者らは開始している．本章では，大規模データから計算モデルを構築・活用する技術としての機械学習とデータ同化手法を紹介し，その具体事例としてベイジアンネットワーク[5]を用いた人間行動モデリングの例を紹介する．

大規模データ統計処理技術

　サービス工学においては，日常的に蓄えられた大量データからいかにして有益な知見を抽出するかが重要である．実サービスの現場では，ユビキタスセンサやセンサネットワークの発展により，POS（Point of Sales）データ，ウェブログデータ，インターネット調査データ，各種ポイントカードデータなどの人びとの日常生活から発生する大量のデータが観測可能となってきている．POSシステムを採用しているスーパーマーケットなどの小売店では，店舗営業終了後にID付きPOSデータなどとともに数十ギガバイトにも及ぶ1日間のすべての販売記録がデータセンターへと送られる．また，ウェブログデータも，ウェブページ閲覧者の行動分析により顧客の行動を理解し，マーケティングへつなげるための有力な材料として多くの企業に注目されている．そのため，データの収集は常時行われており，分析対象のデータは大量となる．

　このような大量なデータの統計処理技術として，従来のマーケティング・リサーチなどでは主成分分析や因子分析などの古典的な線形解析手法が用いられてきた．これらの手法は，多くの変数によって記述されるデータの情報損失をできるだけ小さく抑えたまま少数の変数で説明することを目的としている．それにより，変数の次元の圧縮，データの可読性の向上，代表的な特徴の抽出などが期待できる．それらの目的に合致したサービス工学における主成分分析の適用例として，生活パターンに基づいて生活行動の観測と異常検知の研究がある[6]（コラム10参照）．

■コラム10

普段度を用いた日常生活理解

　住宅はくつろぎの場であり，その中での生活は人それぞれによって異なる．そのため，それぞれの生活スタイルによって生活異変や生活サービスが必要な場面は異なり，適宜必要なサービスを提供するためには普段の生活を理解しておく必要がある．

　そこで，ある家庭において居間，寝室，トイレなどの各室に設置した人感センサと主要家電の使用電力量を用いて，住宅内の生活行動をシームレスに9カ月間の長期にわたり観測した．そのパターンは，おおむね24時間の周期性を示し，それらを主成分分析で決定される次元の主成分空間でクラスタ分類することにより，生活状態を表すクラスタを得ることができる．このクラスタ時系列パターンの類似性を評価することにより，現在の生活状態の「普段度」（普段の状態との類似度）を測ることができる．たとえば，図3.1.1のように，夜更かし，長時間外出，子どもが病気で休んだ日，心理的に不安定な日（心理テスト（POMS）のスコアの悪い日）などの普段と異なる生活状態が現れた場面では普段度が小さな値となり，生活異変の場面を自動的に判別できるようになった．

　4人家族の9カ月間のデータに普段度評価を適用してみると，75回の生活異変が自動検知された．家族が記述して残した申告内容と比較すると，そのうちの19-54回が意味のある生活異変と判断された．また，家族の申告には健康状態の不調が31日あったが，そのうちの11日は普段度の値から判別できた．

　普段度の計算には，部屋の間取り，家族構成員数，センサの種類，センサ位置の情報が必須ではない．人に反応するセンサを住宅内に散りばめておくだけで，1カ月程度のセンサ情報の蓄積から普段度を計算できるようになる．季節による部

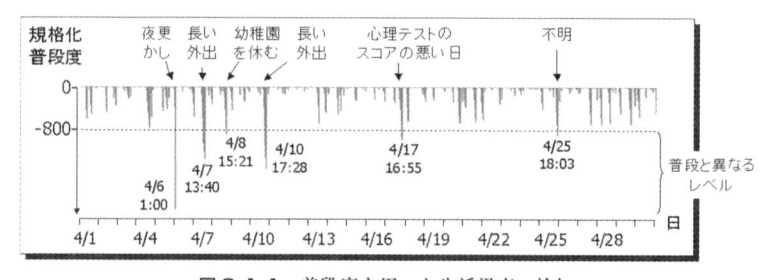

図3.1.1　普段度を用いた生活異変の検知

> 屋のレイアウト変更などに伴ってユーザがセンサ位置などをシステムに再入力する煩わしさを省くことができる．
> 　本技術は独居高齢者などを対象とし，生活異変が検知された時点で，生活者に電話などで確認することにより，より正確なサービスの提供を行うことができる．また，これらのセンサの機能は，将来は情報家電の普及により，情報家電側の機能として組み込まれることが期待できる．その場合は，ユーザが新たなセンサを購入して設置する必要はなく，日常生活に必要な家電機器を揃えるだけで，本技術による生活サービスを受けることが可能となる（詳細は文献[6]を参照）．

　しかし一方，パーソナライゼーションや状況に依存するサービス提供を目的とした解析に古典的な統計手法を適用することには限界がある．従来の統計手法のほとんどは線形理論に基づくものであり線形独立を仮定することから自明であるように，複雑な交絡因子（交互作用）の存在，非線形性の問題などに対処することが困難である．実サービス現場から観測されるデータにはサービス受容者の心理的，行動学的な要素を含むことから非線形的であり，先に述べたサービスの特性から状況にも依存するため交互作用を含むものになる．さらにデータ数が大量であるということから多くの企業は現在，データ収集におけるシステムインフラの開発や維持のみにコストを費やし，集めたデータの分析・活用という点では十分な費用対効果が得られていないのが現状である．

　そこでサービス工学における大規模データを取り扱う枠組みとしては，機械学習手法[7]やデータ同化手法[8]の適用が必要となる．

　機械学習とは大量のデータを与えて計算機が学習することで計算機のパフォーマンスを向上させる手法・理論・研究分野の名称である．具体的には，パラメータをもった比較的複雑な計算モデルを考え，この計算モデルが望ましい出力を生成できるように入力と出力を組としたデータを正解として与え，最適なパラメータをみつけるようなアルゴリズムを実行する．たとえば，文字パターンと正解ラベルの事例を与えて文字認識を行う識別器，行動履歴やアンケートから，ある状況下でのユーザの認知的反応や行動を予測する数理モデルを自動的に構築することができる．パラメータの推定は必然的に統計的推論とも関連

しているが，正規分布などの単純な統計モデルではなく，サポートベクターマシンやベイジアンネットワークなど，非線形で交互作用を含む比較的複雑な計算モデルについて考え，そのために逐次的な学習アルゴリズムを考えることが機械学習の特徴といえる．

　一方，データ同化手法とは事前に与えたシミュレーションモデルと観測データを融合することにより，モデル中に現れる実際に観測できない潜在変数の推定を行うことで，シミュレーションモデルを漸次的に改善していくものである．サービス工学においても潜在変数を推定する意義は非常に大きい．サービス工学は人間自体や日常生活を対象とする場面が多くなり，その本質は人間行動のモデリングに現れる．そこでは，人間がもつあいまいさ，各人の個性，行動前後の心理的状況の変化などの直接観測できない潜在変数をモデル内に取り込むことにより，より現実に即したモデルの構築が実現可能となる．しかしながら，それらの質や量を日常的・恒常的に観測データとして得ることは困難である．そこでは人間行動モデルをシミュレーションモデルとしてデータ同化手法を適用することで，それらの潜在変数を推定する枠組みを提供できる．機械学習とデータ同化のいずれにおいても，その枠組みの中でどのようなモデルを用いるか，ということが非常に重要となる．サービス工学においては，サービス提供そのもののプロセスについては問題設定の中で決定的に記述することが容易であるが，サービス受容者やサービス提供時における状況の中に不確実性が入り込む．したがって，状況に依存するサービス受容者の行動モデリングが重要な鍵となる．

　購買サービス受容者の行動モデリングとして，従来のマーケティング・リサーチや社会心理学では数多くの消費者行動モデルが提唱されている．それらは消費者の多様な状態を考慮した購買の意思決定のメカニズムについて焦点があてられている．これらのモデルは消費者の背後にある心理状態などの潜在的な要因までも陽に取り扱っているため，従来では計算論の枠組みに乗せることが困難であった．しかし，機械学習，データ同化などの非決定論的な計算モデル構築技術と，日常生活やサービス現場から得られる大規模データが利用できるようになった現在では，計算論的モデルとしてより現実的，かつ精緻な議論が可能になってきている．また，サービスの利用価値は生産と消費という二元論

にとどまらない幅広く，多様なものである．そのため，サービス受容者を購買行動だけに特化した消費者モデルとしてとらえるのではなく，多様な社会的環境の中で主体的に行動する生活者としてのより豊かな人間行動モデルを計算論的に構築することがサービス工学において重要である．それにより勘と経験に基づくサービス現場で生じている様相を，客観的に観測できる大規模データから再利用可能な知識モデルとして構築し，計算機能力により活用し，持続可能なサービスの品質と効率の向上を実現する．

大規模データからの人間行動モデリング

　大規模データから人間行動をモデル化する研究は計算機システムにおけるユーザモデリングとして歴史的に進められてきた．まず計算機で何らかのタスクを実行する場合に，計算機の中ではそのタスクがモデル化され，計算操作の対象になっているとみなせる．つまりプログラムは対象とするタスクのモデルと計算操作をプログラム言語によってコード化したものと理解できる．次にどのユーザに対してもまったく同じように動作するのではなく，ユーザによって動作を変えるようなことを考えると，計算機の中では，タスクのモデルとユーザのモデルの二つを実装することが必要になる．実際，システムをユーザが利用する場面において，システムの動作を事前に規定しておくことは非常に難しい問題である．システムが提供できる機能はシステム設計者があらかじめデザインすべきであるが，システムのユーザが何を要求していて，提供された情報やサービスについてどのように受け止めたのか，システムの動作は正しかったのか，ユーザの期待とは違ったものであったのか，などはシステムの実行時や実行した後でないとわからないものである．したがって，目の前にいるユーザの期待や要求通りにシステムを動作させるためには，ユーザの反応を実行時に予測した上で，さらにその反応や評価を最適化するような動作を選択して動作できるように，ユーザのモデルを動的に構築できる枠組みが重要になる．このユーザのモデルをここではユーザモデル（user model）と呼ぶ．情報システムとユーザが対話的に処理を進めるということは，その情報システムは部分であって，動作主体としてのシステムとしては，情報システムとそのユーザ，さらにそれらを取り巻く環境や状況まで含めて考えなければならない．その上で制御

対象としてのシステム全体をみると人間の行動や反応もその制御対象，計算対象の一部として考えなければならない．そこでユーザとなる人間がある状況下ではどのように行動し，また結果についてどのように反応するのか，などについてシステム内で計算可能なモデルとして明示的に記述し，取り扱うことが必要となる．

　古典的な認知科学の枠組みではこのような人間の認知機能のモデルはニューエルの物理記号系仮説によりプログラムとして表すものとされてきた．しかし，機械学習の発展により機械（プログラム）がデータにより学習する，つまりモデルはデータによって構築され，逐次的に修正されるというアプローチが可能となった．古典的な記号的アプローチでは，対象が複雑になるとモデルを作り，扱うこと自体が記述量，計算量の点で困難になるという問題がある．一方，機械学習アプローチの場合，対象を粗く近似するものとして統計データからモデルを構築し，取り扱うことが可能になる．また記号的アプローチにおいても人手で与えた仮説としてのモデルであっても，その妥当性を問うためには本来統計データによる検定を受ける必要がある．機械学習におけるモデル構築はこの統計的検定を情報量規準による自動的なモデル選択として実行することである．すなわち，統計的に有意なモデルという意味では計算機により広範な探索空間の中から最適なモデルを求めるためには機械学習アプローチによる他ない．この機械学習アプローチを実現するためには大量データが必要であったが，近年のインターネットやセンサ技術の普及により，膨大なユーザの操作履歴を獲得できるようになり，計算機速度の向上やデータベースの普及に伴い十分な量のデータを収集することが可能になった．

　さらに，先にも述べたように，現在のサービス現場ではID付きPOSデータ，クレジットカード，ID付き電子マネーなどのIDによってひも付けられた日常生活の行動履歴を大量データとして集積することも盛んに行われている．そこで求められるものは，従来の統計解析や記号的アプローチのようにデータから多数派の傾向を明らかにすることではなく，個人の嗜好や状況に合わせたサービスの提供を可能とする枠組みである．そこでは，個人の特性・状況のみを考えるのではなく，層別化された個人が属する集団や地域の特性・状況，さらには時代効果などの階層化されたモデリングが必要となる．このような個人を対

象とした人間行動のモデリングには次節で述べるベイジアンネットワークなどのベイジアンアプローチとの親和性が高い.

3.2 計算モデルの活用技術

ベイジアンアプローチとベイジアンネットワーク

　人間の行動モデリングを古典的な情報処理の枠組みで取り扱う上での大きな困難は，不確実性の存在と，データ量の爆発的拡大である．この不確実性や大量のデータを取り扱うための便利な枠組みとして確率モデルや統計的計算がある．インターネットやユビキタス情報処理の実現により，従来の決定論的アプローチでは記述量，計算量の点で限界を迎え，扱う対象自体を本質的に確率的，統計的なものとして考えざるを得ない[9]．情報システムの適用領域が拡大し，対象とするユーザが多様になるにつれて，何が起こるか予期できない実環境でも頑健に動作することや，広範なユーザの意図や要望を汲み取って柔軟に対応することも要求される．つまりノイズや不確定な要因を含む不完全な観測情報や，表層的な信号の背後に隠れた観測できない情報を取り扱うことが重要になってきている.

　そこで確率モデルを使って対象をモデル化することで，知りたい変数の確率分布を推定し，起こり得る各状態の確率（確信度）を評価する確率的枠組みが期待されている．不確実な対象をすべて確率変数として，ともかくドメイン（問題領域）を明示化し，その確率変数を確率分布として推定するアプローチがベイジアンアプローチである．古典的なベイジアンアプローチではこの未知（unknown）の確率分布を主観的な事前分布として扱うことが非ベイジアンの統計学者から批判を浴びていたが，最近では大量データが取り扱い可能になったことで，この確率分布を大量の統計データから経験的に構成することが可能になり，多くの不確実性をもつドメインにおける実用的な方法として有望視されている.

　まず，完全に観測できない事象を扱う確率的な枠組みについて考えてみる．実世界には将来の天気や雑音混じりの信号，ユーザの意図のように確定値を得ることが難しい不確実な情報が多く存在し，情報技術の拡大とともにこれらを

取り扱う必要性が増してきている．これらを体系的に取り扱うために確率的な枠組みを導入する．複雑な要因やノイズの影響などによって不確定さを含む対象を確率変数としてXで表し，その変数がとり得る具体値を$x_1, x_2, ..., x_n$と表すことにする．

次に変数間の依存関係を考える．たとえば変数X_iがxという値をとるならば，X_jはyとなる，という関係が成立しているとき，X_jがX_iに依存していると考える（if $X_i = x$ then $X_j = y$）．現実に起きている複雑な事象を考えると，複数の変数間の依存関係は複雑になり，「if $X_1 = x_1, ..., X_i = x_i, ...,$ then $X_j = y$」のように明示的にすべての関係を列挙することはあまり現実的ではない．また，たとえこのようなif-thenルールを膨大にあげたとしても実際には例外などがあり，必ずしも完全に状況を記述することは難しいだろう．そこで厳密な表現をあきらめ，主要な変数のみに注目し，ルールが成立する確信の度合いを定量的に表すために「$X_i = x_i$であるとき$X_j = y$である確率は$P(X_j = y | X_i = x_i)$」という確率的な表現を導入する．二つの量x, yの間の一意的な依存関係は，たとえば関数$y = f(x)$によって表せるが，これと同様に，確率変数X_i, X_jの依存関係は条件付き確率分布$P(X_j | X_i)$によって表すことができる．これはX_iのとる値に応じて，X_jの分布が影響を受け，その依存関係の定量的関係が条件付き確率分布$P(X_j | X_i)$で定められることを示している．

さらに複数の確率変数の間の定性的な依存関係をグラフ構造によって表し，個々の変数の間の定量的な関係を先の条件付き確率で表したモデルがベイジアンネットワークである．ベイジアンネットワークは数学的には確率変数をノードで表し，これらを有向リンクで結合して依存関係を表現した確率分布として定義される．有向リンクの元にあるノードを親ノード，有向リンクの先にあるノードを子ノードと呼ぶ．有向リンクは親から子の向きに条件付きの依存関係があることを示し，子ノードXにリンクを張る親ノード（集合）をUとすると，この子ノードの確率変数は条件付き確率分布$P(X | U)$にしたがう．確率変数がk通りの状態をもつ確率変数の場合，子ノードは$X = x_1, ..., x_k$のそれぞれの値をとる可能性があるものと考え，それぞれの値をとる確率が$P(x_1), ..., P(x_k)$であれば，これによりXの確率分布を与えることができる．離散的な確率変数ならば親ノード（集合）についてもとる値のすべての組み合わせを列挙

することができるので，Xについての確率分布が親ノードUに依存していれば，その条件付き確率分布を考えて，すべてのUのとり得る値の組み合わせについての確率値$P(x_1|U), ..., P(x_k|U)$を並べた表，条件付き確率表（CPT：Conditional Probability Table）としてこれを定義することができる．次に変数間の依存関係，つまり各子ノードについてどの親ノードが結合しているかという親ノードの集合を定義するとベイジアンネットワークのグラフ構造が決定する．ベイジアンネットワークのモデルは，ノード集合とグラフ構造と，各子ノードにそれぞれ一つ割り当てる条件付き確率表の集合によって完全に定義される（図3.2.1）．不確実性の高いベイジアンアプローチを計算機上で駆動するのに，計算量，記憶容量の意味で効率のよい確率モデルになっている．

このベイジアンネットワークのある一つの子ノードに注目した依存関係，つまり一つの目的変数（従属変数：Y）と，それに対する説明変数（独立変数：X）の間の依存関係について着目すると，統計分野における回帰モデルなどの多変量解析，共分散構造分析，人工知能分野における決定木，ニューラルネットワークと比較することができる（図3.2.2）．

古典的な多変量解析手法では，相関や主成分分析，因子分析のように変数間の線形の共変関係に基づいてモデル化が行われることが多い．ニューラルネットワークの統計的学習は非線形な関数（または写像）によるモデル化である．

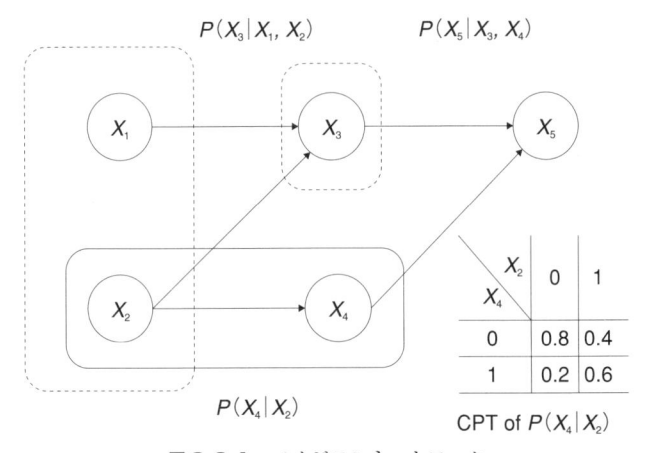

図3.2.1　ベイジアンネットワーク

3.2　計算モデルの活用技術

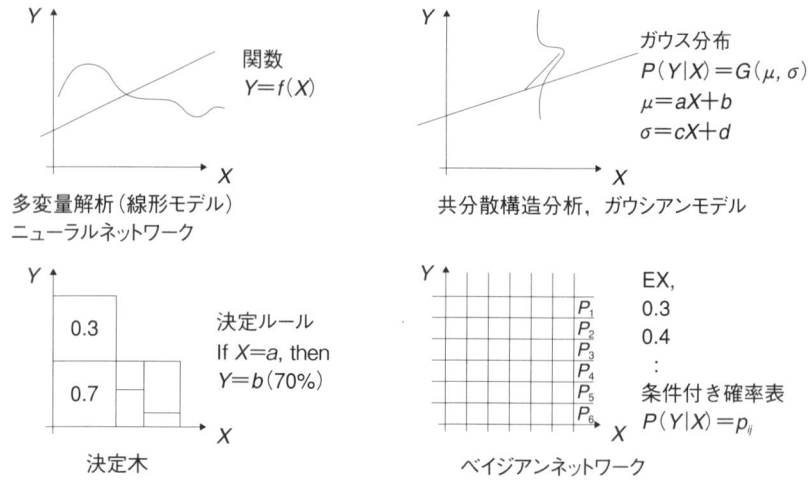

図3.2.2　ベイジアンネットワークと他のモデルとの比較（2変数間の共変関係）

　グラフィカルモデリングの一種である共分散構造分析はガウス分布を仮定し，従属変数に関する平均，分散パラメータを独立変数（の線形関数）によって決定する枠組みである．これに対してベイジアンネットワークは X-Y 空間を条件付き確率表にしたがって量子化し，個々の確率値を割り当てたものになる．決定木は子ノードが一つだけのベイジアンネットワークと数理的には等価である．またベイジアンネットワークの学習においても探索順序と情報量規準を同じものにすれば，決定木の探索アルゴリズムと同等の結果を与える．

ベイジアンネットワークによるサービス受容者モデリングの事例

　ベイジアンネットワークを用いた計算には次の二つがある．一つは観測した変数群から未観測の対象の確率分布を計算する確率推論であり，もう一つはそのためのモデルを統計データから計算機が構築する統計的学習である．この両者が組み合わさることで，1) まず実環境で得られるデータから計算モデルを自動的に構築し，2) さらにこれを利用し予測や推論，最適な制御を行うシステムが実現できる．さらにこのシステムをくり返し用いることで，動作結果と新たに得られるフィードバックをあわせて集積しモデルをさらに洗練させて，システムの動作を改善する，という一連の手続きのループが実現できる．

このベイジアンネットワークを使ったユーザモデリングの古典的な応用事例としては，マイクロソフトのオフィスアシスタントがある[10]．Amazonのリコメンデーションで用いられている協調フィルタリングや線形理論とは異なり，交互作用がモデル化できることから，個人の嗜好性に加えて状況依存性も考慮することができることがベイジアンネットワークのメリットである．しかし，データからの統計的学習，詳しく言えば情報量規準によるモデル選択だけでは因果的に意味のある構造を有限時間で決定することは困難である．そこで，認知・評価構として適切な構造を求めるためにパーソナルコンストラクト理論を援用する方法が開発された[3]．この方法を用いた個人と状況に適応するユーザモデリングの応用システムとして携帯電話・カーナビにおける情報推奨システム[5,11]を筆者らは実現している（コラム11, 12参照）．

日常生活モデリング

これまでは特定のタスクに対するユーザのモデル化の例をみてきたが，情報機器が小型化し日常のさまざまな場面に浸透することで，日常生活の中における人間の行動や目的自体を自然にモデル化する枠組みが重要になる．以降では日常生活におけるヒューマンモデリングの研究事例とそのための枠組みを紹介する．

(1) 日常生活における人間行動予測

行動のプロセスは古典的人工知能研究において，手段目的分析（means-ends chain analysis）として考えられている．これは現在の状態とゴールとなる状態の差を求め，その差をもっとも効果的に減らすように行動を選択する，というものである．しかし，タスクとなる問題の状態空間が陽に定義できる場合には一般問題解決器（GPS：General Problem Solver）として実行可能であるものの，われわれの日常生活における有意識・無意識の行動や，タスクを状態空間として陽に記述すること自体が困難であるという大問題がある．つまり，われわれの日常生活における状態空間をどのように定義すればよいかが一つの重要課題といえる．

行動がセンサや画像によってシステムが観測するものとして問題を考えると，

■コラム 11

カーナビによるユーザ・状況適応型情報推奨

　車を運転している途中で，どこかに立ち寄りたくなることがある．たとえばある目的でドライブ中に，食事のためレストランに立ち寄ることを考える．これまでのカーナビではカテゴリを指定し，該当する全レストランが距離の近い順にリストアップされる．ユーザはリストの中から適切なレストランをみつけなければならないが，詳細な情報はタッチスイッチやリモコンを操作しないと確認できないためドライバーにとって望ましいレストランをみつけることは容易ではない．

　そこでカーナビシステムがドライバーの嗜好性を表すベイジアンネットワークを利用し，これを使った確率推論によって，システムが運転中のドライバーにかわって自動的に適切な立ち寄り先を選定することが実現できれば非常に実用的な機能となる．人の嗜好は個人性が大きく，また運転中の状況にも強く依存している．運転中には刻々と変化する状況の中で，その時々での最適な選択が必要である．

　こうした状況依存性や個人差を表すために，変数間の複雑な依存関係と不確実性をモデル化できるベイジアンネットワークが有効に適用できる．そこで筆者らはユーザに適応してコンテンツを推薦するカーナビシステムの試作を行い評価した．このシステムは，ユーザの嗜好モデルをベイジアンネットワークとして車載情報システム内にもち，レストランや音楽などコンテンツプロバイダより提供されるコンテンツがそのときの状況，ユーザにどれだけ適切であるかを示すスコアを状況とユーザ属性を与えたときの条件付き確率として計算し，このスコアの高い順に上位のコンテンツに限って提示するものである．

　実際に品川周辺の 182 のレストランに対し，六つの状況（シナリオ）の場合にいきたい店を選択させる質問を 300 名の被検者に対してアンケート実施し，収集したデータからモデルを構築して試作システムを開発した．この試作システムと従来のカーナビと比較し，ベイジアンネットワークによるユーザモデリングの有効性が確認された（詳細は文献 [6] を参照）．

■コラム 12

携帯電話によるユーザ・状況適応型情報推奨

　筆者らと KDDI 研究所のグループによる，次世代の携帯電話サービスのためにベイジアンネットワークを用いたユーザモデリングの研究[3,11]を紹介する．

　まず，約 1,600 名の被験者に対して映画コンテンツを提示するアンケート調査によりユーザ属性，コンテンツ属性，コンテンツ評価履歴を取得した．年齢・性別・職業などのデモグラフィック属性の他にライフスタイルなどに関する質問項目，さらに映画視聴に関する態度属性として鑑賞頻度，映画選択時の重視項目，映画をみる主要目的（感動したいなど 7 項目），コンテンツに対する評価｛良い・悪い｝，その時の気分（感動したなど 7 項目）などを収集した．さらに約 1,000 人について別途，各映画コンテンツについて，どんな気持ちや状況で，どこで（映画館，家で DVD），誰と何人で，どんなときに，鑑賞するか，を自由記述文により収集した．このデータを筆者が開発したベイジアンネットワーク構築ソフトウェア BayoNet[12,13]に入力し，自動的にベイジアンネットワークモデルを構築した．

　こうして構築したベイジアンネットワークにより状況とユーザの嗜好性に応じて映画を推薦する携帯情報サービスシステムのプロトタイプを開発した．ユーザ

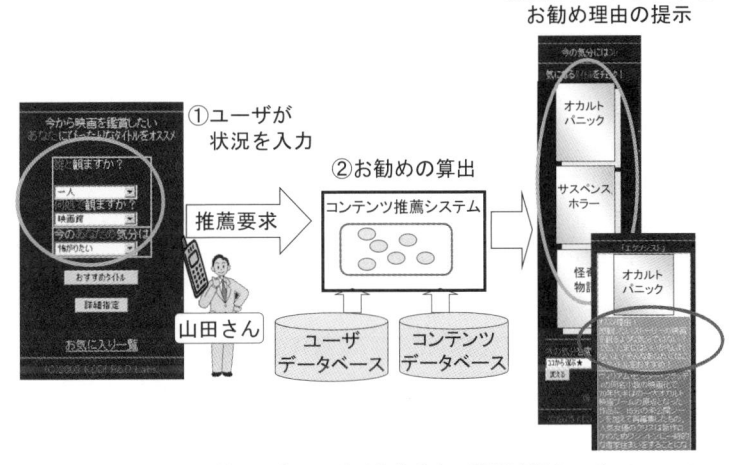

図 3.2.3　ユーザと状況に応じて映画を推奨する携帯情報サービスシステム

> が携帯電話からサービスへの要求を状況に関する情報とともに送ると，システムはデータベースから登録済みのユーザ属性情報と状況情報を使って確率推論を実行する．その結果選択される確率が高いと判断されたコンテンツを上位から推薦する（図3.2.3）．

　これは一種のパターン識別の問題として定式化することもできる．実世界の日常において生成されるデータは人間の生活行動や生活環境を背景にしているのであるから，データが発生する状態空間や頻度の偏りなどの性質は当然人間にとって解釈される意味が強く反映したものになっている．このようなデータが生成される空間に特有な制約や発生頻度の偏りを事前知識と呼ぶことにする．たとえば単語や文字が生成される確率は言語としてわれわれがよく使うものほど大きくなる．このような，データが生成される空間に特有な制約や発生頻度の偏りを事前知識と呼ぶことにする．

　こうした実世界の人間の日常生活や行動に起因する事前知識をより積極的に活用することで，日常環境における情報処理を効率的なものにすることができる．この事前知識を数理的に定式化し，システムが明示的に扱うためのより効率的な表現はどのようなものであろうか．状態空間は変数として明示化し，その中の制約条件は扱う変数がとり得る値の値域，離散値であれば集合として定義できる．また発生頻度の偏りは確率分布として扱うことが自然である．物理法則のようにその世界で成り立っている因果構造をすべて列挙することは記述量の点で困難であるが，その中の重要なものを条件付き確率として表現することは近似的に有効な手段である．ここでのモデル化もベイズ統計やグラフ構造をもつ確率分布（グラフィカルモデル）によって行うことが便利である[14]．

　パターン識別の問題の確率的な枠組みとしてベイズ推定がある．データへの当てはまり具合は尤度で表し，事前知識は事前確率分布によって表される．そしてこの両者の積である事後確率によって最終的な決定を行うことで，データからの学習と事前知識が自然に統合できる．具体的には，複数のクラスラベルを C_i とし，信号パターン x に対する尤度 $P(x|C_i)$ と事前分布 $P(C_i)$ の両者を組み合わせた事後確率，

$$P(C_i|x) = P(x|C_i)P(C_i)/\Sigma_j P(x|C_j)P(C_j) \quad (1)$$

を最大化するクラスラベル C_i を決定することがパターン認識問題におけるベイズ推定であり，またこれを識別器とすると，ベイズ誤り確率を最小にする最適な識別を可能にすることが知られている．

あらかじめ x と，その時刻における行動ラベル C_i とのセットを大量に用意し学習することで識別器を構成する．理想的な学習後の識別器は近似的に式（1）の事後確率を最大にするベイズ識別を行うものとみなせる．しかし，クラスラベルの発生頻度が観測時間や観測場所に依存しているような場合，事前分布 $P(C_i)$ は状況 S に依存したものになっている．そこでこれを条件付き確率 $P(C_i|S)$ として考え，これを式（1）の $P(C_i)$ と置き換えて式（2）の事後確率を最大とするクラスを識別結果とする．

$$P(C_i|x,S) = P(x|C_i)P(C_i|S)/\Sigma_j P(x|C_j)P(C_j|S) \quad (2)$$

式（2）右辺分子の第2項 $P(C_i|S)$ は，ラベル空間における状況 S の下での行動ラベル C_i の事前確率である．ここで，ラベル空間における確率的因果構造を考えることにする．場所や行動の系列の間の因果関係をベイジアンネットワークとして構築すると，たとえば「状況 S で時刻 t に C_i^t という行動が起きたら，次の時刻 $t+1$ に C_i^{t+1} という行動が起きやすい」といった因果構造の形で事前知識を導入し，人が領域 S に入ったときの行動の確率を $P(C_i^{t+1}|C_i^t,S)$ として表しベイジアンネットワークでモデル化することができる[14]．ここではそれを室内における子どもの行動推定に応用する例[15]を紹介する（コラム13参照）．

(2) 実サービスにおける大規模データ収集とモデリング

このように日常生活における情報処理を考える上では，生活空間中における事前知識を活用することが重要であり，この事前知識を大量のデータからモデル化する機械学習アプローチの有効性が期待される．

しかし，実際には統計的学習のために必要な大量のデータを，調査のためだけにとることはコストが大きく難しい．また表層的なデータはセンサなどから獲得できるが，手段目的連鎖の状態空間をモデル化するためには，サブゴール

■コラム13

室内における子どもの行動推定

　部屋の中の人や物体に超音波発信器をつけることで超音波受信器を埋め込んだセンサルーム内の人や物体の各時刻における位置情報をx, y, zの座標データとして取得できる（図3.2.4）．また同時に部屋の天井部分に設置した魚眼カメラにより，部屋の中で人が行動する様子を動画として撮影する．この撮影された部屋の中の人の行動に対する動画像を1秒ごとに人手でラベル付けを行う．たとえば対象となる人が歩いている，座っている，立っているといった行動ラベルが部分的に付与されたデータベースを収集した．このデータを利用して，日常生活行動のモデル化と，それを用いた画像からの行動推定実験を行う．実際にリビングルームを模した実験環境で子どもが遊んでいる際の行動に対してモデル構築と，それを使ったベイズ推定を行った．子どもとその母親が約1時間程度室内で遊んでいる様子を位置センサと天井に設置した魚眼カメラで観測して得られた2,872パターンのデータセットを学習に用いてナイーブベイズとベイジアンネットワークを構築する．これらを用いたベイズ推定によって，別の母子2組の未学習パターンに対しても識別ができるかどうかを確認した．するとベイジアンネットワークを用いないナイーブベイズのみでは30–50%程度であった識別精度を，ベイジアン

日常生活空間を模擬した部屋
4×4×2.7[m]

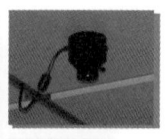

魚眼カメラ

超音波発信器
（3次元タグ）

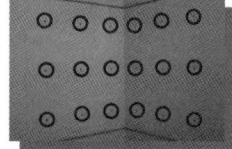

超音波受信器

図3.2.4　日常生活行動計測環境：産業技術総合研究所デジタルヒューマン研究センター内センサルーム

ネットワークにより事前知識を導入したモデルでは65–80%程度に向上できた[15].

も含めた暗黙的な状態を得る必要がある．こうした人間行動の内部的状態は心理的なものであるため，被験者を用いたアンケート調査が必須になる．これも単に研究目的のためでは協力が得られにくいという現実的な問題が生じてくる．またたとえ外部的な要因で観測可能な事象だとしても，実際に使う場面を前提にして状況依存性の高い説明変数を包括的に含めて収集するためには，データを観測する環境が日常的な利用環境と同一である必要がある．つまり大規模データを状況依存性も含めて収集するためには，実験室の中ではなく，実際のサービスが提供されサービスに価値を与える状況に埋め込まれた現場で事例研究を行う必要がある．そして，それを可能にするため，サービス事業者との連携による共同研究体制を確立するとともに，日常の人間の機能，認知や行動などに関する基礎的研究，それを支える観測・分析手法や情報科学，モデル化などの技術開発を同時に並行して行う必要がある．

そこで，こうした問題に対して筆者らは「サービスとしての調査・研究（Research as a Service：RaaS）」を提唱している．これは，人間の行動の手段目的連鎖を明らかにし，状況依存性も含めて包括的にモデル化するためには，調査・モデル化の段階とそのモデルを用いた応用を切り離すことなく，情報サービスを社会の中で実行しながら，そこで得られる観測や評価アンケート，利用者のフィードバック（心理的調査）の結果を網羅的に収集する，という枠組みである[16,17]．

日常生活における人間行動理解の研究を実現するためRaaSを進めるためには，リアルな生活の中でシステムが観測と生活支援サービスを自然に行うことのできる場が必要である．そのために筆者らは生活行動観測施設（man-machine activity gathering and omnipresent monitoring environment house）を構築し，またこの中で超音波センサによるリアルタイム位置計測，生活空間内に存在するモノの情報，属性を記録したデータベース，生活行動を被験者自身が記録・編集するライフログ入力・検索システム，生活中に利用されたモノや情報コンテンツを登録し，状況や行動に合わせて情報サービスを提供するリ

コメンデーションシステムなどの研究を進めている[18].

基盤技術

　本章では，消費者・生活者中心パラダイムでのサービス工学の実現のために，大規模データからの人間行動モデリング技術について，機械学習，データ同化アプローチと，ベイジアンネットワーク技術を用いた人間行動モデル化の事例を紹介した．機械学習によるアプローチでは，いかに適切に大量のデータを取得するかが鍵である．後半では，そのための研究の進め方として価値あるサービスを実現しつつ社会とのインタラクションを研究に持ち込むことの重要性についても述べた．こうした実サービスと密に連携した研究アプローチと研究の結果得られる成果であるサービス・プロセスや受容者のモデルを再利用可能な情報技術として考えている（図3.2.5）．その結果，あるフィールドで得られた成功事例が水平展開可能な形で，サービス産業全体の生産性と顧客満足度の向上にも貢献できるであろう（図3.2.6）．

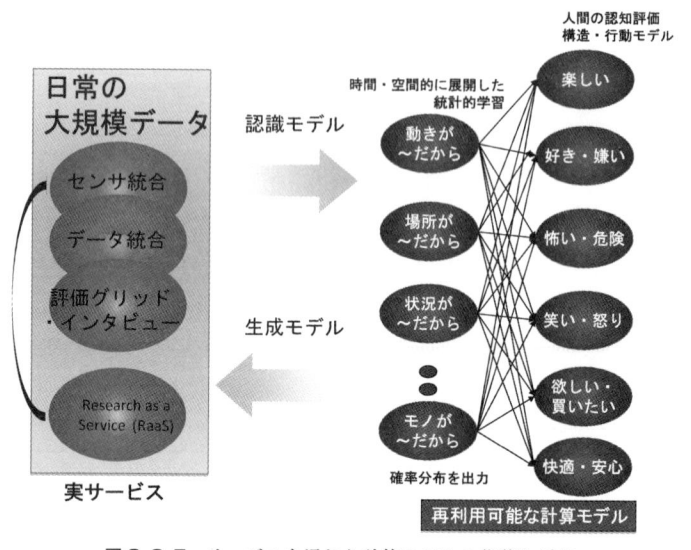

図3.2.5　サービスを通じた計算モデルの集積と活用

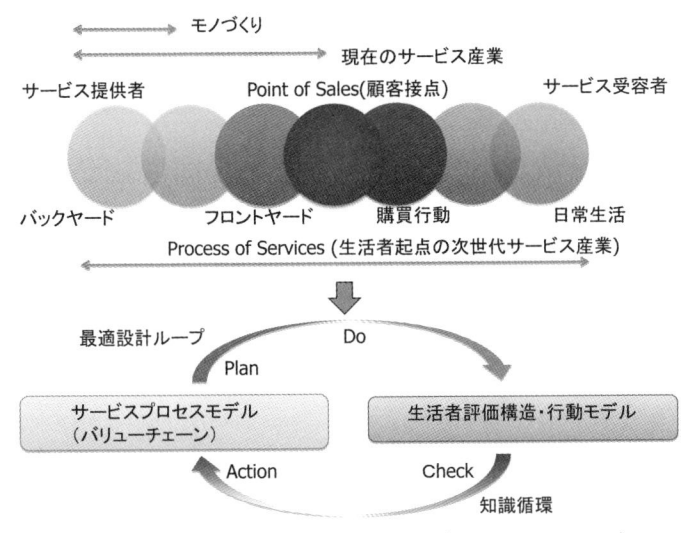

図3.2.6 最適設計ループと次世代POS（Process of Services）

参考文献

[1] 井関利明，室井鐵衛，『生活起点発想とマーケティング革新』，国元書房（1991）．
[2] J. L. Heskett, W. E. Sasser, and L. A. Schlesinger, *The Service Profit Chain*, Free Press (1997).
[3] Y. Motomura and T. Kanade, "Probabilistic Human Modeling based on. Personal Construct Theory," *Journal of Robot and Mechatronics*, **17**(6), (2005), 689–696.
[4] 北原明彦，『消費者行動論』，創成社（2005）．
[5] 本村陽一，岩崎弘利，『ベイジアンネット技術』，東京電機大学出版局（2006）．
[6] 松岡克典，「生活行動の計測と理解」，『ヒューマンインターフェース学会誌』，**9**(4)，(2007)，299–304．
[7] C・M・ビショップ／元田　浩，栗田多喜夫，樋口知之，松本裕治，村田昇訳，『パターン認識と機械学習（上・下）』，シュプリンガー・ジャパン（2007）．
[8] 佐藤忠彦，樋口知之，「動的個人モデルによる消費者来店行動の解析（討論付）」，『日本統計学会誌』，**38**(1)，(2008)，1–38．
[9] P. Baldi, P. Frasconi, and P. Smyth, *Modeling the Internet and the Web: Probabilistic Methods and Algorithms*, John Wiley & Sons Inc. (2003). 邦訳：水田正弘，南　弘征，小宮由里子訳，『確率モデルによるWebデータ解析法』，森北出版（2007）．
[10] E. Horvitz, J. Breese, D. Heckerman, D. Hovel, and D. Rommelse, "The Lumiere Project: Bayesian User Modeling for Inferring the Goals and Needs of Software Users", in 14th National

Conference on Uncertainty in Artificial Intelligence (1998).

[11] C. Ono, M. Kurokawa, Y. Motomura, and H. Asoh, "A Context-Aware Movie Preference Model Using a Bayesian Network for Recommendation and Promotion," *Proc. of User Modeling 2007, LNCS*, **4511**, Springer（2007）, 257–266.

[12] Y. Motomura, "BAYONET: Bayesian Network on Neural Network," *Foundation of Real-World Intelligence*, CSLI Calfornia (2001), 28–37.

[13] 本村陽一，「ベイジアンネットソフトウェア BayoNet」，『計測と制御』，**42**(8)，(2003)，693–694.

[14] 本村陽一，西田佳史，「ベイズ推定における事前分布のグラフ構造モデリングと実生活行動理解」，『情報処理学会論文誌コンピュータビジョンとイメージメディア CVIM』，**18**（2007）.

[15] 石川詔三，河田諭志，本村陽一，西田佳史，原　一之，「日常生活行動における確率的因果構造モデルの構築と行動推定」，人工知能学会全国大会，3G3-04（2007）.

[16] 本村陽一，西田佳史，「日常環境における支援技術のための行動理解――子供の事故予防への応用を例にして」，『人工知能学会誌』，**20**(5)，(2005)，587–594.

[17] 本村陽一，西田佳史，「人間行動理解研究はなぜ難しいのか？――研究を加速するための知識共有システム」，人工知能学会全国大会（2007）.

[18] 本村陽一，西田佳史，「日常生活環境における人間の行動理解の研究基盤――オープンライフマトリックス」，人工知能学会全国大会（2006）.

第4章
サービスプロセスの「設計」技術

> サービスを「設計」するためにはどのようにすればよいのか．本章では，まずモノづくりにおける設計について説明する．その後に，サービスの機能設計の基本とその方法，サービス実現のための最適化技術，そして，今後の展望について述べる．

4.1 サービスの機能設計

われわれに身近なサービスの一つである航空サービスは，航空機という物理的な機器を使用することによって目的地までの輸送を実現する．その代表的な顧客である旅行者は，図4.1.1に示すように直接の輸送以外にも予約サービスや機内サービスなどによりさまざまな価値の提供を受けるが，それらサービスの提供者である航空会社もまた保有する航空機の保守を受け，飛行場を利用し，管制サービスを受ける．このようにサービスには多数の要素が関わっている．

設計とは

伝統的なサービス・マーケティング／マネジメント分野（たとえば[1, 2]など）では，顧客へと提供されるサービスの要素のうち，そのどの要素が中心的サービス要素（コア・プロダクト：core product）を構成し，どの要素が補足的サービス要素（supplementary element）であるのかを明確にすることがサービスを分析・開発する上で重要であるとする．前者はビジネスの本質的要素

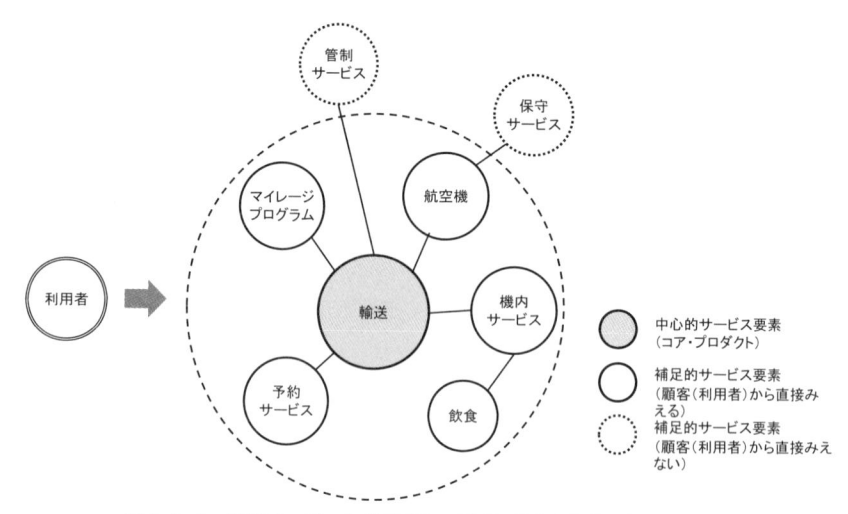

図4.1.1 航空サービスと利用者との関係（[3]を参考に筆者が作成）

であり，たとえば上述の航空サービスにおいては，輸送そのものがコア・プロダクトである．後者は追加的価値を顧客に与えるものであり，機内サービスやマイレージプログラムなどがこれに相当する．後者の補足的サービス要素は顧客のサービスへの接近を容易にすることから促進的サービス（facilitating service）とも呼ばれる．しかし一方で，航空サービスにおいて重要な機能である管制サービスが顧客から評価されることは通常ない．その意味でこれらのサービスは「顧客（利用者）からはみえないサービス」とも呼ばれる．

航空サービスシステムの設計者は，顧客満足度を高めるために，設備投資をし，システム化を進める．ではサービスの設計とはどのような手順でなされるのであろうか．

(1) 機械設計

ここではサービスの設計を理解するために，代表的な物財の一つである自動車エンジンを例に設計を考えてみよう．図4.1.2は自動車設計の流れである．まずどのような車（走行性能重視か，燃費重視か，積載容量重視か）が求められているのかという要求仕様が製品企画と概念設計段階にて定義される．車の主

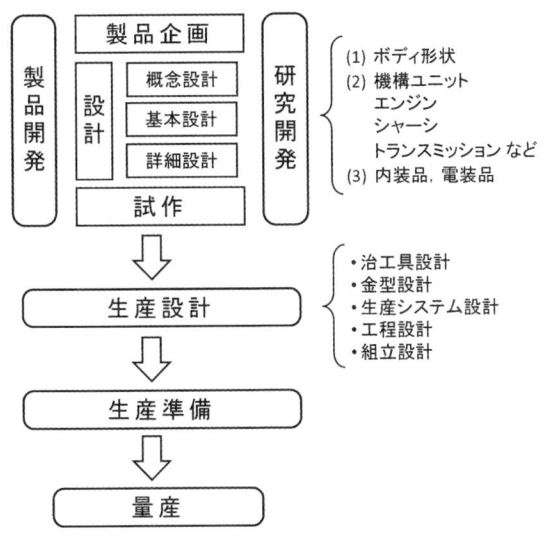

```
┌─────┬──────────────┬─────┐
│製   │  製品企画    │研   │  (1) ボディ形状
│品   ├──────────────┤究   │  (2) 機構ユニット
│開   │設│ 概念設計 │開   │       エンジン
│発   │ ├──────────┤発   │       シャーシ
│     │計│ 基本設計 │     │       トランスミッション など
│     │ ├──────────┤     │  (3) 内装品，電装品
│     │  │ 詳細設計 │     │
│     ├──┴──────────┤     │
│     │    試作      │     │
└─────┴──────┬───────┴─────┘
             ▽
     ┌──────────────┐    ・治工具設計
     │  生産設計    │    ・金型設計
     └──────┬───────┘    ・生産システム設計
            ▽            ・工程設計
     ┌──────────────┐    ・組立設計
     │  生産準備    │
     └──────┬───────┘
            ▽
     ┌──────────────┐
     │    量産      │
     └──────────────┘
```

図 4.1.2　自動車設計の流れ[4]

要部品であるエンジンを作る場合には，排気量をはじめとするエンジンに求める性能や大きさなどの要求仕様を定め，続く概念設計と基本設計の段階により要求仕様を実現する物理的手段の検討が，詳細設計の段階により当該実現手段の詳細形状，レイアウト，材料，製造法の選択，さらに製品を実際に生産するための設計（金型設計，治工具設計などを生産設計と呼ぶ）や組立方法の検討が行われる．昨今の自動車部品には多くの電子機器が含まれるが，それらも幾何的に配置され，一方で機能的な設計が行われる．部品が決まれば，有限要素法，熱解析などのCAE（Computer Aided Engineering）ツールなどを使って，各部品の物理特性をシミュレートする．ここで理解すべきは，機械では機能的要件を中心として概念設計，基本設計を進め，詳細設計以降では形状など物理的要件を中心に設計を進めることである．

　ここでは機械設計のプロセスとサービス設計のプロセスの対応関係を論じるため，製品企画，概念設計，基本設計のフェーズをまとめて機能設計と呼び，その後の詳細設計，生産設計のフェーズをまとめて実現設計と呼ぶ．

(2) サービスの設計

ではサービスの場合には何をどのように設計するのであろうか．再度，航空サービスを例にその設計を考えてみよう．航空機は航空機製造業が，飛行場はその運営企業が，機内サービス用食事はケータリングサービス会社が担当するというビジネス上の住み分けがすでに確立している．よって，新たに航空サービス業を設計するにはこれらの機能別サブシステムをつなぎ合わせることからはじまるであろう．しかし，そこには先に述べた自動車設計における「形状」のように関係者が共通に理解できる表現は存在せず，それぞれのサブシステムをつなげるだけになりやすい．顧客から直接的に評価されるであろう接客マナーなどに関しては，システムとして表現することすら十分になされていないのが現状である．つまり，サービス設計の現状とは，先に述べた補足的サービスや促進的サービスの単純追加，あるいはその中身を詳細化しているだけのいわゆるバリエーション設計がその大半である．その理由としては，サービスには物財にはないサービス固有の四つの特性（無形性，同時性，消滅性，異質性）（1.1節参照）があるとされてきた．それゆえ，サービスの設計・生産が経験や勘による非効率的な試行錯誤によりなされていても当然ととらえられてきた．しかし，ソフトウェアシステムは無形であるにもかかわらず，設計可能である．あるいは航空サービスのサブシステムの大半はそれぞれの方法ですでに設計されている．そう考えると物財の設計方法を適切に適用すれば，サービスも設計可能だと考えることもできそうである．

物財のマーケティング分野では，製品（Product），価格（Price），プロモーション（Promotion），流通（Place）の四つのPが重要であるとされてきた．サービス・マーケティング分野では，サービスを「対面販売で代表される提供者と顧客との関わりを表す活動」であるとしてきたため，上記4要素に加え，参加者（People），提供過程（Process），物理的環境（Physical environment）を重要視し，7Pと呼んでいる[1]．ここで物理的環境とは店の雰囲気，看板などすべての有形要素が含まれる．参加者の中では顧客と従業員とが大きな要素であり，顧客自身がサービス生産を担うこと，すなわち，「サービスは提供者と受容者とがともに参加して生産し，その場で消費する」ことがサービスの大きな特徴である．そこでサービスの設計においては，物財マーケティングにおけ

る4Pに3Pを加えた多くの要素を的確に表現することのできる設計方法が求められる．ただし，このように要素ごとに設計しても，それらの要素が本当に顧客を満足させているか否かの評価を行うことは容易でない．

(3) サービス設計の定義

本章では，サービス・マーケティング分野の研究，ならびに伝統的な機械設計の手法を考慮して，サービスの設計を次のように定義する．

① サービスの設計とは，設計対象であるサービスが提供する価値を定義し，その機能構造を明らかにすることである．
② 上記でいうサービスの機能構造とは，価値提供を行うための機能とそれを実現する構造，ならびに価値提供に関与する利害関係者の相互関係ネットワークにより規定される．
③ サービスは有形の物財，無形の行為の双方をその機能構造に含む．したがって，サービスの機能構造の設計においてはこの両者が設計対象となる．

これらの定義は，サービス・マーケティング分野における主要モデル，たとえば劇場フレーム[2]とも矛盾しない考え方である．しかしながら，サービスの設計に関する議論はまだ途上であり，物財の設計のような段階的分解，あるいは設計対象表現の詳細化はできていないと考えるのが妥当である．

したがって，ここではサービスの設計を機械設計プロセスにおける機能設計と実現設計に対応する二つの大きなフェーズに分割し，前者についてはサービスの設計対象モデル構築の観点から，後者についてはサービスの同時性に起因する生産と消費の最適化の観点から，それぞれサービス設計に関する現状の研究動向を紹介する．

サービスの表現

(1) サービス工学の導入

これまではサービスの設計の意味づけをサービス・マーケティング分野と機械設計分野の両者から定義した．しかし，サービスを工学的に記述し評価するためには，より詳細で，形式的な枠組みが必要である．本項では筆者らが提案

■コラム14

サービス工学

　サービス工学やサービス科学は一般的な用語に聞こえるが，この分野の研究がまだはじまったばかりのため提唱者が明らかである．サービス工学については，東京大学人工物工学研究センターが2002年4月にサービス工学研究部門を設置したことがサービス工学を名乗る具体的組織としては最初とされるので，4.1節の筆者らをサービス工学 (service engineering) の提唱者とした．一方，サービス・サイエンス（科学）(service science) はIBM社の提唱から始まる．2004年12月にでた「イノベート・アメリカ」（通称，パルミザーノ・レポート）によって，IBM社がサービス科学を重要視していることが広く知れ渡り，サービスの学術的体系化が注目され始めた．なお，IBM社はサービス科学よりもSSMEと呼んでいる．本書ではサービス工学を一般的な意味で使っていることはいうまでもない．

する「サービス工学」（コラム14）[5]の記述方法について説明する．
　サービス工学研究[5,6]において，サービスは，

「サービスの提供者が，対価を伴って受容者が望む状態変化を引き起こす行為」

として定義される．本定義において，受容者は顧客に相当する．受容者の望む状態変化がサービスの価値であるととらえ，サービスの内容を受容者の状態変化を引き起こす機能・属性を用いて表現する．換言すれば，受容者には，受容者自身にも，設計者からも可観測な顧客の状態量（Receiver State Parameters：RSP）が存在し，サービス行為によって一部が良くも悪くも変化する．この変化量の総計が顧客にとって好ましい方向であるとき，顧客はそこに価値が存在すると考える．

(2)　マルチエージェントシステム
　上述の定義はサービスを二者間一方向の関係として単純化をしているが，実際にはサービスの場合でも物財の場合でも多数の利害関係者が関係する．そこで，図4.1.3に示すように，(b) 双方向，(c) 多段階，(d) マルチエージェン

図4.1.3 サービス工学におけるサービスの定義

(a) サービスの定義
(b) サービスの双方向定義
(c) サービスの多段階定義
(d) マルチエージェントシステムの表現
(e) エージェントの内部構造：サービスの再帰定義

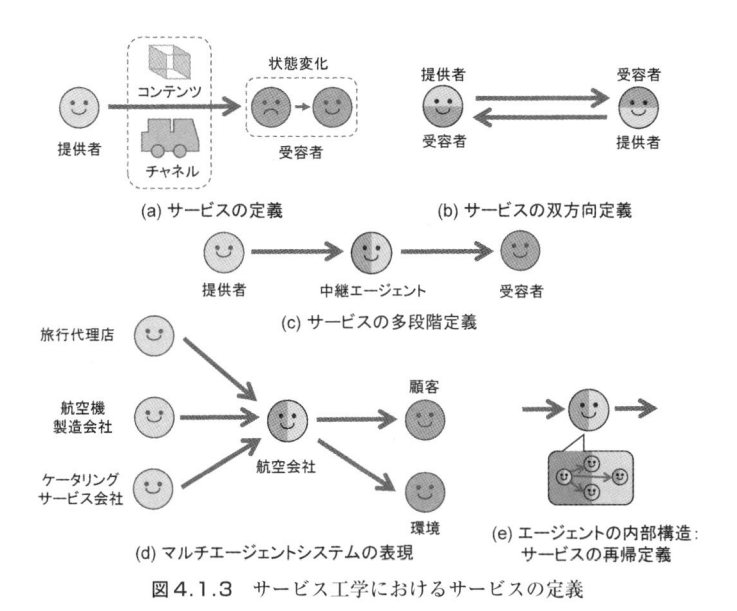

ト，(e) 内部構造を定義する．それに伴い，サービス内容の分解，加工，組立などの操作をあわせて定義する必要性が生じるのであるが，ここではその詳細は省略する[7]．

(3) サービスの機能構造

次に，サービスの内容を表現してみよう．物財とサービスとの違いについては前述の4特性が相違点として指摘されるが，本論では「評価の視点」が異なると考える．すなわち，物財自身の客観的特性向上を目標とするのが物財の設計であるのに対して，顧客満足度向上を目標とするのがサービスの設計である．よって，サービス工学では，顧客満足度に直結する要素をコンテンツ（contents）と呼び，それを運搬する，強化する，保存するなどの支援的要素をチャネル（channel）と呼ぶ．提供者が提供するサービスは最終的に受容者によって評価されるのであるから，受容者の評価項目である RSP を変化させるものを基準にサービス内容を表現することが望ましい．一方，物財の購入者は，機能，機能を具現化する物理的構造である製品の形や色などで判断する．これらの共

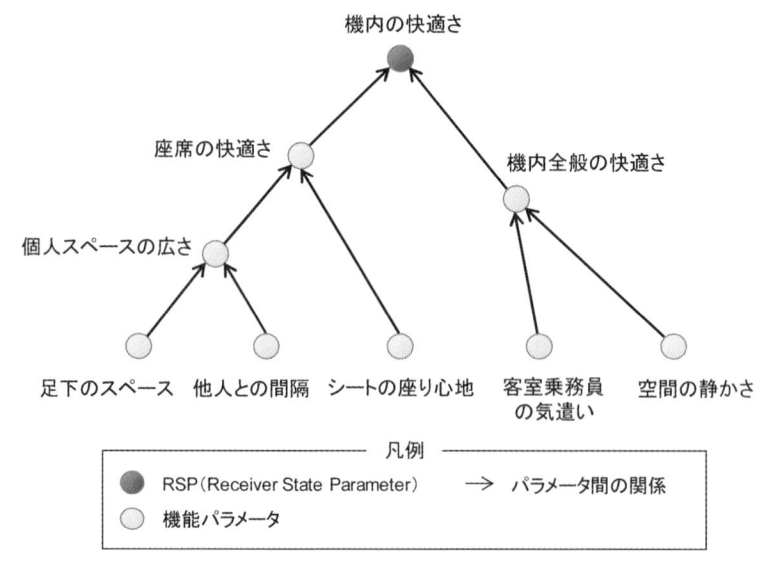

図4.1.4 航空サービスにおける「機内の快適さ」の満足度の構成

通項を得るなら，前述のサービス設計の定義①–③に基づき，顧客状態変数RSPを頂点とする木構造により，RSPに対する各要素の関係を表現することができる．すなわち，

① サービス構成要素は，設計対象とする主たる機能，実現構造がもつ副次的機能，実現構造の属性，ならびにそれらの関係から成り立つ．
② RSPへ直接影響を及ぼすサービス要素を，RSPを根とする木構造の葉として表現し，それらに影響を与える他のサービス要素を再帰的に木構造に接続することで，RSPの変化を実現するサービス要素を表現する．

やや回りくどい説明となったが，たとえば航空サービスにおける「機内の快適さ」に関する満足は図4.1.4に示すように表現可能であり，他人との間隔，乗客乗務員の気遣いなどが満足度を構成する要素としてあげられる．

(4) 受容者のモデル化

サービスの特徴の一つに異質性がある．たとえば同じ航空会社の同一便で，同じ客室乗務員がマニュアルに基づき同じように接客したとしても，顧客の体

調，周辺の混雑具合などの違いにより顧客満足度が変動することである．これは顧客満足とは常に主観的であることを意味し，サービスを科学的研究の対象として扱いづらくしているといっても過言ではない．この対策として，サービスの設計では，顧客をグループ化し，顧客像を確定することが重要であり，一般にこのプロセスをセグメント化と呼ぶ．サービス工学ではソフトウェア開発の分野で普及しているペルソナモデル[8]を導入し，顧客グループの代表的人格や行動形式を定める．具体的には，年齢，職業，嗜好など具体的な顧客特性を確定し，典型的なサービスに対しての行動をシナリオとして表現する．これによって，典型的な顧客像をサービスの関係者全員が理解することが可能である．

以上で，サービスの内容と受容者の両者が表現可能となった．一般にサービスの提供者は設計者自身を兼ねるので，従来から表現可能である．その結果，受容者がもつRSPの集合として顧客満足度も評価可能となった．以上がサービスの設計，それも上流設計の方法論であるが，その基本的考え方はモノの設計とほぼ同等である．

(5) 提供プロセスの設計

では機械設計の場合の詳細設計あるいは生産設計がサービス設計の場合も存在するのであろうか．サービス提供に用いる物財の詳細な選択，マニュアルに基づくサービスの手順定義，あるいは，自動化されたサービスであるインターネット上での予約サービスシステムの構築などがそれにあたる．その中で，サービスの手順定義を汎用的に表現する方法を考えてみよう．

サービスの提供プロセスの表記法として，BPMN（Business Process Modeling Notation）[9]を紹介する．サービスないしは業務プロセスをモデル化する手法として，ペトリネット[10]，UML（Unified Modeling Language）[11]，IDEF（Integrated DEFinition）[12]などが従来用いられてきた．BPMNはこれら従来の手法を参考に，米国非営利団体BPMI（Business Process Management Initiative）により2004年に仕様策定された標準記法である．BPMNはすべての利害関係者がプロセスを容易に理解・共有できるグラフィカルな標準記法である．シンプルな表記法である一方，そのプロセス制御フローはペトリネットの影響を強く受けており，「誰が何をどのような順序で実行するのか」と

いう観点から業務プロセスにおけるワークフロー・パターンを幅広くモデル化することができる．

　図4.1.5は，旅行代理店サービスの提供プロセスをBPMNによって記述した例である．本図より当該サービスではクライアントからの旅行予約依頼を受けた後，クレジットカード情報を確認し，認証されたら航空券予約とホテル予約が同時並行で行われることがわかる．

　これらの手順的定義，すなわち顧客の状況あるいはサービス要求の変動に対して動的に変化するシステム設計は，ペルソナがもつと想定されうる条件が多数存在する場合，組み合わせ的爆発が発生することが予想されるが，理論的には表現可能である．

　サービスの提供プロセスが記述可能となれば，顧客満足度を最大化する，サ

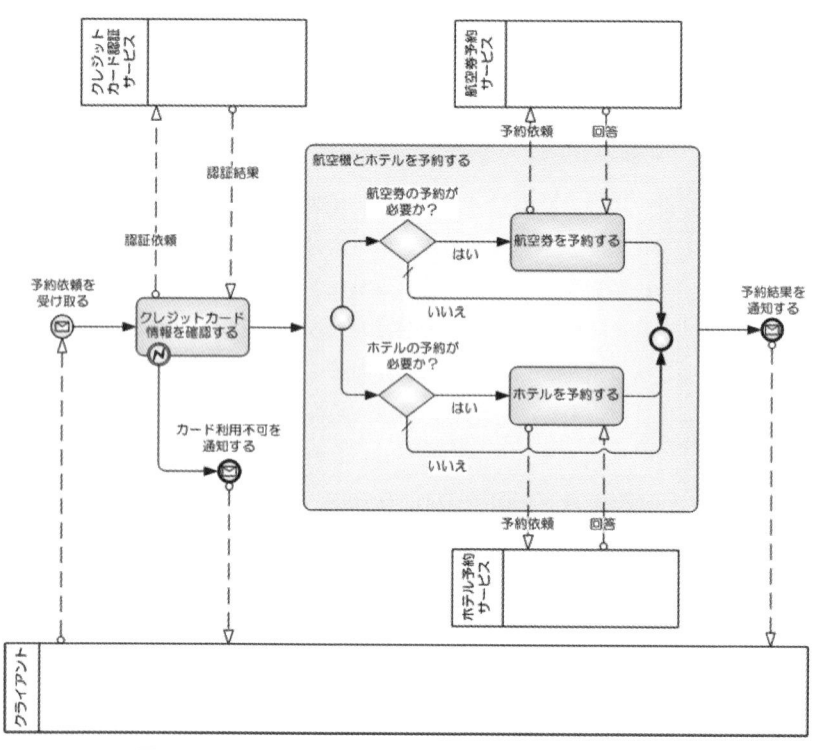

図4.1.5　BPMNによる旅行代理店のサービスプロセス[13]

ービス生産コストを最小化するなどの評価関数を定めて，最適化をすることができる．この最適化方法についてはこの後に論じる．

(6) 顧客満足度の計算

では顧客満足度はどのように計算できるのであろうか．図4.1.4に示したように一つのRSPは複数の枝葉をもつ木構造で表現される．葉の評価を定量的に確定すれば，たとえば重み付き線形和で一つのRSPを定量的に計算することができる．それぞれの重みは顧客依存である．しかし実際の顧客満足度は期待に

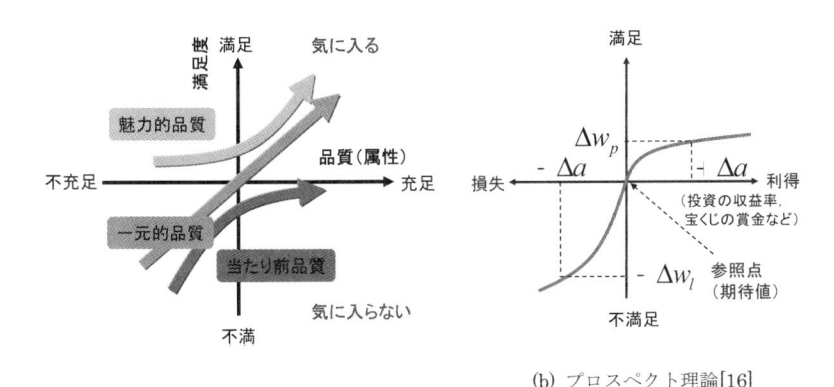

(a) 狩野モデル[15]

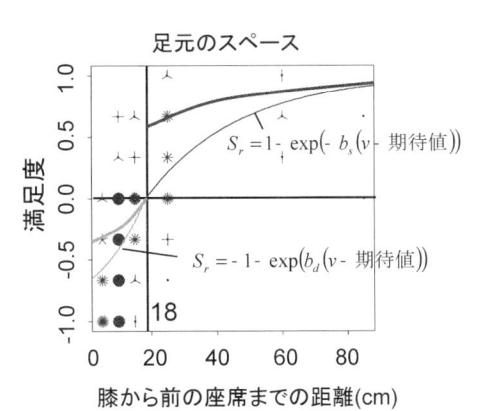

(b) プロスペクト理論[16]

(c) 顧客満足度関数の例

図4.1.6 顧客満足度の関数

4.1 サービスの機能設計

対する差分であり，かつ，階段状である．多くの場合，期待しているサービスを量的あるいは質的に超えた場合には，満足，そうでなければ不満足となる．そこで，たとえばSERVQUAL[14]では心理学的な研究から期待と実際との差異を少数の項目で評価し，満足度を定量化している．品質と満足度の関係を示した狩野モデル[15]では，図4.1.6 (a) のように3種類の異なる品質の違いを示している．あるいは投資の見返りに対する評価理論であるプロスペクト理論[16]によれば，同図 (b) のような非線形性を示す．そこで，吉光ら[17]はプロスペクト理論と同様のリスクと期待の関係と狩野モデルの考え方を組み合わせた顧客満足度算出のための合成関数を提案している．これらにより，入力が機能や属性の定量的値，出力が満足度となる非線形関数として計算できる．同図 (c) に航空機エコノミークラスの座席前後間隔に対する顧客満足度を，顧客アンケートから決定した吉光らによる合成関数の例を示す．以上の方法によれば，非線形関数を介在させた重み付き線形和としてRSPの充足度を計算することが可能となり，複数のRSPに対する顧客満足度の総和を求めることができる．

サービスの設計システム

(1) Service Explorer

これまで述べた定義と手法に基づき，Service Explorerと呼称する計算機によるサービス設計支援システム（サービスCAD）を開発している[5, 6]．機械設計のためのCADといえば幾何学的形状の製品設計ツールをイメージするのが一般的であろうが，このCADシステムは機能と属性を主たる設計要素とする上流設計用のツールである．機械設計においては，その上流設計段階で商品戦略がほぼ決定されるといわれることから，当該設計段階に対する支援の重要性が一層高まっており，このことはサービス設計においてもまったく同様である．

Service Explorerの特徴を以下にあげる．
① 概念設計の支援：語彙表現の関係を演算対象とし，上流設計を支援．
② 顧客分析の支援：市場調査の結果を基に，顧客の要求を表現・要素化．
③ デザインレビューの支援：経営者，マーケティング従事者，エンジニアが協同で利用可能．サービスにおけるコンカレント・エンジニアリング

を支援.
④ 合意形成の支援：サービスに関わる利害関係者の情報を統合.
⑤ サービス事例の収集と評価の支援：サービスモデルの入力とサービスの評価機能.
⑥ 新規・改良設計の支援：オントロジーとサービス事例を用いた，計算機上での類推推論と仮説推論による設計支援.

すなわちService Explorer は，サービス事例をデータベース内に蓄積し，蓄積されたサービス事例を設計者に対して参照可能とすることにより，設計者による顧客要求価値の抽出，またそれを実現する新しいサービスの実現構造の創出を機能設計の視点により支援することを目的とするサービスの概念設計支援ツールである.

Service Explorer は，2003 年に Service Explorer Version Zero，2005 年に Service Explorer ν（ニュー）をリリースした．最新バージョンであるService Explorer Ξ（クシー）を 2008 年段階で継続的に開発している．本バージョンは Java，Eclipse Rich Client Platform（RCP），その他複数の Eclipse 関連技

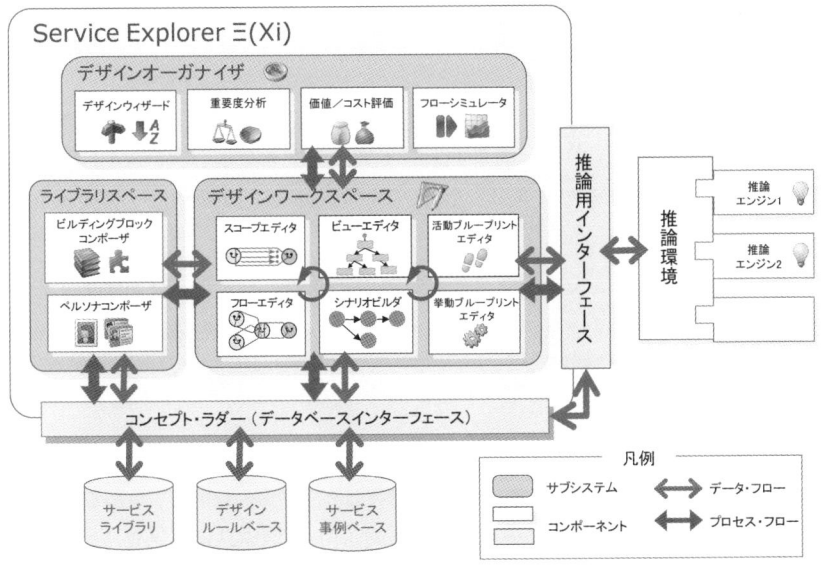

図 4.1.7　Service Explorer Ξ の構成 [18]

4.1　サービスの機能設計　141

表 4.1.1　Service Explorer Ξ の機能概要

設計プロセス	支援機能	コンポーネント
モデル化	サービスを構成要素に分解し，要素間のネットワークによりサービスをモデル化	デザインワークスペース内のエディタ群
	他のサービス事例の参照とその再利用	サービスライブラリ サービス事例ベース
評価	Analytic Hierarchy Process（AHP）[19] 手法を用いた，サービス受容者の満足度因子（RSP）の重要度分析	重要度分析
	品質機能展開（Quality Function Deployment：QFD）[20] と Dematel[21]法を用いた，サービスの構成要素の重要度分析	
	提供機能の品質に基づく，サービス受容者の満足度評価	価値／コスト評価
	Activity Based Costing（ABC）[22]手法を用いた，サービスの提供コストの評価	
	サービスのプロセスシミュレーション	フローシミュレータ
改善	オントロジーとサービス事例を用いた類推推論と仮説推論による改善案の導出	推論環境 サービス事例ベース
	演算規則の適用によるサービスモデルの変更	デザインルールベース

術を用いて実装されており，図 4.1.7 に示す構成からなる．Service Explorer Ξ におけるサービスのモデル化，評価，改善プロセスに対する支援機能を表 4.1.1 に整理する．

図 4.1.8 は，これまでに述べたサービスの定義と，Service Explorer 上のモデルとの関係を示している．各々のモデルについて，前項の議論をふまえて詳しくみてみよう．

(2) RSP の設定

これまでの議論では RSP が意味する内容は示したものの，いかにして RSP を設定すべきかの議論をしていない．一方で RSP の設定は顧客満足度に直結するだけに大変重要なサービス設計プロセスである．Service Explorer では，ペ

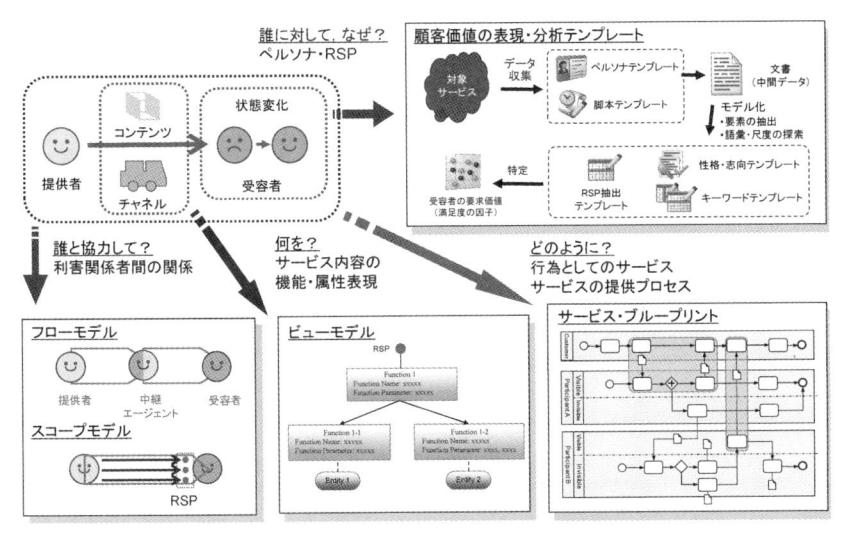

図4.1.8 サービスの定義と各モデルの関係

ルソナとRSPの設定を支援する機能として，顧客価値の表現・分析テンプレートを導入している．本テンプレートは「サービスの品質要素表[23]」（日本規格協会：サービス業におけるISO導入研究会作成）に基づく語彙集や心理用語集などをあわせもち，顧客満足度を表現する上での基準となるデータを構成している．本テンプレートでは，顧客像ならびに顧客の行動を収集・文章化した後，先に述べた語彙集を用いて顧客価値を要素化し，当該サービスにおいて対象とするRSPの設定を行う．

(3) 機能構造表現

一つのRSPへ影響を与えるすべての機能，属性，そしてそれらの関係を，RSPを頂点とした機能・属性グラフとして構成したものをビューモデルと呼び，その概念はすでに図4.1.4で示した．ビューモデルでは，属人的な活動と物理的な製品・設備の双方により生み出されるサービスの作用を，機能・属性の形に集約し表現する．図4.1.9は，エレベータの保守・運用サービスにおけるRSP「安全・安心性」に関するビューモデルを示している．

4.1 サービスの機能設計　143

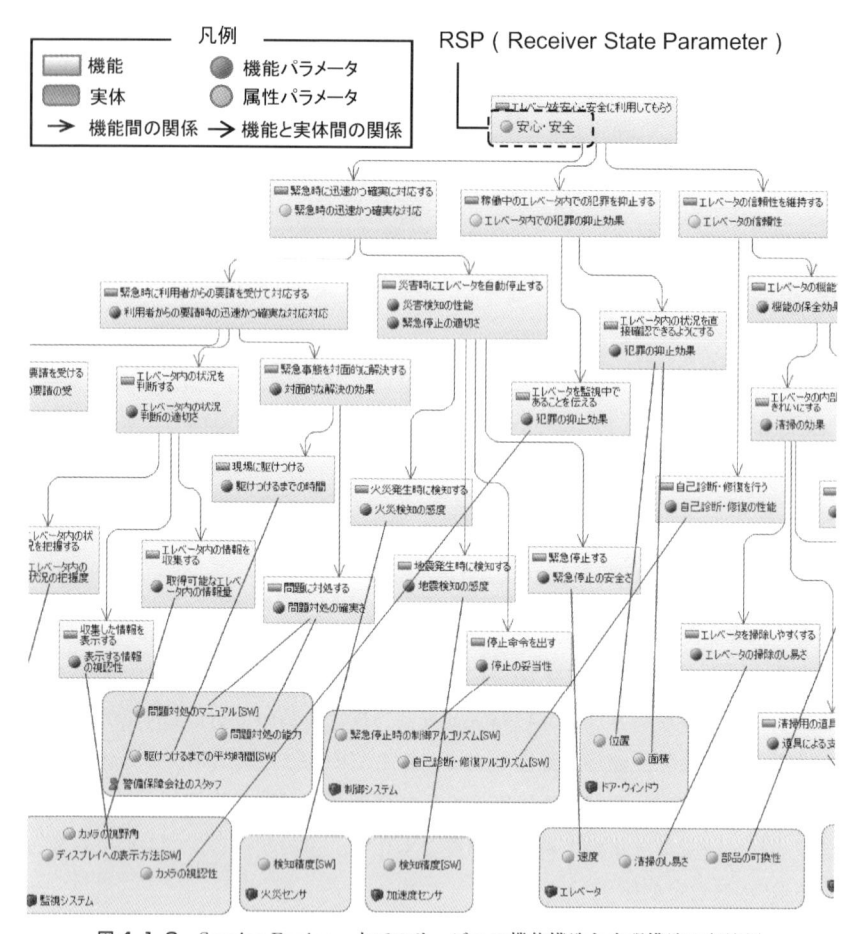

図4.1.9 Service Explorer上でのサービスの機能構造と実現構造の記述例

(4) マルチエージェント表現

フローモデルとスコープモデルは，マルチエージェントシステムとしてのサービスを表す．サービスの供給には多数の関係者が寄与するが，それら関係者間の関係をそこに流れるサービスの関係として整理し，表現したものをフローモデルと呼ぶ．たとえば航空会社は，飛行機製造会社よりその製品である機体の提供を受けた後，機体に乗客用シート，その他の追加機材を配置し乗客に航空サービスを提供する．しかしそれらの追加機材もまた飛行機製造会社以外の

提供者からの提供物である．このように実際のサービスは主たる提供者と顧客との間に複数の関係者が関与する複雑な構造を形成するため，サービスを表現する際にはそのサービスが対象とする範囲を明示する必要がある．スコープモデルとは，このサービスの対象範囲を表現するものであり，ビューに記述されたRSPの集合として表現される

(5) サービスのプロセス表現

サービス・マーケティング分野においてサービス・ブループリント[24]と呼ばれる手法がよく知られている．サービス・ブループリントでは，サービスが提供される一連のプロセスを，顧客との協調関係を含めてフローチャート形式により記述する．一般にサービスの提供プロセスは，①人間と人間によるプロセス，②人間と人工物によるプロセス，③人工物と人工物によるプロセスから構成される．ここでの人工物とは，サービスの提供に介在する物理的な設備，機械，情報システムなどである．Service Explorerでは，先に紹介したBPMN

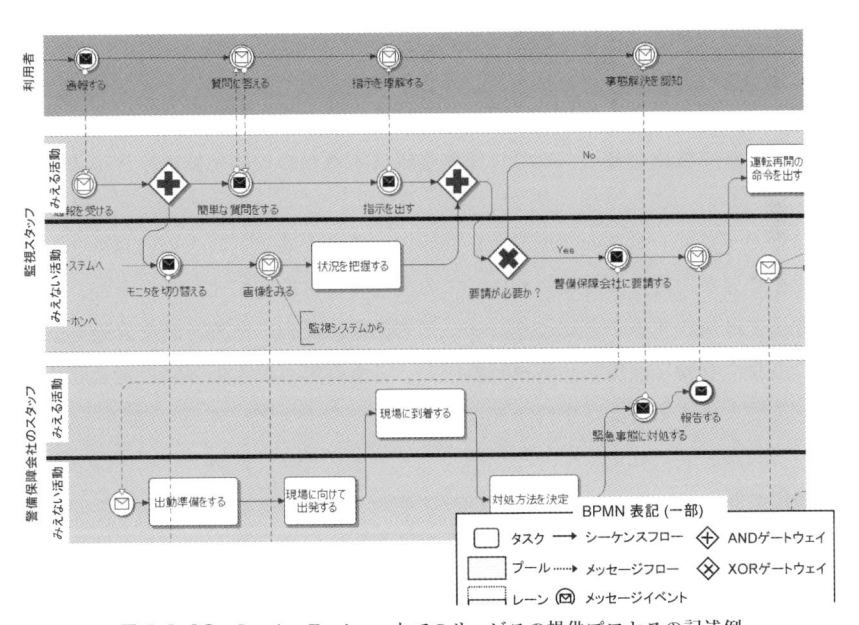

図4.1.10 Service Explorer上でのサービスの提供プロセスの記述例

を用いて，①-③からなる複合的なサービス・ブループリントを記述することができる．図4.1.7の活動ブループリントエディタは①のプロセス，挙動ブループリントエディタは②のプロセスを記述するものであり，③のプロセスは二つのブループリントを連結することで表現される．

図4.1.10は，エレベータの保守・運用サービスにおける人間と人間によるプロセスを示す．

サービスの提供プロセスを記述しただけではサービスを顧客満足度の観点で評価することは一般に困難である．これに対してService Explorerでは，RSP,機能・属性表現と組み合わせることで，行為としてのサービスの満足度評価へとつなげることができる．

4.2 サービス実現設計のための最適化技術

ホテルや航空会社などによるサービスを筆頭として，一般にサービスを実現し提供するためには人材や施設など何らかの資源を予め準備しておく必要がある．それらの資源のもつ機能は在庫として時間的に蓄積できないので，一定時間の経過によりその価値がなくなってしまう．すなわち今日出発する飛行機の座席という資源のもつ価値は明日にはゼロになり，その座席がサービスに利用されなければ航空会社にとっては座席を維持するための固定費用分を損失してしまう．

したがってサービスの機能設計において，提供するサービスの内容やそれに必要な資源が決定された後，サービスの実現設計においてオペレーションや販売方法を最適化することにより，サービス提供のために準備された資源を余すところなく有効に活用し，サービスによって生み出される顧客満足度と収益の双方を最大化することが求められる．

最適化とは

一般的に最適化とは，所与の状況下で最善の決定を行うこと，あるいは与えられた選択肢の中から最良のものを選択することなどを意味する．また，最適化問題は数学モデルとしては，「ある制約条件のもとで，与えられた目的関数を

最大（もしくは最小）化するような決定変数の値を探索する問題」と定式化することができる．したがって，最適化問題は制約条件，目的関数，決定変数のタイプによって線形計画問題や非線形計画問題などの連続的最適問題，整数計画問題や 0-1 計画問題などの組み合わせ最適化問題など，いくつかのクラスの問題に分類され，個々のクラスの最適化問題に対する効率的な解法が研究されている．

　最適解をみつけたい問題がコンパクトな数学モデルとして定式化可能な場合には，主としてオペレーションズ・リサーチ分野で研究開発された上記の種々の数理計画手法が適用可能である．また，解決すべき問題を数学モデルで定式化することが困難な場合は，人工知能などの分野で提案されてきた遺伝的アルゴリズムやタブサーチ，シミュレーティッドアニーリングなどのさまざまなメタヒューリスティクスなどを，実際の問題解決に要求される最適解の精度や問題解決に利用可能なリソース（計算機や時間など）に応じて取捨選択して利用することが可能である．

　一方，現実問題に対して最適化手法を適用するには，一般的に以下のような手順をとる必要がある．

① 現実問題の種々の要因を分析し，問題解決にとって重要な要因関係を抽出する．
② 抽出された要因関係を抽象化して数学的関係式として表現し，数学的問題として定式化する．
③ 定式化された数学的問題を解く．
④ 得られた数学的な解の有効性を現実問題に立ち返って評価する．

　当然ながら既存の最適化手法がすべての現実問題の解決に有効であるということはない．現実の非常に複雑な問題に対して，上記の①の要因抽出や②の抽象化・定式化を行う際に，問題の過度の単純化や簡単化が行われてしまい，最適化によって導き出された解が現実問題に適用できない，または適用できても現実的な効果を出せないということも少なからず起こり得る．

　製造業においては，最適化技術の研究，適用に関してすでに多くの実践が積み重ねられており，最適化に先立つ問題の定式化に関しても，製造プロセスのさまざまな局面において，生産計画，在庫計画，サプライチェーン計画などの

問題ごとに，細かな製造分野の違いを超えて高度に抽象化されたモデルが利用可能である．しかしながら，サービス業に関しては，製造業に比べて個々の事業が比較的小規模で，かつその内容が多岐にわたっているため，これまで一般的な分析・モデル化が行われておらず，最適化に関する取り組みも特定分野に止まっており，その知見が他のサービス分野に広く活用されていないのが現状である．今後は個々のサービス分野で培われてきた経験や勘を，最適化の観点から見直し，汎用的な数学モデルを構築することによってサービス業における最適化の実践を安価で効率的なものにする取り組みが重要である．

サービスにおける最適化

上で述べたように製造業では，製造プロセスにおける設計，調達，生産，流通などの局面に対して種々の最適化手法を適用してきた．サービス業においても製造業と同様の取り組みも可能であるし，またサービス業特有のアプローチも可能であると思われる．ここでは最適化の目標を生産性の漸進的な改善と考え，サービス業における取り組みとして，最適化によるコスト削減と収益拡大について解説する．

(1) 最適化によるコスト削減

生産性改善のためにもっともよくとられる方策は，財またはサービスを提供するために必要なコストを削減することである．製造業においては，製品の製造コストを削減するために，製品の設計段階から材料や製造方法の最適化が行われる他，製造段階においても生産設備で加工するジョブの順序やタイミングを最適化することにより生産リードタイムや納期遅れ量を最小化して生産コストを最小化するためのスケジューリング技術が開発されてきた．

スケジューリング問題は，一般的にいくつかのオペレーションから構成された多数のジョブに対して，与えられた制約をできる限り満足した上でユーザのもつ複数の目的関数を最適化するように，有限の資源や時間を割り付ける問題であると定義することができる．図4.2.1に，資源制約，順序制約をもつ簡単なスケジューリング問題をグラフ表現した図と，それに対するスケジュールを表現するガントチャートを示す．JOB-1とJOB-3は三つ，JOB-2は二つのオペ

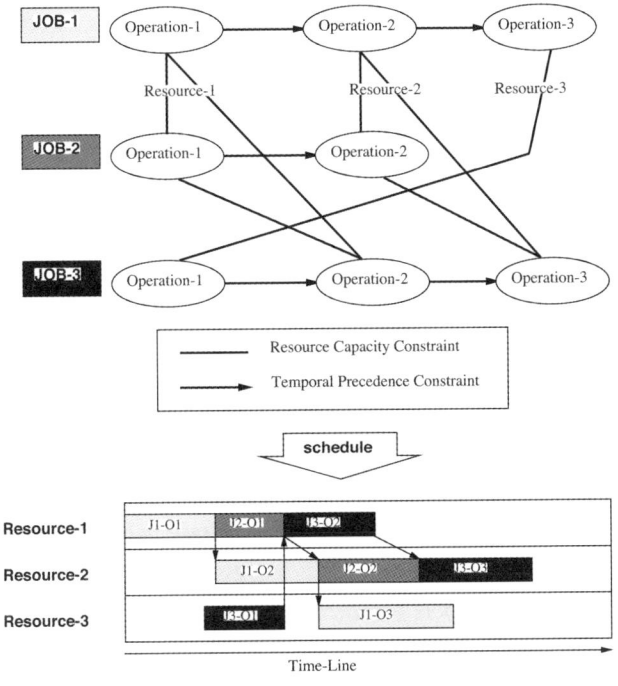

図4.2.1 スケジューリング問題

レーションをもち，それぞれのオペレーションはジョブ内で順番に実行される必要がある．また，JOB-1 の Operation-1，JOB-2 の Operation-1 と JOB-3 の Operation-2 は Resource-1 の機械を使って加工され，他のオペレーションもそれぞれ利用する機械が決まっている．さらに各機械は同時に一つのオペレーションを実施する能力しかもたないものとする．こうした制約を満たすスケジュールを，縦軸を機械，横軸を時間にとって表現したものがガントチャートである．

生産工場におけるジョブショップスケジューリングなどに代表される多くの現実的なスケジューリング問題は NP 困難な問題であり[1]，大規模なスケジューリング問題を適当な時間内で解くための一般的な解法を開発することはきわめて困難である．また，個々のドメインの専門家が，必ずしも自らのスケジューリング問題をうまく解決するための知識やノウハウを十分にもっているわけ

4.2 サービス実現設計のための最適化技術

でもないことも，人工知能研究における過去のエキスパートシステム開発の経験より知られている．したがって，スケジューリング問題の効率的な解決には，特定の構造をもった問題に対して，効率的に近似最適解を求めるための種々のヒューリスティクスを利用した探索を行うことが不可欠であり，現在まで多くの提案がなされてきた[2]．また，実際の製造現場では最適なスケジューリングを立案してもそれが実行できなければ無価値であるため，トヨタ生産方式により生産ラインを平準化し，シンプルで実行可能なスケジュールによっても最適化生産が実現可能な生産環境を構築する取り組みが積極的に行われている[3]．

　サービス産業においても，製造業におけるスケジューリング問題と類似の問題を解くことにより，サービス提供コストを削減できる．たとえば，航空会社においては飛行機に搭乗する乗務員のスケジュール（乗員計画）を最適化することにより，乗務員の待機時間などを短縮し運営経費の大きな割合を占める人件費を削減することができる．また，サービス業にトヨタ生産方式を適用した事例としては，病院やスーパーマーケット，郵便局のオペレーションなど，すでに多くの取り組みがなされている．さらに近年，最適化技術の適用によりサービス産業の生産性が大幅に改善されたとして注目を集めている事例として，サッカーや野球などのスポーツイベントのスケジューリングがある．

　スポーツ・スケジューリングでは，スポーツ競技における対戦順序，日時および対戦に使用する競技施設などを適切に決定することが求められる[4]．得られたスケジュールの適切性は生産性改善の観点から日程や競技施設の制約を守りながら，全チームの総移動コストを最小化するという目的以外にも，スポーツ産業の特性に応じて，サービスの質（スポーツイベントの興行的な価値）を高める目的から，以下のように業界の事情に応じたさまざまな基準によって評価される．

　① ブレーク数の最小化

　ブレーク数とはチームが連続してホーム（またはアウェイ）の競技場で試合を行う日数である．ブレーク数が多いスケジュールは各チームのホームでの試合開催間隔が均等化されず，チーム間の公平性が保たれないため望ましくない．

　② 持ち越し効果の最小化

　激しいフィジカルコンタクトがあるラグビーやサッカーなどのスポーツにお

いては，強いチームと対戦した後には選手に疲労が残り，次の試合に影響が出ると考えられる．したがって，試合のスケジュールでは各チームが対戦するチームの前試合での対戦相手が特定のチームに偏っていないことが重要である．

スポーツ・スケジューリング問題の解法としては，制約論理を用いたもの，メタヒューリスティクスを用いたもの，整数計画法などの数理計画法に基づくものなどが提案されているが，現実の問題解決においては天候などの影響で，何度もスケジュールを再立案する必要があるため，高速なスケジュール生成が可能なメタヒューリスティクスが利用されることが多いといわれている（コラム 15）．

(2) 最適化による収益拡大

製造業と比較するとサービス業においては，需要の増減に応じて提供するサービスの量を調整することが困難である場合が多い．特に設備能力に制約がある資本集約型のサービス産業であるホテルや航空などにおいては，中短期的な需要変動に対して，大きな設備投資を伴うサービス提供の調整は行えない．したがって，企業の収益を拡大する上で，製造業が実施する短期的な需要予測に基づく製造計画に相当する部分を，サービス産業で実施することは稀である．提供できるサービスの量を調整することが困難で，売れ残ったサービスを在庫として保存することができないサービス産業では，需要予測データが得られた後，サービスの提供方法（いつ，どのようなサービスをいくらでどれだけ販売するか）を最適化することにより，量の限定されたサービスから最大限の収益を獲得するためのイールドマネージメント（または，レベニューマネージメントとも呼ばれる）技術が発達した[5]．

以下，航空サービスの事例を想定してイールドマネージメントの概要を説明する．図 4.2.2 は航空運賃が 1 種類しかないもっとも単純なケースの需給関係である．

$P1$ は現在設定されている運賃，DD はこの便に対する需要曲線，$S1$ はこの便の提供座席数（供給曲線）である．$P1$ の運賃に対しては $S2$ 人の需要があるが，航空機の提供席数が $S1$ 席しかないために，便は満席になるが，まだ $S2-S1$ 人だけの需要をとりこぼしている（超過需要が存在する）．この便の収入は $P1 \cdot O \cdot$

▪️コラム 15

大リーグ野球のスケジューリング

米国の大リーグ野球のスケジューリングでは，2 リーグ 30 チームの 2,430 試合を 181 日間の開催期間中に計画する必要がある．計画に際しては，各チームからの個別の要求，使用する球場の日程，開催地間の移動手段，選手組合との包括的労働協約などを考慮した上，天候などの都合による度重なる修正にも対応しなければならない．

驚くべきことに，2004 年までの 24 年間，こうした作業はマサチューセッツ州に住むスチーブンソン夫妻の経験と勘に基づく試行錯誤により行われてきた．長年にわたって夫妻は MIT やスタンフォード大学などのコンピュータ科学者らの挑戦を受けながらも，常に彼らより良いスケジュールを作ることに成功してきた．

しかし，2005 年にはカーネギーメロン大学のマイケル・トリック教授らが創業したスポーツ・スケジューリング・グループという会社が計算機を使った最適化計算により作成した日程が初めて大リーグに正式採用された．採用の決め手となったのは，最適化により同じ組み合わせの対戦が連続してしまう「セミリピータ」問題の発生を削減できたことであった．スポーツ・スケジューリング・グループは，その後 2007 年，2008 年にも大リーグの日程作成を行っている．

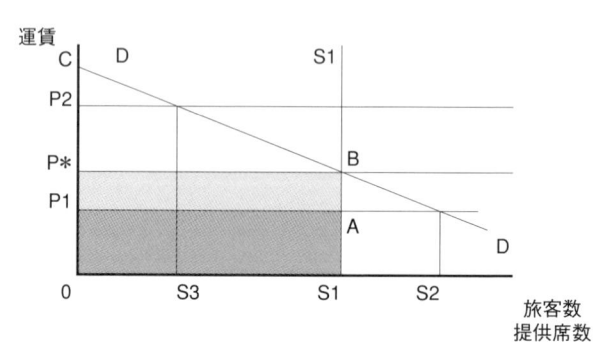

図 4.2.2 運賃が 1 種類の場合の需給関係

S1-Aの面積である．もし，運賃がP＊であれば，需要曲線と供給曲線はBで交わり，超過需要が発生しないとともに収入は最大となる．運賃が適正なレベル（P＊）ではなく，P1に設定されていると，P＊-P1-A-Bの面積だけ，航空会社は本来得られるべきだった収入を失ってしまうことになる．P＊は需給が一致する均衡運賃であり，すべての利用者はP＊で航空券を購入する．

しかしながら，需要曲線の意味するところはOからS1の間にある利用者は，P＊よりも高い運賃でも需要曲線の下方に運賃が位置していれば航空券を購入するということである．たとえば，P2の運賃でもS3人の需要がある．S3番目の利用者はP2の運賃を支払っても購入したいと考えていたが，P＊の運賃で購入することができたため，P2-P＊だけ購入額をセーブすることができたことになる．図4.2.2の三角形C-P＊-Bはこのようにして利用者が支出をセーブすることができた金額の合計で，消費者余剰と呼ばれている．

通常，経済学では一物一価が前提とされているため，消費者余剰は利用者に帰属する．しかしながら，もし便の予約条件や，払い戻しなど各種の条件を変えることによって，同じ便を利用しても，運賃が違うことを利用者に理解してもらうことができれば，同じ便に複数の運賃を設定することができる．そのことによって，たとえばP2のようにP＊に加えて，より高い運賃でも航空券を販売し，消費者余剰の一部を利用者から航空会社へ移転することで，航空会社はその収益を改善することができる．

図4.2.3で，需給が一致する運賃はPd＊である．運賃をもう1種類Pd＊よ

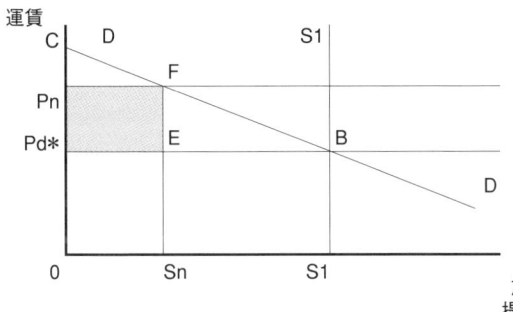

図4.2.3　運賃が2種類の場合の需給関係

りも高いレベル Pn に設定してみよう．Pd＊で S1 人すべてに航空券を販売するのではなく，Pn で Sn 人に，Pd＊で S1 − Sn 人に販売することによって消費者余剰の一部 Pn–Pd＊–E–F の面積だけ収入を増加させることができる．実際の運賃制度では Pn は普通運賃，Pd＊は割引運賃と呼ばれている．このように，運賃の種類を増やすことによって，消費者余剰を利用者から航空会社へ移転し，収入を増加させることができる．航空会社が運賃を多様化し，それぞれの運賃に対する需要を予測して在庫（ここでは販売可能な座席数）のコントロールを行うイールドマネージメントは，消費者余剰の移転の試みであるといえる．

　こうした在庫コントロールの手法の一つが座席のネスティングである．ネスティングとは，販売可能な座席中の価格が違う座席クラスに対して，販売可能な上限（ブッキングリミット）と下限（プロテクションレベル）を設けて，できるだけ多くの座席を高価格で販売する取り組みである．図 4.2.4 の例では，Class1，2 のプロテクションレベル y2 の値が 22 に設定されているが，それは Class1 と Class2 の座席を合計で最低 22 席販売する，すなわち Class3 のブッキングリミット b3 を 8 に設定し，Class3 の席が 8 席販売された時点で，そのクラスの販売をクローズすることを示している．

　イールドマネージメントにおいては，過去の販売実績やそれに基づく将来の需要予測により，収益を最大化するようにネスティングを最適に設定する必要がある．この問題は，数理計画的な手法としては $V_j(x)$ を全在庫量が x で座席クラスが j 種類ある際の売り上げ高を示す価値関数，p_i を i 番目のクラスの座席の価格，D_i，u_i をそれに対する需要（予測）と販売量とすると，

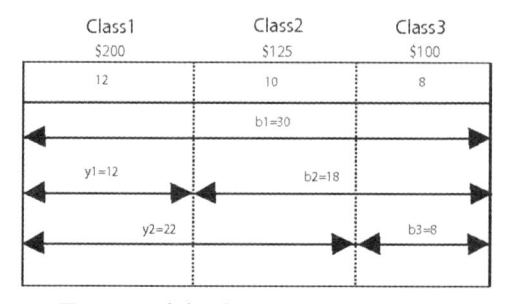

図 4.2.4　座席のネスティングコントロール

■コラム 16

イールドマネージメントの起源

　イールドマネージメントは，1978 年の米国航空局による運賃統制に対する規制緩和によってはじまったといわれている．それにより大手の航空会社による価格競争も強まったが，同時に低価格運賃専門の航空会社も設立され，なかでも 1981 年に創立されたピープルエキスプレスは 1984 年には 10 億ドルの売り上げに迫る勢いだった．

　そうした新興航空会社との競争に勝つため，アメリカン航空は 1985 年には在庫管理と連動した価格調整を可能とする本格的なイールドマネージメントシステム Dynamic Inventory Allocation and Maintenance Optimizer（DINAMO）を開発し運用を開始した．それにより，アメリカン航空は価格に敏感なレジャー客には安い価格でピープルエキスプレスと競争しながらも，価格にこだわらないビジネス客からは高い利益を得ることができるようになった．

　こうしてイールドマネージメントによる頑健な収益構造をもったアメリカン航空との競争に敗れ，ピープルエキスプレスは 1986 年には破産してコンチネンタル航空に買収される結果となり，航空会社におけるイールドマネージメントの重要性に対する認識が確立された．

$$V_j(x) = E\left[\max_{0 \leq u \leq \min(D_j, x)} \{p_j u_j + V_{j-1}(x - u_j)\}\right]$$

を最大化する各座席クラスの販売量 u_i^* を求める問題として，いくつかの制約条件を加えることでダイナミックプログラミングを用いることによって効率的に解決することができる．また，この問題に対しては最適解が求められる以前から，EMSR（Expected Marginal Seat Revenue，期待限界座席収益）と呼ばれる非常に優れたヒューリスティクスが知られており，現在でもイールドマネージメントシステムで広く使われている（コラム 16）．

今後の課題と展開

　サービスの生産性を改善するため，サービス提供コストを最小化することに

関しては，トヨタ生産方式やスケジューリング技術など，これまで製造業を中心に適用されてきた手法を活用することが比較的容易に実践できると考えられる．その場合の課題点としては，

① 特定のサービス業における固有の目的関数や制約条件を，どのように数学モデルとして定式化するか，
② 定式化されたモデルに対して，既存の解法が有効か

などがある．特にサービス業に関しては業態が多種多様で，しかも個々の事業規模は必ずしも大きくはないことが多いので，個々のサービス事業者の課題を解決する手法を開発する際にも，可能な限り汎用的なモデル化をめざす努力が必要である．

サービス業では，サービスの非保存性という特質から，日々提供可能な限られた量のサービスに対して，その価値がなくなる前に効率的に販売し，売り上げを最大化するためのイールドマネージメント技術が発達してきた．従来のイールドマネージメントは，過去の販売データの蓄積，データに基づく将来の需要予測，予測結果に基づく在庫・価格管理など非常に大規模なデータの蓄積と複雑な計算処理が必要なため，航空会社や大手ホテルチェーンなどの限られた大手の事業者のみが実践することができた．しかしながら，現在では計算機の高速化，低価格化やインターネットの普及に伴い，小規模なサービス事業者においても顧客との直接的な販売チャネルを拡充し，そこから得られた大量のデータを蓄積してイールドマネージメントを実施できる環境が整いつつある．

イールドマネージメントにおける最大の課題は，需要予測精度をいかに高めるかということである．需要予測は蓄積された過去の販売データに基づいてなされるが，通常，過去の販売データには将来の収益最大化のために必要なデータがすべて含まれているわけではない．たとえば購買者のデータには，購買過程には意識されていたはずの情報，すなわち購入したサービスに対して最大限支払ってもよいと考える金額（留保価格）や，他の代替可能と考えるサービスに関する情報などは残されておらず，非購買者に対しては通常，ほとんどすべての情報が欠落している．これまではさまざまな仮定に基づいた数学モデルを構築し，統計的な手法を用いてこれらのデータを推定する手法の研究が行われてきた．しかし，顧客との直接的なインタラクションによるサービス販売を行

い，その情報を電子的に記録することが低コストで実現可能な現在，サービス販売の中で顧客に対して適切なインセンティブを提供することにより，こうした情報を顧客から積極的に獲得することを予め意図したサービス販売手法の開発が有効である．

　そのようなサービス販売手法の一つとしてインターネットによる予約販売がある．サービスは保存できず，その提供と消費が同時に起こるという性質をもつため，サービス業では製造業のように需要と供給のバランスを数カ月から数年にわたる製品ライフサイクルの中で調整することはできない．したがって，サービスに対しては日々生じる需給の不均衡がサービス提供者またはサービス受容者に大きな不利益をもたらすことになる．そのため，需給の不均衡を調整するサービス販売手法として，サービス提供者とサービス受容者が取引するサービスの内容と授受のタイミングを事前に契約する予約販売が広く普及している．インターネットの普及やPCの低価格化に伴い，インターネットによるサービスの予約販売の国内での取引額は2005年度で約4,500億円にも達している．しかし現在の予約システムは，顧客に対して提供されているサービスの内容やスケジュールに応じて，もっとも好適なサービスを選択させて先着順に割り付けるだけの処理をするものであり，サービス事業者が提供しているサービスに対して顧客がもつさまざまな情報を得るための機能を有していない．

　予約システムを利用する顧客に対して適切なインセンティブを与えることにより，顧客がサービスの予約過程で意識している有用な情報をサービス事業が入手することができる．たとえば，顧客がサービスを予約する際，従来のように顧客自身が一つのサービスを選定して予約するだけではなく，顧客は複数の予約候補を指定し，その中からの最終的な選定は事業者が任意に行うことも可能であれば，顧客にとって互換性のあるサービス群に関する情報を得ることができる．得られた情報を蓄積し分析することで，サービス事業者はサービス構成の最適化を行って，サービスの過度な細分化に伴う提供コストの増加を抑えることができる．こうした情報を顧客から得るためには，顧客が提示した候補の数に応じて予約価格を割り引くなどのインセンティブが有効である．また，そうしたインセンティブが与えられると，顧客が自らの留保価格に近づくまで予約候補の数を調整する結果，サービス事業者は従来よりも正確に顧客の留保

価格，すなわち提供されるサービスに対してどれほどの価値を認めているかを推定することが可能になる（コラム 17）．

インターネットを介した商取引では，現在は工業製品が取り扱いの主体であるが，今後は予約を伴うサービスの取り扱いが大きな割合を占めていくものと予想される．そうしたなかで，先にあげた例のように顧客に対して多様な選択を許す融通の利く予約システムを実現することにより，サービス事業者はサービスの生産性改善に有用なより多くの情報を顧客から獲得し，最適化に活用できる可能性がある．製造業に比べて劣っているといわれるサービス産業の生産性を改善するためには，顧客がサービスに関してもつ情報を積極的に獲得し，最適化による収益拡大に結びつけるサービス販売手法やイールドマネージメントに関する研究・開発・実践がより一層重要になると考えられる．

■コラム 17

「融通」予約手法

現状の予約システムの問題点を示すシナリオとして，航空会社が有する 8 時台に出発予定の航空機 3 便に対して，それぞれ下表に示す空席がある状況で逐次顧客からの予約を受け付けることを想定する．

出発	残席
8:10	4
8:20	2
8:30	3

最初に 1 人の顧客が 10 分発の便でも 20 分発の便でもかまわないと思いながら，特段の理由なく 10 分発の便を予約し，次に 2 人組の顧客が 20 分発の便でも 30 分発の便でも良いと思いながら，20 分発の便を 2 席予約したとする．この時点で，4 人組の顧客が乗り合わせ時間の関係でどうしても 10 分発の便を予約したいと思っても，10 分発の便には残席が 3 席しかなく，予約することはできない．結果，航空会社は下表のように，10 分発の便と 30 分発の便にそれぞれ 3 席の空席を残してしまい，座席稼働率を低下させることになる．

出発	残席	予約席
8:10	3	1
8:20	0	2
8:30	3	0

　しかし，予約システムが予約時に顧客の意図を正確に獲得し管理することが可能であれば，2人組の顧客の予約を20分発の便から30分発の便に変更し，最初の1人の顧客の予約を20分発の便に変更することにより，4人組の顧客に対して10分発の便の予約を提供することが可能である．このように融通の利く予約手法により，顧客に対しては予約システムの利便性を高めてサービスに対する満足度を改善し，航空会社にとっては下表に示すように残席数を減らすことで，利益率が改善される．

出発	残席	予約席
8:10	0	4
8:20	1	1
8:30	1	2

　現実の予約システムにおいて，このような既存の予約の入れ替えを伴う「融通」予約を実現するためには，顧客に対して入れ替えを容認させる価格インセンティブメカニズムの設計，入れ替えを伴う資源割り当て処理における実時間性の確保などの技術的課題を解決する必要がある[6]．
　融通予約手法は，上の例で説明したチケットやホテルなどの予約に限らず，働く場所や時間に融通の利くアルバイト希望者に対するシフト編成システムや産地にかかわらず量を確保したいバイヤーに対する生鮮品購買システムなど，社会における多様なニーズに対して適切な対価の設定を可能とし，有限の資源を社会に最適配分する上で重要な意義がある．

4.3　本章のまとめ

　本章ではまず，サービス・マーケティング分野の研究，ならびに伝統的な機

械設計の手法の双方を考慮してサービスの設計を定義した．次にその定義に基づき，サービスの設計をその機能設計と実現設計と呼ぶ二つのフェーズに分け，前者についてはサービスの設計対象モデル構築の観点から，後者については設計解の最適化の観点から，それぞれサービス設計に関する現状の研究動向を紹介した．

　サービスの設計対象モデル構築に関しては，サービスを工学的に記述し評価するための枠組みとして，RSP を起点とするサービスの機能構造表現手法，マルチエージェント視点に基づくサービスにおける利害関係者の相互関係ネットワークの表現手法，顧客満足度の関数表現手法，BPMN に基づくサービスの提供プロセスの表記法を紹介した．これらの手法はサービスの構造が内包する多様な側面を詳細かつ形式的に表現するための方法の例であるが，これら手法が一貫して主張していることは，サービスの設計に際しては顧客視点に基づく価値設計と設計者視点の「もの」と「こと」の統合設計の双方を同時に進行させることが重要であり，このことが従来の製品偏重型の思考では達成し得ない高付加価値を創造する鍵に他ならないということである．

　サービスの設計解の最適化に関しては，これまで一般的な分析・モデル化が行われておらず，最適化に関する取り組みも特定分野に止まっていたサービスの設計に対して，個々のサービス分野で培われてきた経験や勘などと呼ばれる暗黙的知識を最適化の観点により汎用的な数学モデルとして再構成し，サービスの提供にかかるコストの削減と付加価値向上によるサービス生産性の改善を実現する手法について紹介した．これらの手法の適用効果をより顕著なものとするためには，サービス提供者がサービスに関する顧客情報を積極的に獲得し，それらの情報をサービスによる収益拡大に結びつけるための手法の研究・開発・実践が今後より一層加速されることが必要である．

　しかし本章冒頭に述べたように，サービスの設計に関する議論はまだ途上であり，今後の急速な発展が待ち望まれる研究分野の一つである．本章において紹介した内容が，本研究分野の多様でかつ横断的，そして何より実践的な進展を果たすための一助となれば幸いである．

参考文献

4.1 節

[1] クリストファー・ラブロック，ローレント・ライト／小宮路雅博，藤井大拙，高畑　泰訳，『サービス・マーケティング原理』，白桃書房（2002）．

[2] R・P・フィスク，S・J・グローブ，J・ジョン／小川孔輔，戸谷圭子訳，『サービス・マーケティング入門』，法政大学出版局（2005）．

[3] G. L. Shostack, "Breaking Free from Product Marketing," *Journal of Marketing*, **41**(2), (1977), 73-80.

[4] 冨山哲男，『岩波講座 現代工学の基礎〈15〉設計の理論（設計系 2）・計算熱流体力学（空間系 3）』，岩波書店（2002）．

[5] 下村芳樹，原　辰徳，渡辺健太郎，坂尾知彦，新井民夫，冨山哲男，「サービス工学の提案（第 1 報）サービス工学のためのサービスのモデル化技法」，『日本機械学会論文集 C 編』，**71**(702)，(2005)，315-322.

[6] 新井民夫，下村芳樹，「サービス工学——製造業製品のサービス化」，『一橋ビジネスレビュー』，AUT. **54**(2)，(2006)，52-69.

[7] T. Arai, T. Hara, and Y. Shimomura, "Scientific Approach to Services: What is the Design of Services ?," *Proceedings of the 41st CIRP Conference on Manufacturing Systems*, CIRP (2008), 25-30.

[8] アラン・クーパー／山形浩生訳，『コンピュータは，むずかしすぎて使えない！』，翔泳社（2000）．

[9] BPMN Information Home (http://www.bpmn.org/).

[10] 椎塚久雄，『実例ペトリネット——その基礎からコンピュータツールまで』，コロナ社（1992）．

[11] Unified Modeling Language (http://www.uml.org/).

[12] IDEF.com (http://www.idef.com/).

[13] 明庭　聡，「BPMN を活用したビジネスプロセス・モデリング（5）」（http://www.atmarkit.co.jp/farc/rensai/bpmn05/bpmn05.html）．

[14] A. Parasuraman, V. A. Zeithaml, and L. L. Berry, "SERVQUAL: A Multiple-Item Scale for Measuring Consumer Perceptions of Service Quality," *Journal of Retailing*, **64**(1), (1988), 12-40.

[15] 狩野紀明，瀬楽信彦，高橋文夫，辻　新一，「魅力的品質と当たり前品質」，『品質』，**14**(2)，(1984)，39-48.

[16] D. Kahneman and A. Tversky, "Prospect Theory: An Analysis of Decision under Risk," *Econometrica*, XVLII, (1979), 263-291.

[17] Y. Yoshimitsu, K. Kimita, T. Arai, and Y. Shimomura, "Analysis of Service using an Evaluation Model of Customer Satisfaction," *Proceedings of the 15th CIRP Life Cycle Engineering Seminar 2008*, CIRP, CD-ROM, Sydney, Australia (2008).

[18] T. Hara, T. Arai, and Y. Shimomura, "Integrated Representation of Function, Service Activ-

ity, and Product Behavior for Service Development," *Proceedings of the 13th Design for Manufacturing and the Life Cycle Conference―DFMLC2008―*, CD-ROM, The American Society for Mechanical Engineering (2008).

[19] T. L. Saaty, *The Analytic Hierarchy Process*, McGraw-Hill (1980).

[20] Y. Akao, *Quality Function Deployment*, Productivity Press (1990).

[21] J. N. Warfield, *Societal Systems: Planning, Policy, and Complexity*, Wiley Law Publications (1976).

[22] R. S. Kaplan and W. Bruns, *Accounting and Management: A Field Study Perspective*, Harvard Business School Press (1987).

[23] 新藤久和編集／赤尾洋二，吉澤 正監修，『実践的QFDの活用――新しい価値の創造 日科技連品質機能展開研究会10年の成果』，日科技連出版社（1998）．

[24] G. L. Shostack, "How to Design a Service," J. H. Donnelly, and W. R. George (eds.), *Marketing of Services*, American Marketing Association (1981), 221-229.

4.2節

[1] S. French, *Sequencing and Scheduling: An Introduction to the Mathematics of the Job-Shop*, Ellis Horwood (1982).

[2] M. Zweben and M. S. Fox, *Intelligent Scheduling*, Morgan Kaufmann (1994).

[3] T. Ohno, *Toyota Production System: Beyond Large-Scale Production*, Productivity Press (1988).

[4] 松井知己，「スポーツのスケジューリング」，『オペレーションズ・リサーチ』，**44**（1999），141-146.

[5] K. T. Talluri and G. J. van Ryzin, *The Theory and Practice of Revenue Management*, Kluwer Academic Publishers (2004).

[6] K. Miyashita, K. Masuda, and F. Higashitani, "Coordinating Service Distribution through Cooperative 'YuuZuu' Reservations", *Proceedings of The 2nd IEEE Asia-Pacific Services Computing Conference* (2007), 10-17.

第5章
実際の現場への「適用」技術

> 前章までに述べられた技術や，さまざまなソリューションが実際のビジネスではどう働いているのだろうか．本章では，それを理解するために，具体例をあげて解説する．まず市場や世の中の変化を概観し，変化に対応したサービスプロセスの革新について述べる．次に，継続的に観測と分析を実施しながら，より生産性の高いサービスプロセスを設計し続けていく方策について述べる．

5.1 サービスプロセスのモジュール化とその統合的活用による革新

　本節でいうサービスとは，顧客接点でのサービスそのものと，これを生み出し支える企業活動全般をさす．これらが社内各部門や取引企業間でいかに分担，連携して組み立てられているかを確認するとともに，サービスプロセスのモジュール化と，その統合的活用の効果的な事例を検証する．サービスの生産性の向上やイノベーションを進めるためには，サービスおよびこれを支える機能を業務ごとに分解し，それらを論理的，システム的にモジュール化して有効性を高め，改めて一貫性をもって総合的に組み立て直すことが重要である．

　サービスプロセスのモジュール化は，業種や業態の中で生まれ，その有効性や，標準化，オープン化を図りつつ共用化へと進むものと思われる．また，インターネットなどの技術革新が目的意識をもってサービスプロセス革新に適用

されることで，革新を加速することもある．

　本節では，理解を深めるためにも，サービスの領域を小売業中心に置き，その発展の中で，サービスプロセス革新への科学的・工学的アプローチが，どのように行われてきたのかを整理したい．

　日本の小売業の発展の中で，新たな業態形成として，1980年代中盤より急成長したコンビニエンス・ストアは，国際的にみても特筆すべき位置付けにある．

　コンビニエンス・ストアの発祥は米国のセブン-イレブンである．しかし，エリアライセンスを受けた日本のセブン-イレブンが，タイムコンビニエンス（24時間営業）の提供からさらに進んで，米飯やファストフードを充実させていった同じ時期に，米国のセブン-イレブンは低迷と衰退を続け1991年にはついに倒産への道をたどっている．

　なぜこのようなことが起きたのか，それは戦略の欠如である．世の中の変化の本質を見極め，顧客の視点に立って自らの存在価値を提案する品揃えやサービスを怠ったことにある．1980年代の米国はKマートやウォルマートといった大型ディスカウンターの隆盛の時代である．全米8位の小売業は，この流れに対して同様のディスカウント競争の道を選んでしまった．コンビニエンス・ストアとしての品揃えや利便性の追求から外れた，大型店と同様のビールやタバコ，ドリンクのディスカウントでは大型店の効率性に及ぶべくもない．1992年にセブン-イレブン・ジャパンに買収された後，グループトップの鈴木会長のリーダーシップの下，見事に再建され，現在では全米25位の小売業へと返り咲いている．

　再建に向けたトップの経営思想と顧客視点での改革は日本と同一の方式であったし，実働部隊として改革プロジェクトの推進を支援した筆者も，業務プロセスの組み立てや，システムの設計思想，システムモジュールの転用など，日本と同じ方式を使い，落とし込みの手法を考慮することで，日本のセブン-イレブンの手法が充分通用することを実感してきた．

　コンビニエンス・ストアの発展の基本は，顧客ニーズへの対応をきめ細かく行うとともに，これを支える商品開発や生産・物流の革新と効率化を幅広くスピーディーに推進する点にある．小さな店舗が商品力と情報力に支えられ，個店の主体性と高いサービスレベルで顧客の支持を得るためには，サービスプロ

セスを標準化，モジュール化し，さらに効果的に連動，統合した競争力のある仕組み作りが重要である．

コンビニエンス・ストアの成長は，そのコンセプトである「朝起きてから寝るまでに，ちょっと必要な商品やサービスを，必要なときに切らさず，いつでも新鮮に取り揃えてフレンドリーに提供するお店」にあるように，扱う商品やサービス，その提供方法を，従来の小売業のように固定的に考えるのではなく，顧客のニーズに対応して変化させてきたことによる．そして，その推進力となったのが，仮説−検証型のマネジメントスタイルや，情報共有，ノウハウ活用の組織的推進，サプライチェーンとディマンドチェーン（顧客ニーズ）の連動である．

こうした試みは，これまでの小売業には乏しい面もあり，これらを支えたIT活用が，コンビニエンス・ストア業界の継続的な発展と，小売業の科学的・工学的な運営手法の獲得への道を開いたといってもよい．そして，こうした業務改革やIT活用は，標準的なモジュールとして，コンビニエンス・ストア業界各社で活用され，顧客の支持の獲得とコンビニエンス・ストア全体の成長による業態確立につながった点も，大きな特徴といえる．

サービス工学の視点も，こうした仕組みとしての構造を分析し，幅広く，科学と技術を動員し，サービスプロセスの標準化とモジュール化，そして相乗効果を高める統合化と付加価値化を追求する必要がある．

セブン−イレブンの成長過程と国内市場の変化

この30年間の世の中の変化は目を見張るものがある．もっとも大きな変化は，バブル崩壊までの売り手社会から，その後の買い手社会への変化である．図5.1.1はセブン−イレブンの1店舗の平均日販，在庫額，粗利益率の変化を，1978年度より2007年度までプロットしたものである．

売り手社会の時代は，点線の在庫高の減少と太線の平均日販の増加が見事に連動している．売り手社会では，顧客の購買意欲が強く，十人一色型の画一的需要が主流であり，消費に充足感が出るまでは，その動きは読みやすい．売り手側は，何が売れて何が売れないか，それはなぜかを把握しやすく，在庫のコントロールも容易である．したがって，「在庫が下がれば売上が上がる」といっ

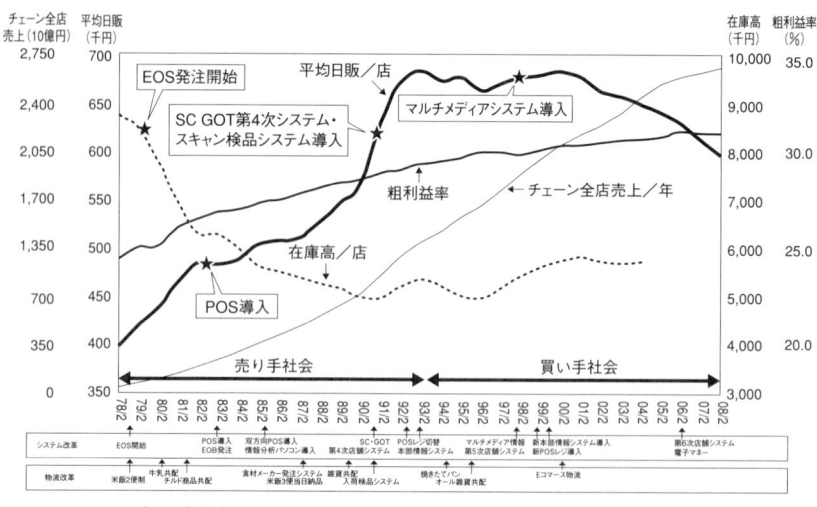

図5.1.1 売り手社会から買い手社会への変化（セブン-イレブン公開資料より作成）

た「方程式」が成り立つ．売り手が，量的供給と価格訴求への対応を図りつつ，消費のイニシアチブを握った時代であった．

ところが1991-92年のバブル崩壊以降，様相は一変する．顧客は消費に慎重になり，一定の充足感が満たされるとともに，ニーズの多様化やインターネットなどを通じた情報網の活用により，画一的な消費から自分にあった消費へと，十人十色の多様性を示すようになったのである．

図5.1.1に示す通り在庫の削減は止まり，売上は停滞し低下を辿るに至っている．それでも，チェーン全体の売上，利益は成長を続けているが，全般的にみれば，グローバル化とデフレが拍車をかけ，買い手社会への大きな変化に対応して継続的成長を勝ち取った小売業は非常に少ない．

図5.1.1に示すようにセブン-イレブンの平均日販も，ピーク時の1992年度の68万2,000円から，2007年度の59万7,000円へと12.5％低下している．しかし，チェーンストア全体の販売効率は，1平方メートルあたりの年間売上高で表すと，ピーク時の1991年の120万円から，2006年の約60万円へと，実に半分まで減少している．ちなみに，セブン-イレブンの2008年の1平方メートルあたりの売上高は約190万円程度であり，店舗の平均日販と同等の下げ幅と

166　第5章　実際の現場への「適用」技術

なっている．

　一方，業態別の売上高推移をみると，GMS（総合スーパー）やスーパーマーケットの成長は，日本チェーンストア協会加盟83社の合計で，1997年の17兆円から2007年の14兆円へと大幅な減少を示している．1991年の3兆1,000億円から2007年の6兆8,000億円へと成長したコンビニ業界とは対照的な動きを示しており，同期間で1兆81億円から2兆5,000億円へと倍増したセブン-イレブンとは大きな隔たりが生じている[1]．

　サービス産業の生産性向上と，時代変化に対応したイノベーションを考える上で，買い手社会に対するセブン-イレブンの対応を分析することは，次の三つの意味で有益であると思われる．

① セブン-イレブンの打った施策はきわめて理にかなった方法であり，標準的な手法として競合他社も応用してきたやり方であったこと

② 業務プロセスの革新にIT活用をうまく組み込み成果を上げる方法となっており，インターネットをはじめとするオープンなITが，ローコストで活用できる現在では，小規模小売業の活性化も含め幅広く応用可能であり，事実小売業界のみならず参考事例となっていること

③ 顧客へのサービスを徹底するために，顧客接点である店頭での品揃えや接客の質に注力し，これを支えるイノベーションの領域を，商品企画や原材料開発，製造や物流，品揃えや売り場作り，利便性の高いサービス業務開発などへと，マーチャンダイジングの全工程にわたり，パートナーと連携して組み立てたこと

である．

　サービス・イノベーションを推進する領域は，サービス価値を生み出すプロセス全体として考え，その見直しと最適化を図ることが重要である．その意味では製造業とサービス業の垣根も，文系，理系的な学問体系の分野も相互の相乗効果と融合を図る中で枠組みを変えるべきであり，サービス・イノベーションは生活者視点で枠組みを越えて推進する必要がある．枠組みを越えるためにも重要な，科学的・工学的アプローチにより異企業，異業種，異文化の交流に共通語を提供し，新たな「サービス・バリュー・チェーン」のモデル構築を図るべきである．

それでは，買い手社会への対応を，セブン-イレブンがどう進めたかをみてみよう．買い手社会への変化は，自ずと小売業の在り方，立ち位置の変化を要求した．売り手社会の小売業は，メーカーの製造した商品を効率的に市場に提供するメーカーの「販売代理業」的色彩が強かった．これに対しセブン-イレブンは，顧客にかわって品揃えを行い商品・サービスを提供する「購買代理型小売業」のスタンスを明確にした．あわせて商品や売り方を固定化するのではなく，顧客のニーズや世の中の変化に応じて新たな提案を行い，ミクロ的にも，天候の変化，嗜好の変化にもきめ細かく対応することで，365日身近な立地で利便性を提供する小売業へと変身していった．

　創業当初よりの「お客様の立場で」の企業理念の下，店舗での品揃えや商品提案，フレンドリーな接客，立地・客層に応じた個店の特徴や主体性の重視を掲げてきた．経営戦略として整理すれば，

① 顧客の立場での品揃えと利便性の提案
② 商品とサービス業務の開発
③ ディマンドチェーンとサプライチェーンの連動

の三つが基本戦略といえる．

　セブン-イレブンでは，買い手社会への変化の中で，店舗および従業員の主体性の向上と，仮説-検証型の発注と品揃えに力を入れている．そしてこの顧客接点での提案力を高めるためにオリジナル商品の開発，利便性の高いサービス業務の開発，ディマンドチェーンとサプライチェーンの連動の強化によるマーチャンダイジングプロセス全体の最適化と効率化の3点を，買い手社会での重点施策として展開してきた．

　オリジナル商品の開発では，商品部門のリードの下，顧客のニーズを分析し，製造メーカーのみならず，原材料メーカー，包材・容器メーカー，販促部門，物流部門も含めた商品開発チームで推進するチームマーチャンダイジングの手法を確立した．米飯，調理麺，総菜はもとより，菓子やドリンク，ラーメン，化粧品や日用雑貨まで幅広くオリジナル商品化が進んでおり，取り扱い商品のうち55％がオリジナル商品となっている．チームマーチャンダイジングでは，高品質で粗利益の高い商品開発が実現しており，仮説-検証型で活用される詳細なPOS（Point Of Sales，販売時点情報管理）情報が，これを支えている．

サービス業務の開発も，365日24時間営業の身近な立地特性を生かして，日常的なサービスをワンストップ化して提供する方向で進んでいる．1990-93年の第4次システムでは公共料金収納代行業務やギフトなどに対応したリアルタイムシステムの基盤整備を図り，1997-2000年の第5次システムでは，オープン技術や衛星通信の活用により，マルチメディア活用やEコマースの事業をスタートさせた．このオープンシステム・プラットフォームを活用して，銀行子会社によるATMサービスも稼動させている．

　これらのサービス業務は，IT革新の恩恵を受け，本業のプラットフォームを活用することで，金融機関や行政機関の3分の1以下の費用で運用可能なサービスとなっており，システム面でも，ハード，ソフトともにパートナーメーカーとの協業によるオリジナル開発が行われている．1日1店の平均利用客は，公共料金収納で60人，ATM利用で110人と，来店平均客数960人の18％を占めており，サービス業務による集客は売上を支える大きな効果を生んでいる．

　第3のディマンドチェーンとサプライチェーンの連動の強化は，マーチャンダイジングプロセス全体の流れを，売り手社会での供給側よりのPush型から，生活者起点のPull型に組み替える取り組みである．大きな切り替えが必要な部分は，顧客ニーズの把握とこれに基づく品揃えとサービスの提案である．しかも，顧客の反応をすみやかにフィードバックし，原材料メーカー，製品メーカー，問屋，物流企業とも迅速な連携と一貫した顧客指向の取り組みが必要になる．改革の枠組みもサプライチェーン全体の協力が必要であり，ディマンドチェーンの顧客チャネルの多様化，複合化による顧客接点の拡充も含め，一気通貫のデザインが重要である．

　買い手社会でも顧客の支持を得て競争力を失わないためには，三つの施策にみられるように，戦略定義とこれに基づく業務プロセスのデザイン，プロセスをモジュール化し，標準化，オープン化し，広い枠組みで統合し直すアプローチが重要である．

ディマンドチェーンとサプライチェーンの連動

　買い手社会において，セブン-イレブンがとった三つの施策のうち，事業基盤の整備・強化として，取引先も含む幅広い改革につながったのが，「ディマンド

チェーンとサプライチェーンの連動」である．これは経営戦略の 3 本の柱のうちの一つであり，マーチャンダイジングの全体プロセスの見直しである．

　マーチャンダイジングのプロセスは，原材料にはじまり，製品メーカー，問屋，物流，小売り本部，店舗，顧客への流れで構成される．つまり，製造業とサービス業の組み合わせであるとともに業界・業種の連鎖でもある．しかし，これまでの連鎖は複雑な様相を呈していた．たとえば，食品業界では，加工食品やビール，菓子や生鮮食品と業種は多岐にわたり，それぞれの業種に特有の商慣習や代理店制度，特約店制度などが存在してきた．また，問屋や物流の分野でも，小売業の業態や規模に応じた，納品頻度や納品ロットなどの納品サービスの違いや，粗利益率や支払いサイトなど，取引条件の違いは大きく存在している．そして小売業自体にも，さまざまな業態の特徴や，当然企業ごとの戦略やオペレーションの違いも大きい．

　こうしたマーチャンダイジングプロセスの状況は，売り手社会の Push 型のプロセスであり，小売業も，製造業の製品を顧客へ提供する販売代理型小売業として長らく存続してきた．取引者相互間の取引額や交渉力が取引の方法や条件を決める面が強く，マーチャンダイジングプロセス全体を横串で見直す動きは乏しかった．

　しかし，買い手社会への変化に伴い，製造プロセスが大きな価値を生み，規模と統一オペレーションが競争力を生んだ売り手社会のモデルが大きく変化してきた．買い手社会では顧客のニーズにきめ細かく対応するため，顧客接点である販売現場が価値を生み，商品ライフサイクルのスピードアップや顧客サービスの重要性が増大している．顧客ニーズに対応するビジネスモデルや商品・サービス・販売チャネルの企画力も重要さを増した．マーチャンダイジングプロセスを生活者視点で横串で組み立て，顧客接点でのサービス力を高めるための，製造業，卸，物流，小売業本部，店舗の新しい協力関係が求められる時代となり，サービス産業の革新がはじまっている．

　図 5.1.2 は，顧客接点のサービスを支える業務プロセスの連動を示している．図の右側の店舗で行われる顧客接点でのサービスは，本部の営業部門や商品部門と密接な連携をもって日常的に運用されている．同様に店舗のサービスは，ベンダー（問屋）や物流・メーカーの支援を受けて顧客ニーズへの対応が行わ

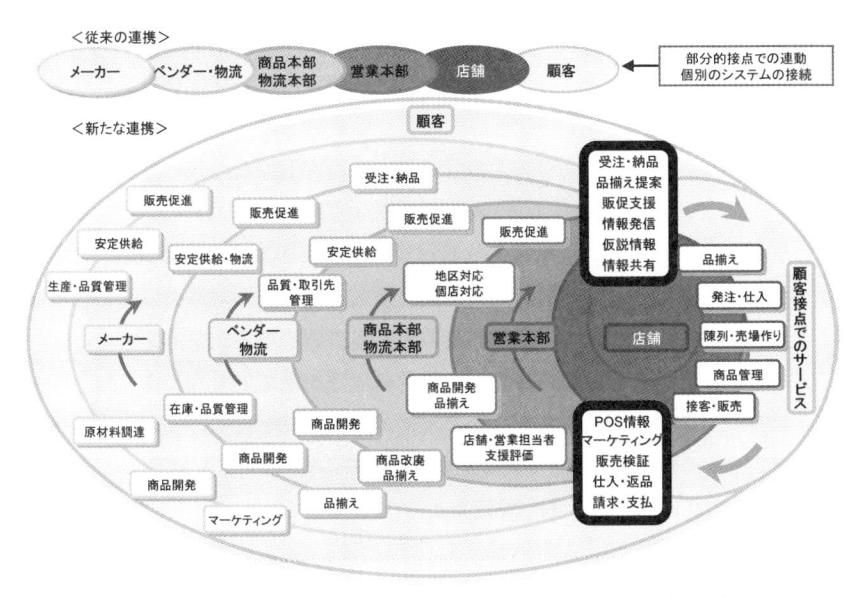

図5.1.2 顧客接点のサービスを支える業務プロセス（小売業の例）

れる．

　ここで重要な点は，マーチャンダイジングプロセスを，各参加者の役割と機能として整理し，顧客接点でのサービスの状況の把握と向上のための協力関係として横串化して連動することである．ここでは右側上下の黒枠の二つのボックスで連動が図られている．上側の納品や販促支援，情報発信と，下側のサービスの状況を把握するPOS情報や，支払いなどの取引業務処理を効率的に行う仕組みなどがプロセス全体で連携して共有されている．プロセスを横串でサイクルとしてデザインすることで，情報共有と業務効率を高め，サービスの拡大再生産を効果的に行う仕組み作りが行われている．従来のマーチャンダイジングプロセスの連携は，図5.1.2の上に示す通り，隣接する参加者間の部分的接点での連動であり，伝言ゲーム的連携では大きな効果は望めなかった．

　セブン-イレブンでは，この業務連携と情報共有を仕組みとして定着し効果を上げるために，徹底したIT活用を早くから行ってきた．「全分野の徹底したシステム化と一元管理」「社内外の価値連鎖のサポート」「業務の省力化，効率化

と情報化の同時実現」などは，セブン-イレブン・ジャパン時代に定義したシステム化コンセプトの一部であるが，現在のITがもつオープンな接続性，リアルタイムな高速性，コストパフォーマンスの大幅向上を考えるとき，IT活用の成否がサービス・イノベーションの成果を大きく左右する時代となったことを痛感する．

　こうしたマーチャンダイジングの革新でも，コンビニエンス業界の取り組みは，小売の他業態や，食品製造業・卸売業などに先んじた対応をみせた．理由は三つある．一つは小さな店舗が，高いサービス力をもち競争力をもつための仕組み作りに，売り手社会の時代からすでに取り組んでいた点にある．二つめは，顧客の今必要な商品に絞り込むことで，チェーンとしての大きな売上をわずかなアイテム数で作り上げている効率性である．セブン-イレブンは1万2,000店，2兆5,700億円の売上を，全店レベルでも1万2,000アイテム程度で生み出している．これに対し，スーパートップレベルのイトーヨーカ堂では179店舗，約1兆5,000億円の売上を作るのに20万アイテム以上の商品を必要としている．1アイテムあたりの売上でみれば，何と30倍近い差である．この標準化された小型店を多店舗展開するビジネスモデルは，ほとんどの単品で販売シェアNo.1を生み，メーカーへの交渉力や，マーチャンダイジングプロセス全体の標準化や横串化を推進する原動力となっている．

　そして，三つめは，マーチャンダイジングの各工程ごとに，機能や役割を整理し，効率性やサービスレベルを高める取り組みを行ったことである．しかも，この取り組みは，取引先と連携して，原材料から販売までを一気通貫で進めてきた．各機能を実現するサービスをモジュール化してデザインし，これをITを徹底活用して仕組みとして定着させる方法である．

　セブン-イレブンでは，売り手社会の頃から，コンビニエンス・ストアとしての独自の特徴を出すべく取り組んできた．その特徴の一つは米飯やサンドイッチ，総菜やおでんといったファストフードの品揃えの充実である．これらの売上構成比は1991年には28％を超え，現在とほぼ同じくらいである．朝・昼・晩の来店ピーク時に合わせたファストフードの1日3回配送である3便納品体制も，1992年にほぼ完成した．パンや牛乳などのデイリー品の1日2回配送，菓子，加工食品，雑貨などの週3回配送の整備など，物流そしてこれにつらな

る生産体制の整備も進んでいった．

　筆者はセブン-イレブンの成長を，1974年の創業から1992年までを第1期，1993年から近年までを第2期と分けて考えている．第1期は，原材料から販売，顧客サービスに至るマーチャンダイジングプロセスを，セブン-イレブンが全体のマネジメント，コントロール，各工程の支援を果たすことで，一気通貫のバリュー・チェーンとして組み立ててきた時代であり，市場の変化と照らし合わせると，売り手社会の発展からバブル経済の崩壊までの時期である．

　そして第2期は，買い手社会への変化の中で，バリュー・チェーンの強化とオープン連携を深め，購買代理型小売業として，商品開発やサービス開発をパートナーと幅広く開拓し，利便性を提供する小売業としての新しい事業プラットフォームを形成してきた時代である．このバリュー・チェーンの発展型の上に，水平，垂直，異業種連携を深め新たなビジネスモデルを組み立てる経営を筆者は，プラットフォーム経営と呼んでいる．

　さて第1期のマーチャンダイジングの革新の事例を，物流改革の流れでみてみよう．

　1992年までの経営数値の動きは図5.1.1でも示した通り，在庫が減ると平均日販が上がり，粗利益率も改善されてきた．在庫管理は，死に筋商品を排除し，新商品への入れ替えと売れ筋商品の拡充をきめ細かく行うことで，売り場の活性化とともに精度を上げている．

　在庫を抑えつつ，必要な時に必要な商品を短時間で仕入れられる発注・物流システムが不可欠であり，多頻度・小ロットの計画的で効率的な物流の仕組みが要求された．

　しかし問屋にしてみれば，多頻度で小ロット（小分けバラ納品），定時配送，納品リードタイムの短縮，欠品防止，休日配送などは，ことごとくコストアップの要因であり，従来の仕組みでは困難が伴った．そこでセブン-イレブンが着手したのは，メーカー別に形成された特約問屋制度の改善であった．加工食品や日用雑貨の問屋では，同一カテゴリーでも，同じ地域にメーカー別の特約問屋が複数存在し，1店舗への納品量は問屋側からみると非常に小さかった．

　逆に店舗側からみると，わずかな物量をそれぞれの問屋が別々に配送することにより，1日あたりの配送車輌は，改革以前には40台以上と非効率的であっ

た．

　物流のサービスレベルを上げるには，まず1店あたりの物量を増やし，他の小売店への物流とは区別した，専用物流化が必要であった．特約問屋制度を見直し，地域ごとに問屋を集約することで，日用雑貨A社の例では，1976年に専用倉庫を作り，1店舗あたりの月額納品額を1978年の14万円から1982年に29万円，1988年に43万円と高め，商取引と配送の集約化による効率化を実現している．

　加工食品や飲料，雑貨の集約配送に比べ，米飯や生鮮，総菜，牛乳のデイリー商品はメーカー別の取り扱い品目が少なく，製造メーカーの統合が難しい商品群だった．これらの商品をコンビニエンス・ストアの中核商品に育てるには，物流の効率化や品質管理の向上が課題になり，新たな手法として共同配送を開発した．1980年に牛乳共配（牛乳，加工肉，乳製品），1981年に米飯共配（弁当，おにぎり，サンドイッチ），チルド共配（牛乳共配と生鮮共配の統合）がスタートしている．

　共同配送センターはすべて，牛乳メーカーやデイリーメーカー，運送会社が運営して，従来からメーカー側が行ってきた物流事業が失われないようにした．セブン-イレブンはセンター運営や車輌調達，情報システム面を支援した．競合するメーカー同士の共同配送に当初は反発もあったが，共同配送と同時にコンピュータ発注を実施し，牛乳は物流費を2分の1以下に低減でき，売上高は2倍近くに伸びた．

　共同配送の形態も商品特性や商品回転スピードに応じて，チルド（5℃），米飯（20℃），フローズン（−20℃），常温の専用物流センターなど，293カ所（2004年）が稼動した．専用定時配送体制が整備され，加工食品や雑貨の週3回納品から，米飯や総菜の1日3便納品まで商品の回転に応じた物流の最適化が図られた．

　良い商品をもっている取引先とは，たとえ1アイテムでも，全店に効率的に配送できる体制が整備された．同様の手法で原材料から販売に至る各プロセスが最適化でき，その後の商品開発やサービス展開が大きく進展した．

　図5.1.3は，集約配送と共同配送による店舗への納品車輌の削減や，商品の在庫回転に応じた配送頻度をまとめたものである．小売業では自社で物流セン

集約配送

メーカー: A社, B社, C社, D社
1次卸問屋: a社, b社, c社, d社 (bエリアの配送を担当)
→ 店舗

共同配送の物流経路

メーカー: A社（サンド）, B社（総菜）, C社（牛乳）, D社（軽食）
→ 共同配送センター → 店舗

集約配送・共同配送による車輌台数の削減

年	台数	出来事
1974	70台	セブンイレブン創業
76	42台	集約化／生鮮共同配送の開始
80	34台	牛乳共同配送の開始
81	31台	温度帯別物流の展開
82	26台	温度帯別物流の統合／加工肉共同配送・フローズン共同配送の開始
84	22台	雑貨共同配送開始
85	34台	化粧品共同配送開始
88	15台	加工食品の集約配送開始／米飯共同配送・1日3便制開始
90	12台	雑貨共同配送強化
95	11台	雑貨共配を一元化
2000	10台	

配送頻度

商品グループ		配送頻度
一般商品	菓子	週3回
	雑貨	週3回
	加工食品	週3回
デイリー商品	フローズン（アイス・冷凍など）	夏・週7回／通常・週6回
	チルド（牛乳・総菜・調理パンなど）	毎日2回・3回
	パン（食パン・菓子パン）	毎日2回
	米飯（お弁当・焼きたてパン）	毎日3回

温度帯別共同配送センター（2003年）

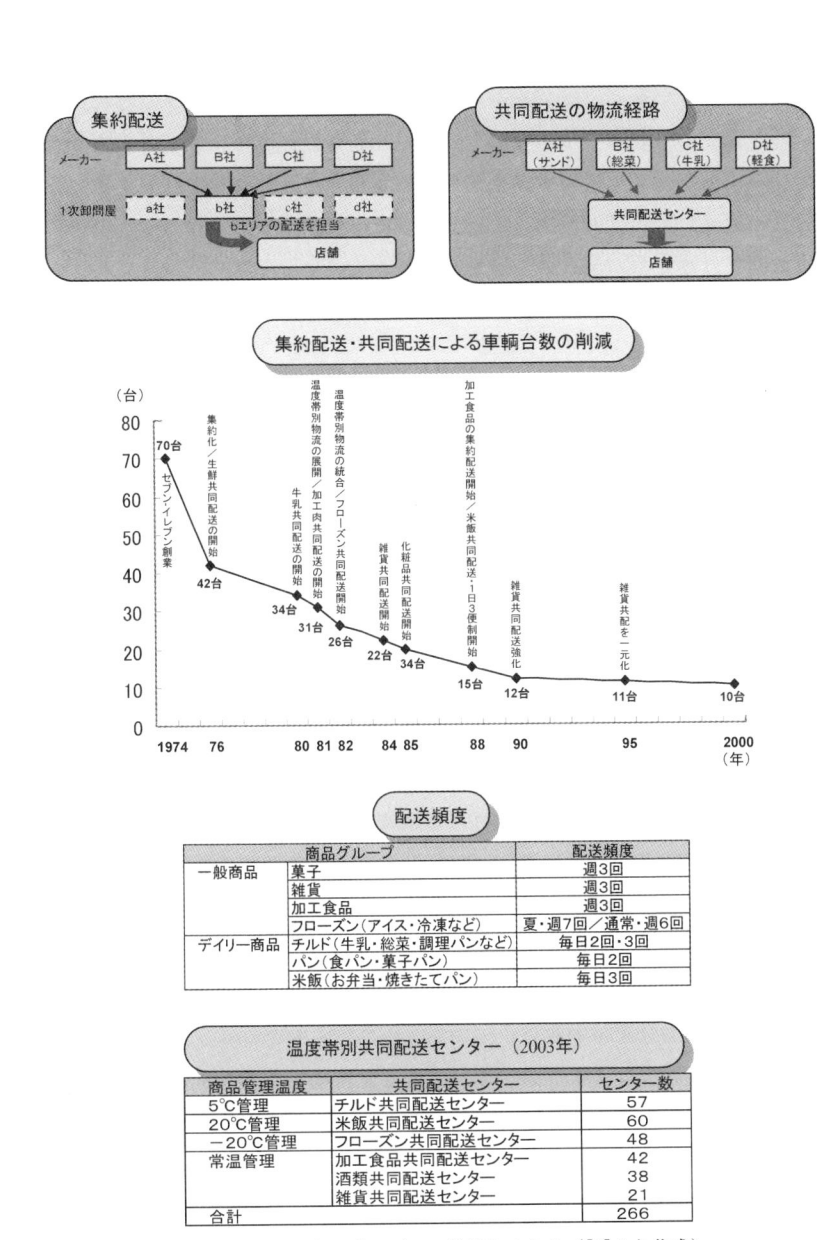

商品管理温度	共同配送センター	センター数
5℃管理	チルド共同配送センター	57
20℃管理	米飯共同配送センター	60
−20℃管理	フローズン共同配送センター	48
常温管理	加工食品共同配送センター	42
	酒類共同配送センター	38
	雑貨共同配送センター	21
合計		266

図5.1.3 セブン-イレブンの物流システム（[2]より作成）

5.1 サービスプロセスのモジュール化とその統合的活用による革新

ター運営を行う企業と，セブン-イレブンのように専用物流センターを外部パートナーと連携して組み立てる企業とがある．さらに，問屋や第三者の物流企業などの物流サービスを活用する企業などがある．そして現在では，上述した物流方式や物流システムは幅広く多方面で活用されるようになってきているが，企業間の格差はまだまだ大きいのが実状である．

過去のケースではあるが，企業格差を説明するデータがある．1990年に物流費の高騰を理由に食品の大幅な値上げが広がったとき，セブン-イレブンの物流は過剰サービスであり，値上げの元凶だと批判されたことがあった．しかし実態は，加工食品卸売業団体が発表した首都圏におけるコンビニエンス・ストア全体への問屋売上高に占める物流費の比率（小売の仕入原価に対する物流費の比率）は9.6%であったのに対し，共配センターを活用したセブン-イレブン専用物流の物流費比率は5.5%と大きな差があることが判明した．セブン-イレブン方式が一躍モデルケースになったのである[2]．

格差の是正は，進んでいるものと思われるが，セブン-イレブンではその後も共同配送化と納品頻度，リードタイムの改善を進めつつ，物流費比率はさらに10%以上の改善を図っている．

在庫回転率も店舗で42回転/年，在庫型物流センターで80回転/年程度となっており，発注に対する欠品率も10万分の5程度である．今日発注した商品は，夕刻から夜間，および翌日午前中には，休日などに関係なく納品される．定時配送の精度もシステム管理の効果もあり，きわめて高い．

こうした改革は，店舗のサービスレベルと競争力の向上に大きく貢献しているが，この背景には，取引先との業務面，情報システム面での連携の深さが，他の小売業とは大きく差別化されている点があげられる．

物流方式や配送センター運営ノウハウ，また，前述のチームマーチャンダイジングによるオリジナル商品開発や情報共有など，取引先との役割や業務機能の整理が図られており，業務連携の密度が他チェーンとは大きく違う点が特徴である．そして，これらを情報システムが，効率的，効果的に一気通貫で結んでおり，セブン-イレブン本部の手で開発されたソフトウェアが取引先に提供されている点はセブン-イレブン独自のものである．

コンビニエンス・ストア第1期の改革に続き，1990年代以降の大きな戦略と

して，ディマンドチェーンとサプライチェーンの連動があったが，まずサプライチェーンのシステム化に力が注がれた．

図5.1.4は，取引先システムの全体像を示している．上部に業務の流れ，下部にこれを支えるシステムモジュールが整理されており，この例では，ファストフードの取引先の業務領域と取引先情報共有システムでの情報共有が幅広くサポートされていることがわかる．

取引先システムの構築は，問屋，物流センター，製品メーカー，原材料メーカーの業務機能を分析し，論理的な組み立て直しと，システム面でのモジュール化を進め，セブン-イレブン本部，店舗側との連動を一貫性をもってデザインする中で進められている．しかも，これらのシステムは，取引先との協力をベースに，セブン-イレブン本部が開発し，基本システムは無償で，生産管理，在庫管理，商品仕分けシステムは，各々月額1万円程度の使用料で提供されている．

一例をあげると，店別の納入商品の仕分けシステムは，加工食品・雑貨などのセンター在庫型商品の小分け用システム，センター在庫型商品のケース単位

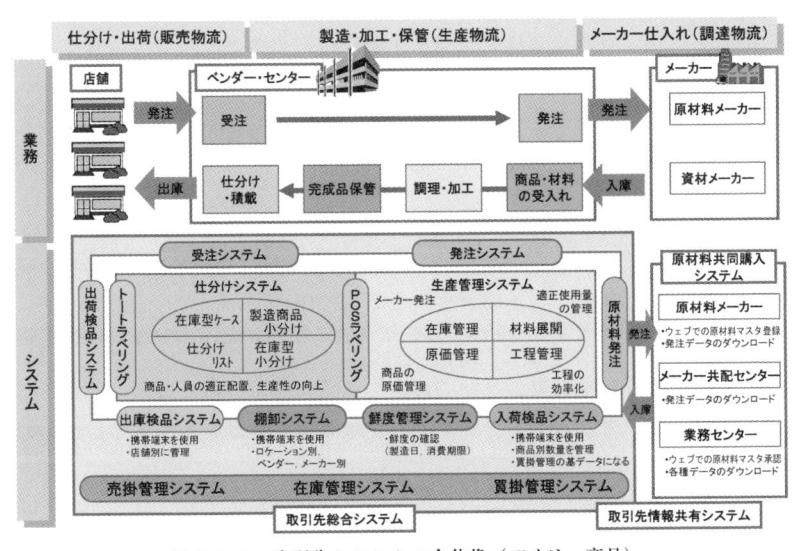

図5.1.4 取引先システムの全体像（デイリー商品）

5.1 サービスプロセスのモジュール化とその統合的活用による革新

での仕分けシステムと，ファストフードのように，製造ライン別の仕上がり商品を順次店舗別に小分けする仕分けシステムの3通りのシステムモジュールが提供されている．いずれも，コンピュータ発注データを元に，配送コース別，店別，商品別の納品指示数をデジタル表示し，人間によるピッキングを介した半自動方式である．システム障害時や投資効果を考えると，これらの方式のほうがシステム障害時も手作業対応が図れる柔軟性もあり，実状にフィットしたやり方である．

3方式は1980年代よりパートナーメーカーと開発を進めてきた．ちなみに，ファストフード向けの仕分けシステムの投資効果をみると，弁当やおにぎりの1パックあたりの仕分けコストは，手仕分け時の3円70銭よりシステム使用時の2円27銭へと40%の削減が図られている．1人あたりの仕分け個数が倍増することで，仕分け時間の半減も可能となる．こうしたシステムモジュールの活用はサービス・イノベーションと生産性向上のためには，欠かすことのできないモジュールとなっており，すでに多くの小売業・流通業でも活用され，中国での活用もはじまっている．

サプライチェーンの改革，特に物流サービスの改革で生産性の向上や，コストの削減，店舗へのサービスレベルの向上が図られた点を説明してきたが，実はこのイノベーションは，次の連鎖を生むことになる．

「サービス・バリュー・チェーン」という言葉でイメージを語ると，サービス・イノベーションで生まれた価値は，次の領域へと連鎖して新たな価値を生むことになる．平たくいえば，プロセスの品質や生産性を高め，他のプロセスとの連携を深めることで相乗効果を生み，新たな価値が形成される．

セブン-イレブンでは，物流のサービス・イノベーションが，商品開発プロセスのサービスレベルを上げ，価値を生み出している．

前述の通り，セブン-イレブンの加工食品の生産から販売完了までの平均日数を考えると，工場在庫日数2日分，物流センター在庫日数5日分，店舗在庫日数15-20日程度，合計でも1カ月程度の在庫期間で商品を販売することができる．

商品回転が速まり，温度管理や在庫管理の品質が高まると，商品を日もちさせるための添加物の使用を抑え，より品質，味の良い商品の取り扱いが可能と

なる．たとえば，カップ味噌汁は粉末のドライタイプから，生味噌タイプに変わり，オリジナル開発のカップラーメンは，乾麺タイプから生麺タイプに変わる．格段と味が良くなり，販促値下げの対象となりやすい143円のメーカー商品だけでなく，248円の価値訴求したオリジナルラーメンが世に出ることになる．

かつて，ビール後発のスーパードライがコンビニエンス・ストアと組んで，鮮度訴求で躍進したように，食の安全と品質，味の向上を，物流改革，SCM (Supply Chain Management) 改革が支えている．すでに，弁当やおにぎり，総菜などのファストフードも保存料や添加物は加えずに品質を維持できる時代になっているのである．

IT活用による省力化，容易化と，情報化，サービス化の同時実現

サービスの生産性の向上とイノベーションを進めるためには，省力化，効率化を図ることが重要である．さらにそれは，単なるコストダウンに留まらず，情報活用や顧客サービスの向上への広がりをもつとともに，サービスの阻害要因を排除して，サービスに集中するための効果的な支援や時間を作り出すアプローチとなることが望ましい．

また，サービスの生産性や，顧客満足度を生むためには，顧客接点で働く従業員の満足度や，生産性の向上が重要な要素となる．このためには業務の標準化や容易化とともに，情報共有や情報活用を支援し，従業員が主体性とやり甲斐を感じて，顧客ニーズの変化に対応しうる現場力の向上が必要である．

したがって，サービス・イノベーションへの取り組みのアプローチの第一歩としては，顧客接点である店舗は何をすべきか，そして実状と課題は何かを分析することからはじめるのが有益である．

店舗の役割の整理は，本来，市場や顧客ニーズをはじめとする環境変化の分析のもとに，事業戦略の見直しと策定を行い，これを実現するための業務機能の定義と組織の最適化，さらに機能を実行するための業務プロセスの組み立ての中で，他部門，取引先との連携の強化，見直しを図りつつ進める必要がある．

本書では，こうした戦略定義や業務改革の手法については頁数の関係から触れることはできないが，こうした手法をあてはめて検討すると，小売業の店舗

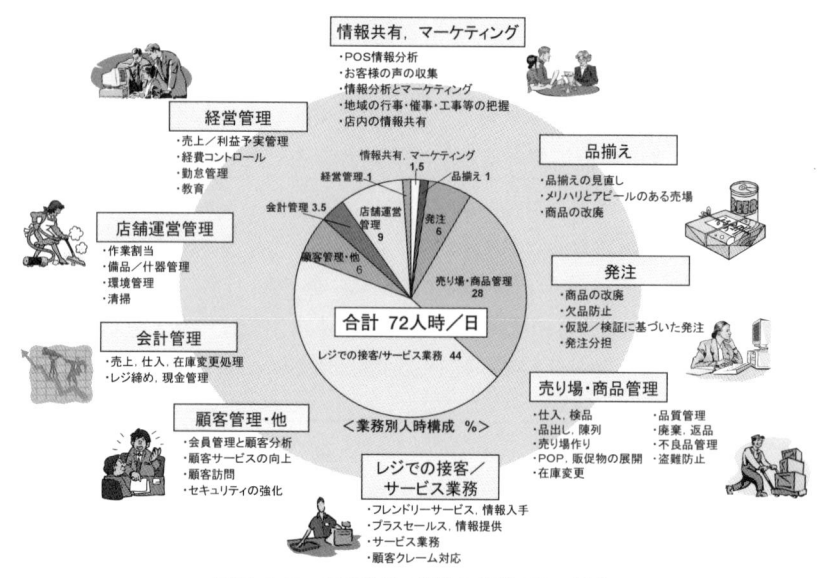

図5.1.5 店舗業務の機能と必要人時の構成

での機能はおおむね図5.1.5のように整理できる．店舗で行うべき役割は，大型店と小型店で大差はないが，大型店ではレジ担当，入荷・検品担当などと専任担当者で役割分担するケースが多い．これに対し，コンビニエンス・ストアでは経営管理などの一部の機能を除いて，ほとんどの業務を店長も従業員も幅広くこなし，迅速でフレンドリーなサービスが求められるのが特徴といえる．

円グラフは，コンビニエンス・ストア大手の店舗で各機能に投入される平均的な人時の構成を表している．店舗でマンツーマンで張り付いて分析することで，行うべき機能の実施状況を，行為の質と工数の両面から把握することができる．さらに，どの機能が不充分であり，どこのサポートを強めることで，効率と効果を上げて，顧客の支持を高めることが可能かを考える仮説-検証型の改善・改革へもつながる．

それぞれの機能をサブ機能に分解し，業務フローとして組み立て直すなかで，ITや技術活用，人間系やその組み合わせなどで業務やシステムのモジュールとしての塊をみいだし，もしくはこれまでのモジュールを組み合わせて，効果的なソリューションを組み立てていくことが必要である．

もちろん，個店による違いや，企業による違いは大きいが，相互にベンチマークすることで，改善すべきポイントが明確になることも多い．

この分析からは，工数的にも44％を占め，もっとも重要なレジでの接客とサービスの質と効率をいかに向上させるかがテーマとなり，環境分析や顧客ニーズ，規制緩和などの分析結果も加味して，新規サービス業務のデザインや，POSレジスターシステムの改善や再構築プランが検討されていく．

また，売り場・商品管理や，会計管理の部分は，標準化，効率化，省力化，自動化の対象領域としてとらえることができ，本部や取引先も含めた，ワークフロー化やペーパレス化より，大きな効果が期待できる．

さらに，情報共有・マーケティング，品揃え，発注の領域では，POS情報や，商品提案，売り場作り提案のマルチメディア情報などを活用して，仮説−検証型の自ら考え提案する店舗の主体性を支援する効果的なシステム構築が課題となってくる．

当然，サービス・イノベーションには，システム施策だけでなく，組織や，業務運用，会議体や情報共有などの人間系の見直しも重要である．

話は広がりすぎたが，こうした改革アプローチの手法をもつことも，個々のモジュールのデザイン・開発と並んで，科学的・工学的アプローチの重要な要素である．

それでは，上記のアプローチの一例として，店舗オペレーションの標準化，容易化，効率化に大きな効果を上げている，バーコードスキャンによる業務システムの改革の事例を紹介しよう．

図5.1.6は，左側の縦軸に品揃え評価から月次会計に至る店舗の日常業務の流れを示している．業務とは必ずモノや金や情報の動きを伴うものであり，モノのステータスが変わる業務，つまり仕入れとか販売といった業務を，どれだけ簡単に，しかも間違いなく組み立てられるかがポイントになる．セブン−イレブンは仕入れ検品や販売・サービス，廃棄・返品・値下げ，在庫変更・棚卸といった業務をすべてバーコードスキャンで行うことで，操作の標準化，容易化を実現し，発生するデータをシステム管理している．

店舗での仕入れ検品を例にあげると，店舗の発注データをホストコンピュータで伝票データに編集し，配送便ごとにグルーピングして，納品開始前に，店

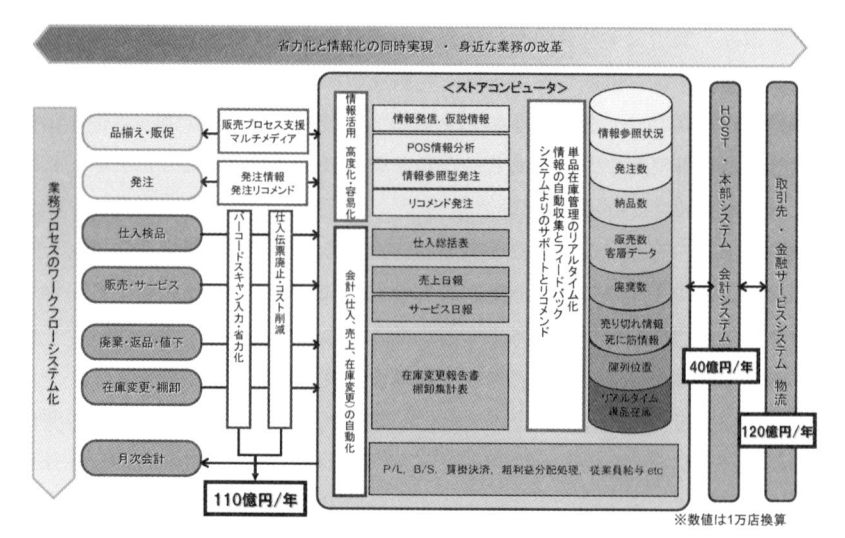

図5.1.6 店舗会計業務の自動化と情報化の推進

舗のスキャナーターミナルに送り戻す．このデータを実際に納品された該当商品のバーコードスキャン時に画面表示して，画面に表示された発注数と実納品数を確認する仕組みになっている．

　スキャナーターミナルの検品ボタンを押し，午前中に納品された1リットルの牛乳のバーコードをスキャンすれば，システムは瞬時にチルド配送の1便の検品を開始したと理解し，問屋コードや伝票番号，同じ便で納品される商品の明細も自動的に認識する．検品する人は商品名も問屋コードも意識する必要がなく，商品のバーコードをスキャンして画面表示された発注数と実納品数に違いがあった場合だけ，実納品数を入力する．検品が終わり検品終了ボタンを押したとき，未検品の商品があれば，システムからアラートが出るなど作業が簡単でミスが起きにくい仕組みを整えている．

　こうした作業精度の高さを実現することで，スキャン検品データはホストコンピュータに送られて，仕入れ計上データとして処理することができる．翌朝問屋にも検品データを配信して，取引先システムとして提供している売り掛け管理システムに連動させている．つまり，従来は伝票そのもので検品チェックを行い，違算があれば伝票の手修正を行い，これを本部へ回収して，会計担当

182　第5章　実際の現場への「適用」技術

者が入力していたが，問屋側も含め，こうした作業も，仕入伝票もまったく不要となった．検品後の伝票情報はウェブシステムを使って店舗，本部，取引先で常時参照可能な仕組みにすることで，確認が必要なときには，いつでも簡単に行える．こうした仕組みにすることで，電子帳簿保存法（1998年施行）にも対応している．

　検品が不慣れな従業員でも簡単に行える仕組みとなったことで，配送ドライバーは納品後すぐに次店に移動し，検品は店舗のみで実施する方式に切り替えられる．ドライバーと従業員の立会い検品を廃止し，加工食品や菓子，雑貨の物流費を6分の1削減することが可能となる．しかも検品ミスが多い店舗もデータ管理されてチェックやけん制が行える．

　同様にPOSレジでの商品販売やサービス業務もすべてバーコードスキャンによって処理され，売上日報も自動作成される．売上データはリアルタイムかつ単品でストアコンピュータに取り込まれる．廃棄や返品，値下げなどの在庫変更に関する処理もバーコードスキャンで行われ，スキャン検品での単品仕入れデータ，在庫変更データ，POSレジでの売上データによって，ストアコンピュータでは，リアルタイムの単品在庫管理が自動的に行われている．

　商品の動きに関するデータをバーコードスキャン方式で容易に取り込み，業務連動をシステム的に実現したワークフロー化により，図5.1.6の仕入検品から月次会計に至る部分の省力化と容易化が図られ，単品在庫管理のリアルタイム化と情報の自動収集が図られている．

　スキャン検品や店舗会計業務の自動化，伝票レスでの効率化は，伝票で検品を行い，手修正したものを本部でキーイン入力していた時代に比べると，驚くほどのコストダウンと正確性の向上をもたらしている．

　従来の伝票検品，伝票手修正，伝票送付，本部会計入力の方式では，店舗の1日の総人時に占める会計業務の人時構成比が6％程度あった．その後，仕入れスキャン検品，伝票集計票のみの本部提出，売上日報の自動化などを経て会計管理の工数は図5.1.5に示したように3.5％まで低減し，店舗会計データ自動計上，伝票レスなどの改善を加えた現在では，1.5％，約1時間程度まで低下している．この1時間の工数は，1日3回程度行われるPOSレジの点検業務で現金在高をシステム数値と照合する作業工数である．

当初の方式に対するコスト効果を算出すれば，4.5％の工数削減が図られ，1日3時間，時給換算で3,000円以上となり，年間1店舗，110万円，1万店規模では110億円に相当する．同様に本部会計業務の効率化効果は年間40億円，立会い検品廃止と仕入れ伝票廃止などによる問屋の物流費，事務費の削減も年間120億円程度にのぼる．

　合計270億円程度のコストセービングが果たされているが，システム費用と対比してみても，年間システム費用の総額をはるかにしのぐ，セービング効果が上がっている．

　セブン–イレブンにおいても，このプロジェクトは，13年の期間を要して完成に至った．1991年のスキャナーターミナルの開発，これに続くスキャン検品，売上日報，在庫変更データ処理の自動化，1998年の電子帳簿保存法の施行を受けての伝票レスシステムの開発，店舗–本部–取引先との伝票情報共有システムの開発などを経て，2005年に第6次総合情報システムへの組み込みを完了した．

　技術面，制度面，会計データの完全システム管理に対するリスク対応，システム品質や運用の徹底など，さまざまな課題や慎重論が出た．しかし，バーコードという標準技術と，オープンリアルタイムシステムによるワークフローシステム化により，省力化と容易化を高め，あわせて業務品質，データ品質を上げることを可能とし，接客サービスの向上と店舗–本部–取引先の業務改善とコスト削減が実現している．

　しかも，これらのサービスモジュール，システムモジュールは，小売業・流通業などで幅広く活用可能であり，仕組みのデザイン，ノウハウ，ハード・ソフトの応用など，サービス・イノベーションを推進する標準手法として活用されることを期待したい．

　こうした取り組みは，他企業でも進行している．イオングループでは店舗の会計業務や諸手続き，勤怠業務などのバックオフィス業務を標準化し，ワークフローシステム化することで大きな効果を上げている．1店舗あたりの店舗後方業務担当者を平均18.2人から6.5人まで削減し，年間70–80億円のコストセービングを実現している[3]．

　企業によってさまざまな取引や業務処理の形態があるとは思うが，標準化により取引先との連動で効果を高めるアプローチが有効である．

ちなみに，セブン-イレブンでの仕入れ伝票の廃止効果だけをとらえてみても，店舗-本部-取引先での，伝票用紙代やプリント代で年間 3 億円，事務処理・伝票保管などで年間 11 億円程度のコスト削減が図られている．
　中堅規模以上の小売業で仕入れ伝票の廃止が実現すれば，小売業界と取引先では年間 250 億円程度のコスト削減が見込まれる．
　流通業界ではようやく次世代 EDI（Electronic Data Interchange）が動きはじめたが，こうしたソリューションモジュールと連動することで，その効果は一層高まると思われる．
　そして最後に，ここにも，「サービス・バリュー・チェーン」の連鎖が生まれることを説明したい．それは図 5.1.6 である．販売，仕入れ，在庫変更の業務で取り込まれたデータは，単品在庫のリアルタイム管理のみならず，売り切れ時間情報や売れ筋，死に筋商品情報へと自動的に加工され，データベースに蓄積される．
　これらの情報を活用して，顧客ニーズにきめ細かく対応した品揃えや発注を行い，さらには，システム側からの品揃えアドバイスや，発注へのリコメンデーションも，自店と他店の比較分析なども含めて行うことも可能となる．
　また，取引先との情報連携や商品開発への情報活用も，このデータベースを活用し，ウェブシステムで組み立てれば，簡単に共有が図れる．
　セブン-イレブンでは店舗の発注・販売データや物流センターの在庫情報を，物流センター，問屋，メーカーと共有し，計画的な在庫管理や配送管理，メーカーでの生産管理や商品評価に役立てている．
　こうして IT 活用による業務の省力化，容易化は，情報化とサービス化の向上へとつながり，生産性の向上とサービスクオリティの向上が，同時に実現できる仕組みとなっている．
　以上，事例を含めてサービス・イノベーションの考え方と，これらを実現するための業務プロセスの見直しや，IT 活用の重要性について説明した．
　サービスプロセスを標準化，システム化，オープン化してサービスモジュールのクオリティを上げ，これらを最適に組み合わせ，結合し直すアプローチがサービス・イノベーションにとって重要な要素となってくる．
　また，こうした作業を進めるとともに，サービスの定義や，領域，対象によ

る特性や，共通するプラットフォームの要素などを整理し，サービス研究のフレームワークの形成を進めることが重要である．

サービス産業でもすでに科学的・工学的アプローチの成果は数多く生まれており，これらを，整理し，標準化，ノウハウ化，モジュール化して，共有，共用していけるよう，フレームワーク作りとあわせて体系的な取り組みが必要である．

5.2 人間生活データの蓄積と再活用

本節では，サービスの現場において，継続的に観測と分析を実施しながら，より生産性の高いサービスプロセスを設計し続けていく方策について述べる．

サービスの生産性を向上するために科学的・工学的にアプローチするということは，サービスに対して定量的な観測をするということである．製品を科学的に設計するためには，有形の製品そのものを観測することになるが，サービスの場合はそれ自体が無形であり，観測対象が明瞭ではない．人が人に対して行うサービスを考えれば，結果的にはサービスが提供されている場において，提供者の行為（サービスのプロセス）と受容者の変化（価値の認識）を観測することが重要であることがわかる．

ITの活用

実験的な介入をしないで観測をするということは，すなわち，受容者に対するサービスそのものが観測行為を伴っているということを意味している．たとえば，株式会社アシックスが直営店で実施しているシューズ推奨やインソールカスタマイゼーションのサービス事例では，店頭において専用の3次元計測装置を用いて顧客の足形状や走行姿勢を測り，その場で，そのデータを説明しながら顧客個人の足に適合したシューズの選定やインソールのカスタマイゼーションサービスを実施している．このサービスにおいて「顧客の足形状を観測する」という行為はきわめて自然であり，顧客に違和感を与えないどころか，むしろ店舗で顧客が受容する価値を高めていると考えられる．実際に，このサービスを希望する顧客は多く，店舗でも間断なく足計測が行われている（詳細は

コラム18

アシックス直営店における足計測とシューズ推奨サービス

　株式会社アシックスは，直営店（「歩人館」を含む）や協力店で3次元足形状計測を実施している．なかでも，直営店のアシックスストア東京では，足形状に加えてランニング能力測定を有料で実施している．

　図5.2.1に測定システムを示す．トレッドミルを走っているときの走行姿勢を後方カメラでとらえたり，足裏の圧力分布を測定したり，さらに，足の3次元形状を測定している．これらの測定機はすべてデジタル化されて，ネットワーク接続されている．これらの個別測定データは，個人向けシューズの推奨や，ランニングシューズおよびインソールのカスタマイズに活用されている．

　コモディティ製品であるランニングシューズに，店舗でカスタマイズという付加価値をつけて販売するというサービス設計である．従来，同社ではシューズを売るための販売促進手段として，小売店やマラソン大会などのイベントでの足形状計測を実施してきた．

　これに対して，アシックスストア東京は，単なる販売促進手段ではなく，シューズという製品とともに，顧客の特性にあわせたカスタマイズやランニングスキルの指導というサービスを提供する場となっている．このような顧客接点のサービスを通じて収集したデータは，統計的に分析され新商品開発に活用されている．

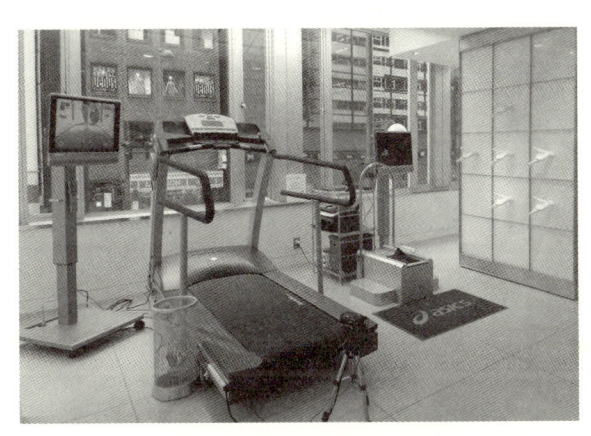

図5.2.1　アシックスストア東京での測定システム

コラム 18 を参照）．

　重要な点は，この足計測がデジタル化され，自動的にデータが蓄積できるような IT 基盤として整えられていることである．そして，足の寸法だけでなく 3 次元の形の情報まで観測しているため，店頭サービスのみならず，サービス開発や商品開発にも再活用可能な点にある．

　いうまでもなくアシックスは，小売販売が主体業務ではなく，スポーツ用品（なかでもシューズ）の製造がメインである．そのためには，顧客の足形状を統計的に把握し，顧客層に適合する製品を設計する必要がある．従来は，企画・設計サイドで独自に，そして別途費用をかけて計測を実施したり，外部の公的機関で計測したデータを購入したりしていた．現在でも，このような計測や調査がなくなったわけではないが，直営店で観測した顧客の足形状データが膨大に蓄積されていけば，この統計量を商品開発に再活用できるようになる．その場の顧客個人向けサービスのために観測した人間データが大量に蓄積されることで，サービス開発や商品開発そのものに再活用されるというサイクルが廻るのである（図 5.2.2）．

　そもそも，顧客接点の場において観測したデータが，商品設計・サービス設

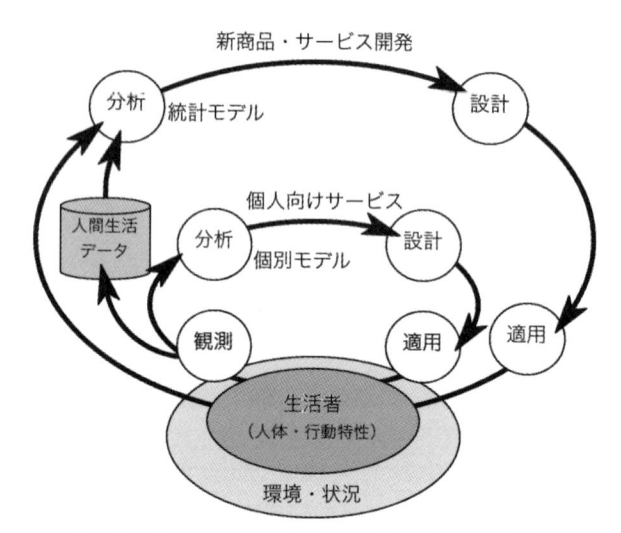

図 5.2.2　サービスを通じたデータの蓄積とサービスへの再活用サイクル

計に再活用されるという考えは，特段新しいものではない．たとえば，POS情報はその典型といえる．Amazonは，顧客の購買履歴を蓄積し，それを顧客個人向けの推奨サービスに利用している．クレジットカード会社は，決済情報を観測，蓄積して顧客ごとに分析することで，他人がカードを不正利用しているかどうかを確率的に発見する仕組みを作っている．これにより，普段買わない場所，時間帯でのカードの使用などを警告するのである．

これらの事例では，いずれもITを活用している．購買情報は，江戸時代から「大福帳」として記録されてきたが，そのままでは膨大な情報の再活用が難しい．それらを計算機に入力すれば容易に統計処理や分析技術を使えるようになるが，膨大な情報を計算機に入力するコストが膨大なものになるため，結局，生産性が向上しない．先の足形状計測の例も同じである．顧客の足サイズを手作業で測り，顧客ごとの足カルテを用意している店舗は少なくない．ただし，数万人もの顧客データを計算機に入力して統計処理する作業まではなかなか手がまわらない．ITを使うことで，観測から蓄積，再活用までが一貫してデジタル化される点に最大の特徴がある．いうなれば，ITが普及してきたことで，サービス業における観測，蓄積，再活用のループが現実的になったということである．

面白いことに，ITは，それ自体は入力を効率化し，売買を仮想化するための手段であるのだが，結果的に人間特性や行動特性などの顧客情報を観測する手段にもなっている．ITで構成された仮想空間（たとえばウェブショップ）で買い物をすれば，最終的に買った商品だけでなく，顧客がどのような商品をどういう順番でみてまわり最後に何を選んだのかという行動情報がデータとして蓄積されることになる．POS情報では最終的に購入された商品情報しか残らないが，これならばどういう商品群と比較してどういう購買選択をしたかを分析することも可能となる．

筆者が，メガネフレームメーカーである株式会社シャルマンと共同開発したメガネ推奨システムも，メガネと顔の組み合わせに対する印象シミュレーションを通じて，顧客がどのような用語に関心をもっているか，どのようなフレームを試したかをログとして記録するようになっている（詳細はコラム19を参照）[1]．

■コラム19

シャルマンが産総研と共同開発したメガネ推奨システム

　メガネフレームメーカーの最大手である株式会社シャルマンは，産業技術総合研究所と共同で，顧客個人の顔とメガネフレームの組み合わせの印象をシミュレーションすることで，顧客にメガネを推奨するシステムを開発した（図5.2.3）．

　まず，顧客の正面顔写真を撮影し，自動的に顔パーツの位置を認識する．専用の装置で測定した顧客個人の瞳孔間距離を入力することで，顔の諸寸法を計算できる．顧客がシステム画面上でメガネフレームを選ぶと，メガネフレームの価格やコンセプトが表示されるとともに，顧客の顔画像にフレームが合成される．メガネの購入者は目が悪く，自分のメガネを外して店頭のフレームをかけて鏡をみてもよくみえない場合が多いが，このシステムであれば自分のメガネをかけたまま，別のメガネをかけた自分をみることができる．

　このシステムの特徴は，そのメガネをかけた自分を第三者がどのように感じるかという印象度をシミュレーションできる点にある．開発したシステムには若い女性の「感性モデル」が組み込まれている．顧客個人の顔寸法と選択したメガネの形状特徴量などから，あらかじめ導出された統計モデルに基づいて「明るい−暗い」「涼しい−暑苦しい」「若い−老けた」など七つの印象に関する得点を計算し，表示する．それぞれの印象度スコア表示の脇に「ソート」ボタンがあり，これでその印象度を強く与えるフレームを並び替えて表示することもできる．店員が販売支援ツールとして使用することを想定して開発されたもので，店員が自分の印象をいうのではなく，科学的に構成された感性モデルによって第三者からみた印

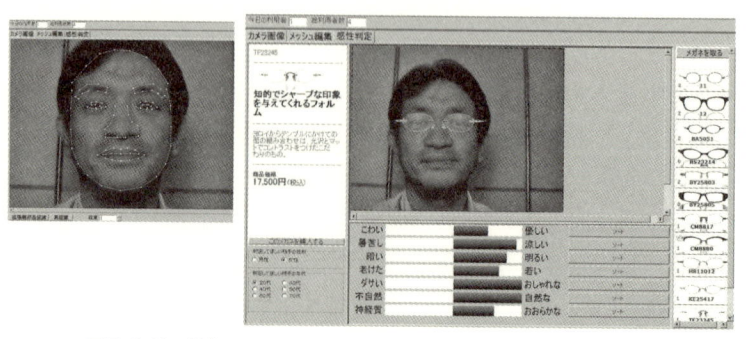

図5.2.3　印象シミュレーションを搭載したメガネ推奨システム

象度を提示することで，購入の動機づけとしている．また，顔の諸寸法に応じて適切なフレームサイズを選定，推奨もできる．

このシステムでは，顧客ごとに顔の諸寸法とともに，どのようなフレームを選んだか，どのような印象に関心をもってソートをしたかという購買行動情報をログとして記録している．そして，店舗での販売行為の質を高めているだけでなく，蓄積されたデータは統計処理され，メガネのフレームサイズ分類や，意匠コンセプト開発に活用できる．

顧客との合意形成

ITを活用した観測をサービス現場に適用するためには，その観測行為が顧客にとって価値のあるものであることを説得して合意を形成することが不可欠である．

事例として，クレジットカードのIT決済を考えてみたい．クレジットカードの決済にITが使われるのは，顧客にとって有益である．クレジットカードのIT決済は，いまでは当たり前だが，以前は，クレジットカードをカーボン紙でコピーして紙ベースで処理していた．当然，その時点では決済処理がなされていなかった．それがオンライン化したことで，店側（これもクレジットカード会社の顧客である）にも利用者側にも安心感が得られる．さらに，その顧客の利用履歴を照合して，その顧客が海外で頻繁に購入する人なのか，海外ならどのような国を旅行する人なのか，平日の昼間に決済をする人なのかという情報をもって，不正利用の警告を発してくれることは利用者にとって安心感がある．むろん，不正利用の結果を立て替えなければならないクレジットカード会社の利益はより大きい．

一方で，履歴などのデータを提供する顧客個人にとって有益になるサービス設計が不十分である場合には，データの再利用に関する合意が得られない場合がある．ある証券会社が，顧客の株取引データを大学に提供し，株の売買行動をモデル化して，より効率的な株式運用につなげるという共同研究を計画した事案では，顧客との合意形成ができず共同研究を断念する結果となった．顧客個人へのサービス設計が不十分であったことが一因といえるかもしれない．

つまり，IT を用いることと，そのデータを蓄積して活用することの両方で顧客個人への利益があり，それをもって合意形成をしているのである．そもそも顧客は自分の特性データを勝手に観測され，記録されることを望んでいない．では，一切情報を出さないかというと，そうでもない．なぜなら，顧客が自分の情報を出すという行為は，「注文」という行為と紙一重だからである．

ここでは，

① IT を用いて観測することそのものが顧客にとって有益であること
② そのデータを記録し蓄積することが顧客個人にとって有益であること
③ データを再活用する場合に個別情報ではなく統計情報を活用すること

の 3 点が実現できるようなサービス設計が重要である．

Amazon の事例はわかりやすい．顧客の購買履歴データを統合して統計解析すると，協調フィルタリングという技術によって，その書籍を購入した別の顧客が他にどのような本を買ったかがわかり，それが自動的に推奨される．顧客は「ウェブショッピングでは自分の購買履歴が記録されていたのだ」ということを知り，「それを他人の情報とあわせて分析すると，推奨サービスを享受できるのだ」と納得することになる．IT を用いて観測することと，データを蓄積して活用することの両方の合意を取り付けている．実際には，さらにもう 1 段階の合意が必要である．顧客個人が即座に享受できない，次のサービス開発や商品開発へのデータの再活用である．

上記のアシックスの事例では，計測した足のデータは，顧客個人のシューズ選択やインソールカスタマイズに活用されるとともに，長期的に顧客群に適合したシューズ開発に活用される．顧客はデータを提供すれば，いずれもっと適合したシューズを作ってもらえるということになる．このように，観測データを直接本人向けのサービスに使う以外の目的で再活用する場合には，遠回りであってもそれが顧客本人に有益であることを提示して合意をとるようなサービス設計が有効である．さらにいえば，再活用時に個人情報を使用しないだけでなく，個別情報も利用せず，あくまでも統計的なモデルを活用することが合意形成に重要である．財団法人機械システム振興協会の調査によれば，個人向けのサービスで収集されたデータの再活用について，統計処理が施されるのであれば 8 割の利用者で合意が形成できるとしている [2]．

このためには効果的な統計モデル化技術が必要となる．上記の足形状計測においては蓄積された3次元形状データを解剖学的にモデル化し，平均のみならず個人差を再現するさまざまな仮想形状を統計的に合成する技術が重要な基盤となっている．このような3次元の人体形状データの統計処理技術がなければ，個別形状を再活用するか，寸法の統計のみを再活用するに留まってしまう．個別形状を再活用するとなるとデータを提供する顧客個人との合意形成が困難になる．また，寸法のみを使う場合には，形の情報（曲がっている，つぶれているなど）が失われてしまう．人体形状の統計処理技術が，サービスの合意形成と再活用の質の向上とに役立っていることになる[3]．

　単に人体特性データを統計処理するだけでなく，人間生活データを統計的にモデル化する技術はより重要である．大規模データを単純に統計処理する（頻度解析など）のみでは，データの分析結果を水平展開することができない．新しいサービスや商品を開発するには，サービス受容者が価値を判断する理由を知らなければ意味がない．既存のサービスの価値を高いと評価した頻度や人数がわかっても，別のサービスを設計するためにはあまり役立たないのである．

　そこで，大規模データに潜む価値判断の理由とそれに由来する行動発現の因果関係をできるだけ明らかにしたうえで，予測可能な統計モデルを構成する技術が必要になる．第3章で紹介したベイジアンネットワーク技術はそれを具現化する方法の一つである．ただし，その因果構造のもととなる隠れ変数を引き出すには，実験的なインタビューによる仮説形成が必要である場合が多い．それには第2章で紹介した行動観察調査に基づくインタビュー手段が必要となる．

人間の日常生活データ観測を現場に適用するためのサービス設計法

　サービスの価値は，受容者の状態変化を受容者自身が認識することによって生まれる．サービスは消滅してしまうものなので，サービスを提供している場で，まさしくサービスが提供されているときに，受容者の状態を観測する必要がある．それは単に受容者の人間特性を計測するということだけではない．その受容者がどういう状況でどういう文脈にあり，そしてどういう環境下にいるかで受容者の価値判断が変わってくる．したがって，受容者を取り巻く環境情報の時間変化を同時に観測しなければならない．これは，いうなれば人間の

「日常生活データ」である．人が，どのような環境下でどのように感じどのように行動するか，それがサービスの提供によってどのように変容したかを観測するということである．

実験的な介入ではなく，あくまでも現場でのサービスの場で継続的に実現するとなると，上記のすべてを満足するのはきわめて難しい．観測技術の制約もあれば，顧客との合意形成がうまくとれないという制約もある．また，いくらメモリとハードディスクが膨大になり計算能力が向上したとはいえ，なんでもかんでも記録するのは効率的とはいえない．顧客個人へのサービスと，次のサービスや商品の開発に有用な情報だけを効果的に観測したい．このようなサービス設計を進めるための方策として，ここでは次の四つの設計法を提案する．

① IT・観測技術に基づく設計
② 顧客との合意形成を主眼とするサービス設計
③ 有用な情報を絞り込むことによる設計
④ 他者との連携によるサービス設計

である．

①は，比較的考えやすい．新しい技術が出てきたら，それをベースに顧客との合意形成がほとんど必要な，非常に容易な場面において，何を観測できるかを考え，観測コストと有用性のバランスをもって現場に適用する方策である．たとえば，ICタグがある．商品にICタグをとりつけ，商品在庫管理をするとともに，在庫がなくて販売できなかった商品情報を記録して販売戦略に再活用しようというものである．顧客にタグをつけて行動データを収集するのは合意形成が大変であるが，商品であれば大きな問題はない．

株式会社シンエイというシューズメーカーがデパートの三越と実施しているのは，靴販売店で棚に並んでいる商品にICタグをつけ，顧客が商品を選んだときにすぐに在庫確認できるシステムである[4]．店員は顧客を残して在庫確認に走り回ることなく接客サービスに専念できる．また，端末を使って頻繁に紹介された商品や，在庫がないために販売できなかった商品など，人気商品や売り逃がし商品の情報などPOS情報では得られないデータが記録でき，それを販売戦略に再活用できる．顧客との合意形成を必要としない，かつ，ITで観測できるような情報に絞ってサービス設計を行った好例といえる．

②は，技術論だけでは展開できないため，①の方策に比べると困難性が高い．これは顧客が何を期待しているかを把握していることが前提となる．事例として，家庭用のデジタル録画機を考えよう．録画機そのものは製品であるが，録画機を使う行為はこの製品がサービスを提供していることに相当する．このときのユーザ（サービス受容者）の価値を知るためには，ユーザがどのような番組をどのように録画して使用しているのかを知ることが第一歩であろう．実は，市販されているデジタル録画機の多くはデジタル放送の双方向通信機能（番組に視聴者が参加できる機能）を利用するためにLAN端子を備えている．これを通じてユーザの録画ログ情報を収集することは技術的に容易である．問題は，そのようなデータ提供についての合意形成にある．ここで，携帯電話を活用した外部からの予約サービスと，予約履歴に基づく番組推奨サービスを組み合わせるというサービス設計を考案すれば，顧客の合意形成がしやすくなる．合意形成をするためにアイディアを出すことで，サービスを設計するという方法である．

③は，明らかに合理的であり魅力的である．特段の戦略もなく収集した膨大なデータからマイニングするよりは，あらかじめ有用であるような情報（宝物）を埋め込んでおいたデータを分析するほうが見通しがよいのはいうまでもない．これには，サービス対象に対する科学的・工学的研究が不可欠である．どの情報が最終的に有用であるかは，仮説を立てて実験的にサービスに介入して観測し，分析するというサービスの科学的・工学的プロセスを経て初めて明らかになる．遠回りのように思えるが，製造業における製品分析は，すべてこのようなプロセスを積み重ねて今日のレベルにある．サービス業においても，今後同じような科学的取り組みがなされていくべきであろう．残念ながら，筆者は，本稿執筆時点で，この方策に基づくサービス設計の成功事例を知らない．

最後の④は，①，②をふまえた上で，自社の製品やサービスだけでカバーできない部分を，他社のサービスと連携することで補完するという方策である．電子マネーにおける連携や，顧客につけるポイントサービス（マイレージなど）のアライアンスもこの枠組みとしてとらえることができるが，ここでは人間生活データの観測と蓄積を絡めた事例として，Nike社とApple社の連携を考えてみたい．

どちらも基本的には製造業であるが，いまや，製造業とサービス業の区別は明瞭ではない．Nike社としては，自分の販売するランニングシューズをユーザ（サービス受容者）がどのように使用しているかというデータを得たいのであろう．とはいえ，ランニングシューズにはセンサが内蔵されていないし，ネットワークにも接続されていない．そこで，Apple社のiPodとの連携が考えられる．専用の加速度センサをシューズに仕込み，これとiPodを連携させることでリズムのコントロールができる（走行リズムに近い曲を選ぶことができる）．さらに，iPodがPCを通じてLAN接続できる機能を利用して，加速度センサで記録した走行ログを送信し，それによってユーザ自身の走行記録を管理するサービスまで提供している．これは，結果的にユーザがランニングシューズを使ってどの程度走っているかのデータとなっている．基本的にiPodと連携できる加速度計は，特定のシューズにしか装着できないため，そのシューズの利用歴情報が得られるということである．そもそも，Nike社は独自のデジタル音楽プレイヤーを発売していたので，構想としてはiPodとの連携が先で，それに駆動されて加速度計を仕込んだシューズや走行記録（マイレージ）サービスのアイディアが出てきたのではないかと推察する．

　いずれにしても，人間生活データの観測と蓄積を実践する連携の好例である．現在，IPv6時代に向けて，家電ネットワークの研究が盛んに行われている．単一の家庭電化製品だけでユーザ（サービス受容者）の生活状態を観測することは難しいが，さまざまな家電製品での観測情報を連携すれば，家庭内での生活状態をかなり広範に観測できるようになるだろう．また，生活者の健康状態をモニタリングする装置類（歩数計，体重計，あるいは計測機能付きの便座など）でも連携が模索されている．

大規模データの蓄積と再活用

　ITを用いたサービス提供場面での観測の特徴は，ITによって観測を自動化でき，観測箇所を大幅に増やせる点にある．計測に特殊な技量や作業が不要になれば，たくさんの箇所で同時に観測できるようになる．このような遍在型の観測により，従来では考えられなかったような大規模データが蓄積されることになる．これらの大規模データをもっているだけでは，サービス提供者にとっ

ての価値は生まれない．大規模データをもっていることが競争力なのではなく，大規模データを分析してサービス開発や商品開発に再活用できることが競争力なのである．大規模データの分析技術については，第3章を参照されたい．サービス現場で収集された大規模データの分析については，実験的な介入によるデータと異なり，以下の二つの点に留意して大規模データ分析手法を適用する必要がある．

① データの品質管理
② データの共有化と検索互換性確保

である．

①は，ITで収集されるデータの不確かさを知った上で解析に利用するということである．人間生活データの不確かさは，計測技術にも起因するが，実際には現場の状況や観測される対象のゆらぎ（人間のもつばらつき）によっても観測値にエラーが混入する．真値データがわからないため，いわゆる真度（真値と観測値の差）はわからないが，同一の状況下での再現性（2回の計測によるくり返し誤差）を評価することはできる．くり返し誤差は，次のTEM（Technical Error of Measurement）で評価できる．

$$\text{TEM} = \sqrt{\frac{\sum_{i=1}^{n} d_i^2}{2n}}$$

ここでnは観測対象の人数，d_iはi番目の観測対象者の2回の観測値の差である．観測値の標準偏差SD（個人差，状況差）が既知であれば，下式によって計測データの信頼性を評価できる．

$$R = 1 - \text{TEM}^2/\text{SD}^2$$

健康増進サービスビジネスを手がけるフィールファイン株式会社では，複数被験者について体形，体組成，運動機能，生理機能，血液性状についての複数回計測を実施し，TEMとRを計算して，各測定項目の信頼性を評価した上で，信頼性の高い健康特性データベースを構成している[5]（詳細はコラム20を参照）．これらは，同社が展開する簡易健康指標の導出や証拠に基づいた健康指導プログラムの開発に活用されるだけでなく，大量に収集される健康特性デー

■コラム20

フィールファインにおける健康データの品質管理の取り組み

　健康サービスビジネスを展開するフィールファイン株式会社は，有楽町駅前ビルの地下にクリニックを併設した健康測定スタジオ（図5.2.4）を開設し，ここで，幅広い健康特性データの測定と健康指導サービスビジネスを実施している．ここで広範な健康特性データ（体形，体組成，運動機能，生理機能，血液性状，心理特性，希望すれば皮膚特性や臍位断面CT）を測定して，そのカルテをもらえるだけでなく，それらの客観データを観察しながら健康指導を受けられるという点で高い顧客満足度を実現している．

　ただし，これは同社のメインビジネスではない．このような測定と健康指導サービスを通じて蓄積される健康特性データベースから，さまざまな健康特性データの相互関係や健康指導の介入による特性変化を統計的にモデル化し，健康特徴を代表する簡易指標の導出や，個人の状態にあわせた健康指導プログラムの設計の研究開発を進めている．この成果物を，証拠に基づいた（evidence based）簡易健康指標，健康指導プログラムとして，健康保険組合やフィットネスクラブなどへ販売していくビジネスモデルである．

　そのためには，基盤となる健康特性データベースの品質管理が不可欠の要件である．同社は産業技術総合研究所とともに，健康特性データの総合的な信頼性評価と相互関連性分析を実施した．健康特性データの測定項目は，体形データが測定装置1機種で105項目，体組成データが4機種で計83項目，血液性状は27項目，生理機能データが3機種で計5項目である．これら合計220項目について，男

図5.2.4　フィールファインの測定スタジオ

女合計99名のデータの相関散布図を表示し,目視でエラーデータ除去を行った.さらに,すべての測定項目について10名の被験者で2回ずつの測定を実施しTEMを計算した.各測定項目のTEMの結果と男女合計99名についての各項目の標準偏差から信頼性係数Rを計算した.類似した特性を計測している場合には,信頼性の高い測定装置・項目を採択した.また,特性データが互いに相関がある場合にも,信頼性の高い測定項目で代表させた.

このような品質管理は散布図をみて目視でのチェックと,再現性の実験に基づくものであるが,一度,信頼性の高い相関関係が得られれば,それをフィルターとして新しいデータに混在する測定ミスやノイズを自動的に除去することも可能となる.これは分散型で大規模な健康特性データを蓄積していく上で,重要な技術となる.

のエラーデータを自動的にみつけだすフィルターとしても活用できる.

このようにして社会の中で分散して観測され大規模に蓄積されるデータは,必ずしも単一のデータベースサーバーに単一のデータ形式として蓄積されていくわけではない.観測場所や状況によって観測項目が異なり,データが観測場所ごとに蓄積されて分散保存されることもあり得る.たとえば,フィットネスクラブで健康関連データを収集する場合でも,サイトごとに設備が違うことで収集するデータ項目に差があり,あるいは,顧客の状態や状況によってはすべてのデータが観測できないこともあり得る.むしろ,想定されたすべての観測項目が,すべての時点で,すべての場所で完全に整っているということ自体がまれであり,不完全なデータが大量に蓄積されると考えたほうがよい.そういう意味では,実験室で得られるデータとは質や量ともに大きく異なる.

また,データを単一のサーバーに複製できない場合もあり得る.個人情報管理や知的財産管理に起因する.特に,複数企業体が連携してサービスを構成する場合には,データそのものが分散管理されることも起こり得る.このような場合であっても,大規模データの検索互換性を確保することが求められる.検索互換性を確保するには,検索に関する取り決めとして標準化が必要となる.

いくつかの方策があるが,簡便な方法は検索用のコード番号の取り決めであ

る．商品であれば財団法人流通システム開発センターの提唱する JAN コード，体形データには産業技術総合研究所が提唱している ICAM コード，日常生活データには WHO で採択された ICF（International Classification of Functioning, Disability and Health）がある．

多くの事業者がこれらを利用し，数値データの意味属性としてコード番号を記載してくれれば，それを利用したデータの検索が可能となる．この方法は簡便である反面，分類が固定化されていて集計上不便であり，新しいカテゴリーを容易に追加できないなどの問題もある．

人間生活のハブとなる 3L

サービスを定量的に扱うために，サービス現場における観測が必要であり，その有効な手段として IT を活用した人間生活データの収集，蓄積，再活用があることをこれまで述べた．どのようなデータをどのような手段で収集し，サービスとして構成するかの設計方法と，現場で大規模に収集されたデータを分析する際の留意点について整理した．最後に，これらの人間生活データの蓄積と再活用が，サービス現場に与えるインパクトについて展望する．

JR 東日本が提供する「Suica」のサービスは，本来は，磁気式の自動改札機におけるジャム（切符などの巻き込み）のメインテナンス業務を低減する目的で導入されたものである．そして，この IT はサービス受容者（乗客）にも有益な価値を提供した．一方，膨大なデータは，都市で生活する人の流れの情報でもあり，それが基盤となり，さまざまなサービスに連結されていく．

つまり，Suica は都市で移動し，購買する人の流れと行動の情報を蓄積する IT 基盤となっているのである．このような情報基盤を有すると，そこにさまざまな事業者が連携を希望してくることになる．これは，単一のサービス事業者が収集できる情報には限りがあるため，関連する情報を収集できる基盤をもった事業者との連携が生まれるのである．事例にあげた Nike 社と Apple 社のケースでいえば，米国において圧倒的な市場占有率をもつ Apple の iPod が，音楽を楽しみ，楽曲を購入する人の行動情報を蓄積する IT 基盤をもっているということである．これらの事例が示すとおり，サービス受容者の生活データを蓄積する基盤をもつことは，サービス産業における主導権を獲得するほどのイ

ンパクトをもっている．

　では，どのようなサービスがこの基盤となり得るのか．これについては，既存のサービス産業の区分（金融，教育，観光など）ではなく，人間生活の場面で考えるほうが自然である．なぜならば，サービスは受容者である人間の生活場面に沿って連携し，価値を生み出すものであるからである．先にあげたNike社とApple社の事例でも，「走る」という生活場面においてシューズと携帯音楽プレイヤーが同時に利用されているという意味で連携するのであって，スポーツ用品メーカーとPCメーカーが業態として近いわけではない．

　そうなると，家庭，移動，就労，娯楽，購買などの生活場面において，サービス受容者の日常生活データをできるだけ広範に収集できるITをベースとしたサービス設計を実現することが，将来的な主導権獲得につながると考えられる．移動においては，先のSuicaのようなものが先行しているといえるかもしれない．家庭，就労，娯楽，購買では，まだ鍵となるサービスが登場していない．

　筆者は，人間生活データの蓄積に用いられるITには，LAN（インターネットへの接続），Life（日常生活への組み込み），Log（データの蓄積）の三つのLを備えることが必要だと考えている．ここで事例として取り上げた，シューズ販売店での足形状計測装置も，Suicaも，iPodも，もちろん，Amazonなどが利用するウェブショッピングも，この三つの要件を満たしている．すなわち，人間の日常生活に組み込まれてデータを蓄積する機器が，社会に遍在してネットワークに接続され，社会生活の膨大なデータを吸い上げて蓄積する基盤をなすということである．

　このような機器を有する事業者は，サービス受容者の合意を形成できるサービスを設計できるかどうかが鍵となる．また，サービスを提供している事業者はこのようなIT機器をうまく導入できるかどうかが鍵となろう．そして，生活場面における人間と生活環境の膨大なデータを蓄積し，再活用する技術そのものが，これからのサービス産業における最大の競争力となる．

参考文献

5.1 節

[1] 日本チェーンストア協会,「平成9年チェーンストア販売統計集計表」,「平成19年チェーンストア販売統計集計表」.
[2] 社史『セブン-イレブン・ジャパン 1991-2003』.
[3] Retail Technology Summit 2006 メインコンファレンスにおける講演より 縣 厚伸（当時 イオン 常務執行役 IT 担当）「イオンの IT 活用によるビジネス革新」.

5.2 節

[1] 持丸正明, 河内まき子,「個別適合メガネフレームの設計・販売支援技術」, *Synthesiology*, **1**(1), (2008), 38-46.
[2] (財)機械システム振興協会, (社)人間生活工学研究センター,『オンデマンドサービス・製造技術に関する調査研究報告書』, (2003), 32-33.
[3] M. Mochimaru and M. Kouchi, "Statistics for 3D Human Body Forms," *SAE Digital Human Modeling for Design and Engineering 2000*, 2000-01-2149 (2000).
[4] 「サプライチェーン全体の最適化を目指す シンエイ／三越」, *Club Unisys*, **31** (2005), 8-9.
[5] 土井正裕, 設楽佳世, 並木幸久, 持丸正明,「相関解析と主成分分析による生体情報ネットワーク」,『日本生理人類学会誌』, **13**, 特別号 (2008), 117-118.

おわりに

　経済産業省が，サービス産業の生産性を向上するために科学的・工学的手法の導入の必要性を政策課題に位置づけた 2006 年の秋頃から，産業技術総合研究所や東京大学，産業界の研究者や有識者が幅広い議論を行ってきた．そして，サービス産業生産性協議会やサービスの研究拠点として産業技術総合研究所にサービス工学研究センターの設立に至った．本書は，この議論に参加したメンバーを中心に執筆された．

　議論はさまざまな方法で行われた．産業技術総合研究所と経済産業省の担当者で合同のタスクフォースを設立し，また具体的な課題を抽出するために，実務レベルの検討チームも設置し議論を重ねてきた．特に具体的な検討を行うために，東京大学からの研究者の参加のみならず，ワークショップも開催し，多くの産業界の有識者の知見を得て，サービス生産性向上の科学的・工学的手法とはどのようなものなのか考え方の整理を行った．

　現在，多くの組織や学協会において類似の議論が進められている．日本アイ・ビー・エム株式会社は SSME University をセミナー方式で開催し，多くの大学や政府機関の関係者によって組織されている．東京大学のサービス工学研究会やサービスイノベーション研究会も産業界とともに議論を展開している．文部科学省は，特に人材育成という観点から，2007 年度よりサービス・イノベーション人材育成推進プログラムを開始し，すでに 13 大学が採択されている．また，サービスについて科学的・工学的な基礎を確立するために「サービス科学・工学の推進に関する検討会」を文部科学省で設置し，議論を開始したところである．諸外国においても，サービスを科学や工学の研究対象と位置づける動きが活発化している．このような活発な動きから，今後はさまざまな知見が急速に蓄積していくものと考えられる．

　本書の出版は，はじまったばかりのこの一連の検討の第一歩にすぎない．考え方の整理や方法論の提案がさまざまな研究者や機関によって行われていけば，

本書も必然的に書き換えられていかなければならない．場合によっては執筆者を大きく入れ替えていかなければならないとも考えている．そのようなことを積極的に行うことが，結果として活発なサービスの科学的・工学的研究を反映していくことになるだろう．

　本書の執筆にあたって，東京大学出版会で編集を担当した丹内利香さんには大変にお世話になった．また，これまで産業技術総合研究所，東京大学，経済産業省，産業界の多くの方々には非常に有益な議論をしていただいた．特に産業技術総合研究所理事（産業技術アーキテクト）の伊藤順司氏，株式会社日本ハムファイターズ顧問の多氣田力氏，日本アイ・ビー・エム株式会社の日高一義氏，またサービス産業生産性協議会のメンバー，そして産業技術総合研究所サービス工学研究センターの研究者との議論は大変に有益で，これがなければ本書を取りまとめることはできなかった．厚く御礼を申し上げる．

2009年3月　　内藤　耕

索　引

ア　行

案内表示による誘導サービス　76,77,83
異質性　25,107,132,136
移動サービス　34
移動時　35
イノベーション　59
医療サービス　28
イールドマネージメント　151
因子分析　109
インタビュー　74
ウェブでの目的とするページへの誘導　77
運転行動調査　87
駅内誘導　75
駅の案内表示による誘導サービス向上　84
エンターテイメント　39
親ノート　116
オントロジー　141

カ　行

買い手社会　165
概念設計　130,131,140
鏡映文字問題　85,87
確率モデル　115
仮説推論　141
課題切り替え問題　85,86
価値　52,62,64
　　──創成　66
　　──創成モデル　65
狩野モデル　139,140
機械学習　109
　　──法　111
技術戦略マップ　46
機能構造　133,135
機能設計　131,133
基本設計　131

共創　66
　　──工学　64
協調フィルタリング　119
共分散構造分析　117
業務プロセス　170,171
グラフィカルモデリング　118
グラフ構造　116
劇場フレーム　133
決定木　117
決定論的枠組み　108
原始サービス　5,26
限定合理性　73
合意形成　141
交互作用　111
行動観察調査　74
行動決定　76
交絡因子　111
小売りサービス　37
効率化　52,60
顧客価値　143
顧客満足度　137,139,140
　　──関数　139
個人の嗜好性　119
子どもの行動推定　124
子ノート　116
コミュニティ　50,51
コンカレント・エンジニアリング　140
コンテンツ　135

サ　行

最大化原理　73
最適化　57,58,60,61
　　──手法　61
最適設計ループ　18
再利用可能な知識モデル　113
作業記憶　73
　　──機能　76,77,85

205

サービス・イノベーション　10,48,167,181
　──研究会　51
サービスCAD　140
サービス工学研究会　51
サービス工学研究センター　44
サービス・サイエンス　1,44,53,134
サービス産業生産性協議会　44
サービス受容モデル　71,74
サービス・ステーション　27
サービスとしての調査・研究　125
サービスの再帰定義　135
サービスの双方向定義　135
サービスの多段階定義　135
サービスの定義　134,135
サービス・ブループリント　145
サービス・プロフィット・チェイン　108
サービス・マーケティング　129
サプライチェーン　168
産総研式認知的加齢特性検査　77,84
視覚探索問題　86,87
識別器　123
刺激-反応モデル　108
事後確率　122
事前確率分布　122
持続性　52,59,66
仕出し屋　32
実現構造　136
実現設計　131,133
修道院　29,30
重要業績評価指数　→　KPI
宿駅制度　31
宿泊サービス　29
主成分分析　109
主体性　34
手段目的分析　119
状況依存性　119
消減性　107,132
条件付き確率表　→　CPT
条件付き確率分布　116
詳細設計　131,137
状態変化　134
消費者行動モデル　112
消費者中心パラダイム　108
情報獲得　76
情報機器使用時のユーザ行動のシミュレーション　72
情報処理モデル　108
情報保持　76
情報理解　76
消減性　25,107,132
食事サービス　31
女性客　38
身体回復　31
スクリーニング　74,77
スケジューリング問題　148
スコープモデル　144
スーパーマーケット　39
スポーツ・スケジューリング　150
スポーラー　1
生活行動観測施設　125
生活者起点　107
生産性　44
生産設計　131,137
製品企画　130,131
設計支援　140
セルフサービス　39
線形解析手法　109
潜在変数　112
増幅　41
促進的サービス　130

タ 行

大規模集客　38
大規模データ　108
退屈　35
大量生産　42
多変量解析　117
単品在庫管理　183
知覚情報処理の特性　73
地球生産性　4
チームマーチャンダイジング　168
チャネル　135
注意機能　76,77,85
中心的サービス要素　129
長期記憶　73
陳列販売　38
定価販売　38
ディマンドチェーン　168
適応　58

デザインレビュー　140
データ同化手法　109,111
鉄道　35
デファクトスタンダート　64,67
店舗内の誘導　77
東京大学人工物工学研究センター　2,53,134
統計処理技術　109
同時性　25,107,132,133
トヨタ生産方式　150

ナ 行

日常行動系列問題　85,86
日常生活モデリング　119
ニューラルネットワーク　117
人間行動モデリング　109,113
人間の情報処理特性　72
認知情報処理の特性　73
値段　33
乗合い馬車　34

ハ 行

ハイ・サービス日本300選　48
バーコードスキャン　183
馬車　34
バス　34
パーソナライゼーション　111
パーソナルコンストラクト理論　119
パターン認識　122
非計画購買　63
非決定論的な計算モデル　112
非線形性　111
ビデオ記録　74
百貨店　37
ビューモデル　143
品質機能展開　→　QFD
品質要素　143
普段点　110
物材　130,132,135,137
プラニング機能　76,77,85
プロスペクト理論　139,140
フローモデル　144
ベイジアンアプローチ　115
ベイジアンネットワーク　109,115,118

ベイズ誤り確率　123
ベイズ推定　122
ヘーゼルコーン　2
ペトリネット　137
ペルソナ　137,142
返品　38
ホスピタリティ　27
ホスピタル　28
補足的サービス要素　129,130
ホテル　29
ボン・マルシェ　37

マ 行

待ち時間　41
マルチエージェントシステム　135
無形性　25,132
メニュー　33
目標生成　76
モデルヒューマンプロセッサ　72,73

ヤ 行

安売り　39
屋台　32
有向リンク　115
尤度　119
ユーザ・状況適応型情報推奨　116
ユーザモデリング　113
要求仕様　131

ラ・ワ 行

ライフスタイル　58,62,63
ラーソン　2
利害関係者　133
リコメンデーション　119
　──システム　125
類推推論　141
レストラン　32
レベニューマネージメント　151
ワークフロー　138
煩わしさ　34

索引　207

欧　文

ABC　142
ADR　46
AHP　142
BPMN　137, 145
CAE　131
CPT　117
CSI　46
Demate　142
Eclipse　141
EDI　185

IC カード　58
IDEF　137
KPI　107
POS　90, 109, 168
QFD　142
RSP　134-136, 139, 142, 145
Service Explorer　134, 135, 137, 140, 142, 145, 146
SERVQUAL　140
SSME　2, 134
　――University　51, 53
UML　137

執筆者一覧 (*は編者)

序章

0.1節
吉川弘之
　独立行政法人産業技術総合研究所理事長　兼務　サービス工学研究センター長

0.2節
内藤　耕*
　独立行政法人産業技術総合研究所サービス工学研究センター次長
　サービス産業生産性協議会科学的工学的アプローチ委員会委員長

第1章

1.1節
赤松幹之
　独立行政法人産業技術総合研究所人間福祉医工学研究部門研究部門長　兼務　サービス工学研究センター付
　平成19年度サービス工学分野ロードマップ策定ワーキンググループ WG1座長

1.2節
谷口正樹
　経済産業省商務情報政策局サービス政策課研究開発プロジェクトマネージャー

1.3節
竹中　毅
　東京大学人工物工学研究センター価値創成イニシアティブ（住友商事）寄附研究部門特任准教授
　平成19年度サービス工学分野ロードマップ策定ワーキンググループ WG1委員
　平成20年度サービス工学分野ロードマップ検討委員会委員
内藤　耕*
　0.2節参照
上田完次
　東京大学人工物工学研究センター共創工学研究部門教授
　平成19年度サービス工学分野ロードマップ策定アドバイザ

第2章

2.1節
北島宗雄
独立行政法人産業技術総合研究所サービス工学研究センター主幹研究員

2.2節
西田佳史
独立行政法人産業技術総合研究所デジタルヒューマン研究センター人間行動理解研究チーム長　兼務　サービス工学研究センター大規模データモデリング研究チーム付

第3章

本村陽一
独立行政法人産業技術総合研究所サービス工学研究センター大規模データモデリング研究チーム長

石垣　司
独立行政法人産業技術総合研究所サービス工学研究センター特別研究員

松岡克典
独立行政法人産業技術総合研究所関西センター所長代理
平成19年度サービス工学分野ロードマップ策定ワーキンググループWG2委員

第4章

4.1節, 4.3節
下村芳樹
首都大学東京大学院システムデザイン研究科教授

新井民夫
東京大学大学院工学系研究科教授
サービス産業生産性協議会幹事
平成19年度サービス工学分野ロードマップ策定アドバイザ
平成20年度サービス工学分野ロードマップ検討委員会委員長

原　辰徳
東京大学大学院工学系研究科博士課程

4.2節
宮下和雄
独立行政法人産業技術総合研究所サービス工学研究センター最適化研究チーム主任研究員

第 5 章

5.1 節
碓井　誠
　　フューチャーアキテクト株式会社取締役副社長
　　独立行政法人産業技術総合研究所サービス工学研究センター研究顧問
　　サービス産業生産性協議会科学的工学的アプローチ委員会委員
　　平成 20 年度サービス工学分野ロードマップ検討委員会委員
　　サービス科学・工学の推進に関する検討会委員
　　サービス・イノベーション人材育成推進委員会委員

5.2 節
持丸正明
　　独立行政法人産業技術総合研究所デジタルヒューマン研究センター副研究センター長　兼務
　　サービス工学研究センター付
　　平成 19 年度サービス工学分野ロードマップ策定ワーキンググループ WG1 委員
　　平成 20 年度サービス工学分野ロードマップ検討委員会委員
　　社団法人人間生活工学研究センターサービス工学研究会主査

サービス工学入門

2009 年 3 月 27 日初版

［検印廃止］

編者　内藤　耕
発行所　財団法人　東京大学出版会
代表者　岡本和夫
113-8654　東京都文京区本郷 7-3-1　東大構内
電話 03-3811-8814　Fax 03-3812-6958
URL http://www.utp.or.jp
振替　00160-6-59964
印刷所　新日本印刷株式会社
製本所　矢嶋製本株式会社

ⓒ 2009　Koh Naito
ISBN978-4-13-042130-0
Printed in Japan

R〈日本複写権センター委託出版物〉
本書の全部または一部を無断で複写（コピー）することは，著作権法上での例外を除き，禁じられています．本書からの複写を希望される場合は，日本複写権センター（03-3401-2382）にご連絡ください．

「産業科学技術」の哲学

吉川弘之・内藤 耕　四六判・192頁・2400円

産業が持続可能な開発型に移行するいま，これからの科学技術研究はどのようにあるべきなのか．研究成果を効率的に実用化し社会へ還元していく研究手法を確立することの重要性を唱え，新しい研究方法論を提示．工学系研究者・技術者，そして産業界必読の書である．

技術経営論

丹羽 清　A5判・384頁・3800円

技術が社会に多大な影響を与える高度技術社会の現在，企業に求められる新しい経営学とは？　米国・日本の大学や企業セミナーなどでの講義経験をふまえ，技術と経営の両面からバランスよく体系立てて書かれた初の「標準的」教科書．学生はもちろん，現代社会を生きる企業人の必読書．

CIO学　IT経営戦略の未来

須藤・小尾・工藤・後藤編　A5判・240頁・2800円

組織において，情報管理，情報システムの統括を含む戦略の立案と執行を主たる任務とする情報リーダー，CIO．企業経営や公共経営の分野でますますその重要性を増すCIOの役割を検証し，情報化時代における最適な組織体や社会環境のあり方を捉える「CIO学」の確立を提唱する書．CIOという存在を軸に新たにITと経済・経営・行政との関わり方について包括的かつ体系的に学ぼうとする学生・ビジネスマンにとっても有用なテキスト．

企業分析入門　第2版

K. G. パレプ他，斎藤静樹監訳　A5判・642頁・4800円

財務諸表を中心とした会計情報からいかに企業を分析・評価するか．豊富な会計知識・事例をベースに最新の企業分析の手法が学べる，定評あるハーバード・ビジネス・スクールの定番テキスト．待望の改訂版．

安全安心のための社会技術

堀井秀之編　A5判・384頁・3200円

より複雑となる社会問題を解決するための方法とは？　そして安全で安心に暮らすために必要な技術とは？　これらの問いに応える，分野を超えた新しい知「社会技術」について，その理念や方法論を原子力・食品・交通・医療などの具体例をまじえて丁寧に解説する．

ここに表示された価格は本体価格です．ご購入の際には消費税が加算されますのでご了承ください．